馬克思誕生在德法邊陲古城特利爾，莫塞河流域葡萄盛產地

青年馬克思與其青梅竹馬的戀人，特利爾美女私定終身於1843年結婚

燕妮嫁給馬克思並沒有享受任何榮華富貴，反而過著貧病喪子失女的流亡生活，但兩人的婚姻在彼此相愛容忍下圓滿度過

壯年時代馬克思因喪子之痛，而一夜之間由烏頭轉爲白髮

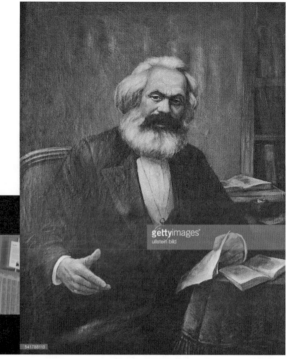

靠著革命夥伴恩格斯的金援和接濟，馬克思一家在英倫渡過貧病困苦的三十餘年流亡
生涯

KARL MARX
RELIGION IST DAS OPIUM DES VOLKES

各種不同的馬克思繪像與漫畫

連寮國都有馬克思紀念郵票

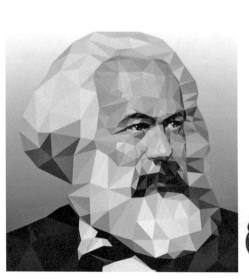

馬克思1883年3月14日逝世，3月17日週六葬於倫敦北郊海格特公墓，墓石上的銅像係1956年英國共產黨奉獻

馬克思:「我將會再度回來!」《時代雜誌》先後在20世紀中與21世紀初兩
度以馬克思爲封面,析述他的學說對人類的影響

馬克思誕生兩百年後世局之演變

洪鎌德、杜子信、魏百谷、施正鋒、謝宏仁、張書榜、蔡芬芳、黃之棟、曾志隆、楊成瀚·著

曾志隆·主編

五南圖書出版公司 印行

編者序

　　1818年，卡爾・馬克思（Karl Marx）誕生於德國的特利爾，今年適逢馬克思誕生兩百週年。無可諱言，馬克思在這百年多來是一位極具爭議性的人物，他的理論學說不但直接促成當代共產政權的建立，而且也在政治、經濟、社會、法律、文化、藝術等層面帶來深刻的影響。台灣歐洲聯盟研究協會在馬克思誕生兩百年之際，舉辦「馬克思誕生二百週年研討會」，一方面是回顧過去，另一方面也是展望馬克思的理論學說在未來的可能發展。本論文集主要就是這場研討會論文的合集。

　　雖然，馬克思爲人所熟知的理論學說是「經濟決定論」、「階級化約論」、「階級革命論」等等，有關馬克思的理論學說的討論也大多環繞在這些範圍。但本次研討會各場次的議程主題與論文的規劃則嘗試另闢蹊徑，除了不能免俗地稍加回顧馬克思理論學說的發展歷程與樣貌之外，也試圖呈現比較少爲人所注意的，也就是馬克思對於他所處的時代、國家提出什麼樣的觀察與評論。最後，就是馬克思理論學說在當代的多元發展。

　　在理論回顧方面，邀請國立交通大學講座教授洪鎌德教授以〈馬克思兩百年誕辰的當代意義〉爲題發表專題演講，並由國立臺灣大學國家發展研究所博士生張書榜先生發表〈馬克思與浪漫主義之關聯：從青年馬克思思想談起〉一文。

　　其次，在馬克思對於他所處的時代的國家提出的觀察與評論方面，邀請國立中正大學歷史學系杜子信助理教授發表〈馬克思及恩格斯對於中世紀德意志人東向移民拓殖史及德意志：斯拉夫民族關係史的觀點〉、國立東華大學民族事務暨發展學系施正鋒教授發表〈馬克思與愛爾蘭〉、國立政治大學俄羅斯研究所魏百谷副教授兼所長發表〈馬克思對俄國農村公社的觀察與討論〉及輔仁大學社會學系謝宏仁副教授發表〈倫敦霧裡看清中國〉等論文。

　　至於在馬克思理論學說在當代的發展方面，邀請國立空中大學公共行政學系黃之棟副教授兼系主任發表〈左翼環境思潮的光與影：馬克思主義的生態定位〉、東吳大學政治學系曾志隆兼任助理教授發表〈從「普勞階級革命」到

「民主革命」的轉變：後馬克思主義對馬克思思想的批判與繼承〉、國立中央大學客家語文暨社會科學學系蔡芬芳副教授發表〈馬克思與人類學：兼論艾立克・沃爾夫之《歐洲與沒有歷史的人》〉。除了上述研討會的論文之外，還特別邀請國立高雄師範大學跨領域藝術研究所楊成瀚助理教授撰寫〈無產者的藥理學和貢獻式經濟的侷限：論史蒂格勒的《新政治經濟學批判》〉一文。

　　本次研討會從構思到舉辦，前後大約五個月的時間，實際撰稿的時間大概也只有三個月的時間，非常感謝各位發表人在這麼短的時間內可以如期完成初稿。

　　另外，也要感謝前駐瑞士大使王世榕教授、國立交通大學講座教授洪鎌德教授及本會理事長，同時也是財團法人新世紀教育基金會董事長的周朝國教授擔任各場次的主持及引言人。國立臺灣大學國家發展研究所博士生張書榜先生、前駐俄羅斯大使姜書益先生、明新科技大學休閒事業管理系劉宏裕副教授、國立東華大學民族事務暨發展學系施正鋒教授、輔大哲學系沈清楷副教授、國立交通大學通識教育中心胡正光副教授、淡江大學未來學研究所紀舜傑所長、國立中央大學政府與法律研究所鍾國允教授等慨然應允擔任評論人。特別是洪鎌德教授、施正鋒教授及張書榜先生，又要發表，又要擔任主持或評論的工作，最爲辛苦。

　　再來也要特別感謝本會理事長，同時也是財團法人新世紀教育基金會董事長的周朝國教授慨然贊助本次研討會的相關經費。也要感謝五南圖書出版股份有限公司法政編輯室副總編輯劉靜芬小姐促成本書的出版，以及編輯高丞嫻小姐的編排與校對，使得本書可以順利地出版。

　　此外，也要感謝台灣國際會館提供舒適整潔的場地。

　　最後還要感謝本會副秘書長劉璐娜小姐、執行秘書謝嘉眞小姐與幾位年輕的工作夥伴：吳冠儀同學，林祖晴同學、夏沐荷同學、方筱淇同學與秦育疊同學的幫忙與協助，才能讓研討會順利地進行。

　　再次感謝大家的辛勞！

台灣歐洲聯盟研究協會秘書長

曾志隆 謹識

目　錄

附錄二　無產者的藥理學和貢獻式經濟的侷限：論史蒂格勒的《新政治經濟學批判》

楊成瀚 259

馬克思兩百年誕辰的當代意義

洪鎌德
交通大學講座教授

導論
馬克思兩百年誕辰的當代意義

壹、馬克思的出生、經歷、著作和思想淵源

貳、馬克思學說的主旨

參、近年西方社會對馬克思學說的批評

肆、當代馬克思主義重振的因由

伍、馬克思學說的當代意義

壹、馬克思的出生、經歷、著作和思想淵源

一、身世與求學過程

卡爾‧馬克思於1818年5月5日凌晨一點半誕生於法、德邊陲的古羅馬帝國北方要塞——特利爾市。當時該市人口才不到一萬二千人，絕大部分為經營葡萄園維生的小農，小部分為普魯士派駐的軍人、官吏及工商人員。此城在中古後期隸屬神聖羅馬帝國管轄，一度為法國屬地。拿破崙兵敗後劃歸德國，成為普魯士萊茵邦轄下的行政中心。

卡爾‧馬克思的父親漢利希為特利爾城執業律師，為少數猶太人擔任公職的人員。其祖先由中歐遷入。先人中有不少位歷任各地猶太社區的教長（rabbi），是屬於被敬重的、體面的家族；卡爾的母親出身荷蘭（菲立普）工業世家，由於德語不靈光，與卡爾溝通不佳，母子關係不甚親密。反之，父親漢利希為博學聰敏、正直善良的公眾人物，其服膺於休謨、洛克、伏爾泰和盧梭的學說，對卡爾的開竅與啓蒙影響至深。

包括卡爾在內，律師之家本來有九名子女，卻因家族基因不佳先後夭折兩男兩女。卡爾之大兄出生不久即告早夭後，他自然升級為諸弟妹之老大，有霸凌弟妹之舉動，但也以講故事與笑話來贏取他們的歡心。卡爾的啓蒙老師不只其父親一人，還有後來成為他泰山大人的馮韋斯法令。這位醉心法國文學、哲學、藝術、文化的沒落的貴族，常於黃昏時刻在聰明早熟的卡爾陪伴下，沿著城郊莫塞爾河畔的葡萄園小徑散步漫談。由此可知日耳曼和法蘭西的文化早已深植於年幼的卡爾心裡。比他年紀長四歲的燕妮‧馮韋斯法令是特利爾城的美女，也是卡爾大姊莎菲雅的同學兼閨密。兩人的戀愛與結婚並未獲取雙方家長的同意和支持，成了一對患難夫婦，卻擁有一段美滿的婚姻。

卡爾在故鄉念小學與中學，成績平平無甚傑出。十七歲進波恩大學，因酗酒、決鬥、怠學遭其父親訓斥，改送往學術昌盛的柏林大學研讀法學。可是自小喜愛詩詞和哲學思維的馬克思卻沉浸在黑格爾學的思辨哲學中，成為青年（左翼）黑格爾門徒的一員。利用假期返鄉省親之便與燕妮私定終身。其後藉通訊方式取得耶拿大學博士學位，其論文涉及古希臘兩位自然哲學家對原子運動看法的差異和評比（洪鎌德，1986：44-47）。而後，取得學位在家賦閒一年多的青年馬克思獲得《萊茵報》編輯的職位，展開他對新聞事業的勇於投入和積極參與。由於替拾取枯枝敗葉燒火取暖的貧民申冤，讓他們不致因誤闖林

地被控盜林之罪，馬氏遂大力抨擊邦議會立法之偏頗，也對當局箝制新聞與言論自由的不當有所攻訐，導致該報為政府所查封，擔任報務工作，只有半年不到的馬克思又陷入失業中。1843年與戀愛七年之久的青梅竹馬結褵，兩人終於走上貧賤夫婦百事哀，卻患難與共的坎坷長途。

二、法國與比利時的短期居留

　　1843年尾，馬克思帶著大腹便便的妻子前往巴黎與路格會合，兩人合作編輯《德法年鑑》，這是一本批評時局的政論刊物。其上刊載馬克思兩篇討論猶太人求取與基督徒信仰的文章，他認為這不只是信仰平等的問題，也牽連到猶太人政治、權利追求的問題，最終還涉及全人類解放的問題。這份年鑑受到普魯士政權的打壓，在德法邊境遭大量沒收，使得一、二期合訂本未銷售之前便血本無歸難以為繼。這是青年馬克思出版事業受到官方壓迫而受挫的第二遭。

　　在巴黎，馬克思不但與法國物質主義者、空想社會主義者，以及流亡花都的各國共產主義者、無政府主義者來往，還與之前在柏林和科恩結識的恩格斯重新歡聚。兩人暢談數週後，發現彼此志趣相投、理想一致，遂締結終生不渝的革命情誼。比馬克思年輕兩歲的恩格斯出生於德國伍佩塔爾工業區，在其父於曼徹斯特開設的紡紗廠當學徒，是一位富少。雖未進入大學接受制式教育，卻憑天資超凡自學有成，擁有廣泛的知識。在他的開導下，馬克思才接觸到當時被譽為顯學的英國政治經濟學。由於對黑格爾哲學的精湛認知，他將此應用到經典政治經濟學的闡釋之上，完成了數百頁的經濟哲學手稿（又稱〈1844年巴黎手稿〉）。這部早期的作品被後世的學者看作有異於後期馬克思成熟的思想體系之科學的社會主義。這個早期的思想體系被美國研究馬克思哲學與蘇聯建國之初領導人物的俄事專家塔克爾（Robert Tucker, 1918-2010）稱為「創始的馬克思主義」或稱「哲學的共產主義」。與後期強調集體與階級的剝削之不同，馬克思前期著作在析述資本主義下個人遭逢異化的困境。這份手稿直到1930年代才從馬克思成堆的遺稿中被發現出來，成為二十世紀至今西馬與新馬爭論的焦點。

　　由於馬克思、恩格斯和幾位流亡巴黎的德國人對歐陸和俄國的統治當局之顢頇專制猛烈抨擊，法國政府在俄皇施壓下驅逐這幾位「激進的」異議者。他們先走避布魯塞爾，密謀煽動群眾起義，此正是歐洲1848年大革命前夕。在比京三年多居留期間，馬、恩合撰一篇批判左翼黑格爾門徒的長稿，也是在兩人生前未能出版的大部著作，到了1930年代才問世。這本題為《德意志意識形

態》（1845/1846）的長稿在於揮別黑格爾式的唯心主義，透過費爾巴哈哲學人類學之人本啓示，這兩位革命夥伴終於皈依物質主義。在書首有十一條馬氏所寫〈費爾巴哈提綱〉。這是言簡意賅、字字珠璣、深含哲思的短文。而一向貧困多病的馬克思忽然獲取亡母遺產六千法郎，其從中捐出五千法郎供革命群體購槍枝、彈藥、短劍之用。同時也前往倫敦會晤各國流亡激進人士，爲正義聯盟起草乙份《共產黨宣言》（初未署名，過一年之後才由馬、恩聯名發表）。此文的刊布奠定馬克思在國際工人運動中不可搖撼的地位，也爲他十六年後創設第一國際（1864-1871）埋下基石。馬克思的革命圖謀遭當局的擊破，再度被驅逐出境，從此在英國流亡三十多年。

　　1848年初馬克思重返爆發革命的巴黎，他覺得自己在此處毫無用武之地，遂轉往德國，創辦《新萊茵報》，在恩格斯匡助下，成爲影響力日增的推動民主、打擊專制的新聞利器。1849年5月該報又遭普魯士政權查封，爲他爭取言論自由第三度遭受政府的迫害。馬克思不得已，走回倫敦尋求庇護，開始渡過「無法安眠」的後半生流亡的歲月。

三、英倫流亡三十餘年

　　在居留英倫初期，馬克思悟解革命爆發有其先決條件，亦即社會危機的存在與湧現，於是他決心尋找資本主義的危機所在，一頭栽進政治經濟的探索中。此時，他已完成關於法國1848年革命失敗有關的兩本小冊：《法蘭西階級鬥爭》和《路易·波拿帕霧月十八》。這是他政經分析、時局評述最爲深入的兩本傑作。

　　1850年代沒有正式職業，也沒有經常收入的馬克思，除了接見各國流亡的革命志士之外，每日至少花掉大半天在大英博物館圖書室閱報看書，涉及的主要爲英、法、德、瑞士政治經濟學的專書，旁涉政府公報、國會紀錄、公家調查和統計資料，俾爲他新作《政治經濟學批判》（1859）的撰寫，奠下基礎。另外，爲此書及其後的《資本論》（1867）所作的預備草稿，即《政治經濟學批判綱要》（簡稱《綱要》，二戰後才刊出）。從這本長達千餘頁的稿件中能看出他對著書立說的精勤，也了解他對資本主義中資本與勞動對立的嚴重之深信。同時讓吾人認識資本爲凝固、固定、僵死的勞動；反之，勞動爲變動、有生命、活生生的資本。兩者處在經常對立、否定和互動當中，其間存有辯證的關係。在這艱困的十年中，馬克思經常向美國《紐約每日論壇報》投稿賺取微薄的稿費，直至該報停刊爲止。

　　馬克思留英期間忙於研讀、應付訪客、照顧貧病的妻女之餘，還要同無聊文人打筆墨官司，造成馬克思答應恩格斯的政經批判之著作一再推延。勉強於1859年出版的《政治經濟學批判》在學界的反應不佳，讓他受到嚴重的挫折。幸有恩格斯的鼓勵和定期撥款資助，馬克思一家才能夠擺脫貧窮的陰霾，於1860年代初享受英國中產階級的舒適生活。

四、《資本論》的難產與第一國際的籌組

　　1860年代初，馬克思著手撰寫《剩餘價值理論》，共成三大卷，在討論亞丹‧斯密和李嘉圖的政經學說。1867年終於出版了《資本論》第一卷。這是馬氏一生中最偉大的著作，被譽為「工人的聖經」。儘管如此，能夠有本事、有耐心讀完全書的人，即使是知識分子都為數不多，更不用說工人囉！這是一本討論資本主義生產過程、勞動為創造價值的源泉，以及剩餘價值遭受資本家剝削的理論。全書引用千餘件參考專著，是其嘔心瀝血的傑作。

　　而導致馬氏遲遲沒有完成《資本論》的另一原因為馬克思把其精力與時間花費在第一國際工人聯合會（簡稱第一國際）的籌備與推動之上。成立之際（1864）他被選為執行委員之一，與巴枯寧爭取代表大會之領導權，雖獲大勝但因其後總會遷往紐約（1872），而造成第一國際的敗落。在第一國際運作期間發生了普法戰爭，法國敗亡後出現了巴黎公社，此公社是源於市民反對腐敗的政府而形成的的民間自組並自治的政治團體。馬克思居然將它視同為共產主義社會的出生。成立兩個月的人民政府終遭法國當局的血腥鎮壓。為此，馬寫下《法蘭西內戰》（1871）一小冊作為鼓吹革命的宣傳品，其中他對公社之目標和活動大為推崇，彷彿是他醉心的共產社會之落實。

五、病痛和妻女雙亡的晚年

　　在馬克思最後十年間，他的健康狀況日漸敗壞，他已喪失之前分析精細、綜合緊要的能力。不過他對當前德國與俄國的政局卻評析周詳。

　　在《哥達綱領》（1875）中，馬克思反對其信徒李普克內西和貝倍爾同拉沙勒的國家社會主義合併，形成其後的德國社會民主黨。雖然聯合無可避免，可是其後透過選舉與議會路線取得政權的社民黨仍舊把馬克思當作精神領袖看待。其後馬氏故居及其不少遺作歸屬社民黨的財產，在二戰後改為馬克思紀念館和檔案保管單位。

　　在與俄國女革命家查蘇莉琪的通訊中，馬克思表示：俄國傳統的農地共有

制（мир）之存在，有可能使俄羅斯繞過資本主義的階段，由封建直接躍入共產社會（魏百谷，2017：138-140）。這段時期，馬克思經常在妻女陪同下漫遊於歐陸，乃至北非的溫泉鄉，目的在尋求皮膚病及其他病症的治療。愛妻燕妮於1881年的逝世，以及掌上明珠的長女小燕妮的中年病逝，留下一群幼小無助的外孫，對百病纏身、身心俱疲的馬克思造成致命的打擊。

六、馬克思的逝世

　　這位一生關心人類福祉的革命家、思想家和偉大的社會學者終於在1883年3月14日下午三點病逝於倫敦寓所，享年只差兩個月便是六十五歲。在不到二十名親友的送葬下，馬克思於3月17日安葬於倫敦北郊的海格特公墓。恩格斯在墓前的悼詞中指出，死者的兩大思想與學術貢獻——其一，發現人類文明史中各種社會演進的律則，有如達爾文對自然進化的天然律一樣的偉大；其二，闡釋剩餘價值理論，為經濟學開闢新領域。接著他說：「要之，他視科學為歷史的槓桿，其本意就是一種革命的力量。在這意謂下，他應用其廣博的知識，特別是歷史知識，在他精通的領域上，因而他是一位真正的革命者（就像他自稱一樣），是故受薪階級從資本主義體制下解放出來〔而從事〕的鬥爭，是他真正的使命……」（*CW* 24: 463-464）。

七、思想淵源

　　列寧說，構成馬克思主義三大思想淵源為：(1)日耳曼唯心主義；(2)法國與英國的空想社會主義；(3)英國的政治經濟學。但我們發現不只這三大思潮，還包括古希臘的哲學與古羅馬的法制，特別是亞理士多德的人性觀。後者主張天下萬事萬物都由簡單原始的潛能演進到圓滿成熟的達標階段（telos）。也就是人從其潛能發展為顯能。更重要的是，人住在城邦、是政治的、社會的動物（*zoon politikon*）。這種人性論導致馬克思把人性當作「社會關係的總和」，也使其反對因分工（勞心與勞力的分開）和分裂（階級之分別和對立）而使人的完整性遭受裂解。

　　另一項影響馬氏學說的思潮乃是十八和十九世紀出現並流行在歐陸（尤其是德國）的浪漫主義。此主義是對啟蒙運動的反彈，也是對過度講求理性、科技而追求功利實用，遠離自然、鄉土、傳統的抗議。從小沉浸在傳統文學和詩詞，特別是歌德、席勒、列辛、海涅和施列格爾的浪漫思想都深植在他腦中。難怪他的哲學共產主義的理想是一個充滿牧園鄉下的逍遙自由。此主義描

述生活在未來理想共產社會的「完人」，乃是上午打獵、下午捕魚、黃昏餵食牲畜、晚間談詩吟詞。這是浪漫主義瀰漫下充滿詩情畫意的逍遙自在的完人與真人的生活，無須把人再分裂或定義爲獵人、漁夫、牧者或詩人這種狹隘的職務。

貳、馬克思學說的主旨

一、唯物史觀和辯證唯物主義

　　馬克思社會學說的主要的意旨在探討人類文明史的生成演變，找出社會變遷和歷史嬗遞的動力，而把視野聚焦於當代資本主義的運作與批判之上。是故他的史觀是唯物的、辯證的歷史唯物主義。這是被官方、教條式的馬列主義者（尤其是史達林）奉爲金科玉律的辯證和歷史唯物主義。其實辯證的唯物主義涉及面的範圍更爲廣大，是對宇宙，萬事萬物的生成發展視爲不斷變化、產生矛盾、揚棄矛盾、不斷創新汰舊的辯證過程，是共產黨人的世界觀、宇宙觀。歷史唯物主義則是應用物質辯證觀到人類社會史的變遷之上而獲得的新史觀。史達林所樂用的這兩個名詞都不是馬克思在世時使用的詞彙。

　　不過構成馬氏唯物史觀的兩大支柱爲生產論和階級論。前者涉及人類開物成務、利用厚生的勞動與求生之社會實踐，亦即孫文所謂的民生問題的解決。後者則爲人群進行社會生產時人際關係和人與物的關係，包括對生產資料（勞力、資本、土地、經營本事、創意等）的擁有（財產關係）與否，有產者與無產者所形成的階級。

　　馬克思由於重視生產及其衍生的貨物的流通（交換）以及消費，因此經濟財（貨品與勞務）變成了商品。商品既含有使用價值，更富有交換價值，其間的差額就構成剩餘價值。馬克思對資本主義最大的抨擊乃爲絕大多數人的勞動生產之成果爲少數資本家所剽竊占有，並化作其私產，資本家對工人剩餘價值的榨取與剝削造成利潤逐漸地增大。資本主義的特徵就是追求利潤、擴大利潤的體系，也是形成勞動對抗資本的社會體系。

　　黑格爾稱人爲勞動動物（*animal laborans*），馬克思則強調人爲生產者或稱直接生產者（*direkter produzent*）。基本上，人的勞動和生產本應在輕鬆舒適的工作環境之下進行，但是在資本主義制度下，卻變成了活命養家的強迫性操勞，工人變成有報酬、領工資的奴隸。這群工資奴隸所形成的群體、陣營、

階級稱爲工人、勞工、無產和普勞階級（proletariat，之前漢譯爲普羅不妥。普羅可讓給專業（professional），像專業牙科、專業汽車等使用，proletariat則漢譯爲普勞階級，亦即普遍勞動，勞力大於勞心的工作者之泛稱）。和普勞階級、生產階級針鋒相對正是布爾喬亞（bourgeoisie），這是資產階級，包括各種各樣的大小資本家、雇主、頭家。於是，資本主義的社會除了偶然出現的小農群體和自行開業的小資產階級之外，主要爲布爾喬亞和普勞階級的分立、敵對和鬥爭。向來的歐洲史，除了原始公社之外，便是有產階級（奴隸主、地主、資階級）與無產階級（奴隸、農奴、勞動）的對抗和鬥爭史，也就是一部階級鬥爭史。

二、人性觀與社會觀

　　從唯物史觀和辯證唯物主義出發，馬、恩又引申到人性觀、社會觀、經濟學說、國家學說、政治實踐和革命謀略等等方面的論述。在人性觀中馬克思主張人性無善惡可言，人們都在追求如何把潛在的能力藉此一度的人生發展爲明顯具體的顯能，達到自我實現的初衷。人既是生產動物，便該在自由輕鬆的情況下，如同藝術家一般轉變體力的操勞爲賞心悅目的創作活動。可惜在資本的役使下，個人和團隊的生產操作變成痛苦、危險、枯燥的苦勞。加之，直接生產者之產品不歸屬其擁有，反而被其雇主竊取，顯示資本社會中工人從其產品疏離出來。這種經濟的異化加上政治的異化，導致現代工人的痛苦失意，占絕大多數的現代工人之不快樂是源於當代資本主義社會體制的結果。

　　馬、恩的社會觀不僅重視發揮個性的人群之集合體，還強調個人與社會辯證互動的關係。這是他倆一再宣示人是社會和社群動物的主因，更是馬氏在〈費爾巴哈提綱〉中所強調的「人性乃是社會關係的綜合」（CW 5: 4）。顯然人無法不靠社會來存活，而社會也是眾人的結合與互動織成的網絡。以唯物史觀來說，馬氏使用了兩層樓建築的譬喻把人群的生產、交換、流通、消費等維生活動當作經濟基礎，亦即下層建築看待。其上矗立著婚姻、家庭、教育、倫理、政治、宗教、文化、精神活動等上層建築，這是屬於意識形態的典章制度。社會之所以變遷和轉型，其因由乃是構成經濟基礎的生產方式改變之故。原來生產方式是由生產力（勞力、資金、土地、科技、管理本事、創意等）與生產關係（擁有生產力和生產資料的資本家、雇主、頭家與只擁有體力和勞力的工人、無產者之間的關係。此外，資本家彼此的關係和工人與工人之間的關係，也是社會關係的一環，甚至還包括人與物的財產關係）合成的，生產力中

的知識和科技一旦突飛猛進便會衝破既存的生產關係，從而更新了生產方式。於是靠風車、水車當作生產動力的時代便形成封建社會。反之，靠蒸汽機爲動力的近現代卻變成了資本主義的社會。由此看出，社會變遷的源頭在於經濟基礎的改變，最重要的是生產方式中生產力的知識和科技的進展。知識、科技、資本、勞力、土地都是物質。反之，上層建築的生產關係和社會關係都是典章制度，都是意識形態，是故馬氏的物質論或是唯物主義強調：物質的經濟生活決定典章制度的精神生活，是社會存在制約人群的意識，而非意識決定存有。

　　與此相關的是前述社會的變遷導致歷史的嬗遞。人類整部文明史是人類開天闢地、人與天爭、人與人爭的工業史、開拓史。由於經濟活動是人群集體操作和社會實踐，其促成分工合作勢在必行，但引起的競爭衝突也必不可免。既然分工和私產自古以來在文明社會便形成共識與制度，階級的分裂和敵對最明顯之處爲有產階級與無產階級的敵對和鬥爭。是故《共產黨宣言》開宗明義指出：「至今人類的歷史乃是一部階級鬥爭史」（CW 6: 482）。

三、國家觀與革命策略

　　馬、恩在不同時期有不同的國家看法，初期受黑格爾的影響視國家爲自由的實現、爲倫理生活的落實。其後把國家當成布爾喬亞共同利益的管理委員會，還一度把法國拿破崙三世的國家當成社會的寄生蟲。但基本上看待國家爲布爾喬亞壓榨普勞階級的統治機器，因而鼓吹無產階級於推翻資本體制之後讓國家消亡。恩格斯還倡導國家消亡之後「對人的統治將被對事物的管理以及生產過程的處理所取代」（CW 25: 268）。在馬克思心目中，世事充滿矛盾和衝突，這是天下萬事萬物所以能夠運動與發展的原因。在人文和社會界中矛盾以及矛盾的否定促成社會的轉變和歷史的進展，這是一連串辯證的過程，在此過程中，矛盾與衝突最厲害、最突出者，無過於圍繞在勞心和勞力的分工和私產占有與否的階級之分化和敵對情況之上。是故，人類的文明史可說是階級鬥爭史。在當代勞動對抗資本的時期，普勞擔任了革命的載體之角色，唯有普勞革命成功才能推翻資本主義，建立無私產、無剝削、無異化的共產社會、人類才能享受眞正的平等、自由和解放。由是馬克思賦予普勞太過沉重的改變歷史或創造歷史的使命。其原因是普勞遭到布爾喬亞迫害既深且大，還是因人數眾多，勢力旺盛，又或是基於這兩大階級相生相剋的辯證對立，只要消除普勞也會滅亡布爾喬亞，導致馬氏太抬高無產階級的歷史使命和革命能力。馬克思終其一生團結普勞階級、推動國際工人運動、鼓吹百姓反抗，這些都曾是他政治

奪權的革命實踐，可是其奪權謀略最終不敵與資本家同一陣線的國家統治機器。

參、近年西方社會對馬克思學說的批評

一、兩層樓建築的譬喻受到檢討

馬克思把社會當成兩層樓的建築體看待，又強調經濟基礎制約和決定上層建築，但在晚年，馬、恩分別對這種「經濟決定論」有所修正。他們認為基礎和意識形態的典章制度之間存有互動的辯證關係，尤其是知識文化有時也會領先引導物質生活的變動，但在「最後的情況下」，經濟勢力仍舊扮演重要的影響角色。西馬奠基者之一的義共創建人葛蘭西便提出不同的看法。他提出文化霸權說，認為不同於俄國列寧，其可以採用攻城戰略把外殼狀似堅硬、內部卻腐爛的沙皇政權一下子攻陷。與此相反，西方長期受到資本主義和基督文明薰陶的民間社會，只有在沙龍、論壇、報紙、俱樂部等民間公共場所進行長期啟蒙振興的教育工作，才能奪回文化優勢，才可望採用陣地的策略奪取政權。法國西馬理論家，也是結構主義大師阿圖舍，乾脆把兩層樓的社會建築改為三層樓的建構體，亦即由上而下分別為意識形態的國家機制（設施）、政治的國家機制，以及經濟的國家機制。他說，意識形態和政治不再受經濟的制約，它們之間相互影響而形成「泛層制約」（洪鎌德，2010：195-201、274-275）。而後馬的拉克勞與穆芙發展了符號學馬克思主義，認為當今的社會已不再是馬克思所強調的社會兼經濟形構（socio-socio formation），這種物質的、實體的結構如今轉化而變成了論述的或話語的符號形構（discursive fornation）。連社會都變成為符號系統，那麼經濟基礎和上層建築之區分根本沒有必要存在（Laclau and Mouffe, 1985；洪鎌德，2018：262-268）。換言之，兩層樓的譬喻不攻自破。

二、歷史唯物論的當代批判

英國當代社會理論大師紀登士，雖然肯定馬克思對奠定現代社會理論的貢獻，與其後的涂爾幹與韋伯並稱「經典三雄」（canonical trio），亦即經典的三位社會學奠基者，但也批評其歷史唯物論犯了功能論、化約論和進化論的毛病。以功能論來說，國家受制於人群經濟活動及社會關係，國家的功能在維

持階級統治，成為宰制被剝削的勞工階級的統治工具。功能論只具觀察和描述社會生活的作用，而不具解釋和預測社會現象的本事。換言之，功能論者視行動者（個人、階級、社群、國家等）不過是社會關係的載體而已。更大的錯誤是將社會比喻為一個巨大的生物組織體，彷彿有其「需要」，把構成總體社會的諸個人盡其本能本事和功能來造成全社會存在的「目標」。由於人類是會反思的行動者，其認知、意圖各不同，但其集體行動和社會實踐卻產生了社會體系，變成社會結構。紀登士企圖以隨意變化（contingent，機遇）的結構兼行動（structuration）的理論來取代馬派的社會總體論與功能論。

　　其次，紀氏指出：衝突性的階級關係成為社會結構主要的組織原則，並不出現在古代奴隸社會，也不出現在中古封建社會，而只出現在當今資本主義的社會。他認為過度仰賴階級的分析與批判，導致階級化約論。至於鼓吹生產方式的改變造成上層建築的變化，明顯地看重經濟因素的優先，這形成經濟化約論。依紀氏的看法，造成社會變遷的動力不在生產資源的掌握與階級的鬥爭，而在於人力資源的控制和配置的權威和權力之掌握。

　　再其次，在社會學理論中涉及進化論的學說都強調「適應」的問題，以為社會的改變是在適應外在環境的變化，既然社會沒有「目標」，沒有「需要」，何來適應呢？在歷史上根本沒有生產力發展的一般趨勢可言，自然不用談生產力和生產關係的辯證發展，更不能為歷史的變動鋪好軌道。那麼歷史的走向究竟是向前，還是退後？紀登士提出片斷的特殊的和時空交會主張（Giddens, 1971/1973/1979；洪鎌德，2013：365-372）。

三、重建唯物史觀

　　德國法蘭克福學派第二代領袖哈伯瑪斯認為：當代國家對經濟的干預愈來愈多，使下層基礎制約上層建築愈來愈不明顯。再說，歷史的進步表現在技術和實踐兩方面的合理化，前者在於社會有能力控制自然的演變過程；後者顯示人類彼此互動所產生的互動規範呈現合理化與正當化。是故，社會不只重視勞動，也應當提倡互動，將人類的互動化約為勞動是不對的。這一錯誤是由於馬克思把社會實踐的理論視同為自然科學的理論所引發的。哈氏說：人類歷史進化的觀念要分成達爾文式生物系統對環境適應能力的提升，以及從個人層次至社會層次發展的觀念之進步來分別看待。哈氏的進化觀擺脫決定論的糾纏。系統遭遇環境的挑戰之問題啟動系統成員開始反思應對的學習過程，其邏輯是透過挑戰的性質、困難、問題之考察，想出應付、解決之道。這種認知、反思、

內省的反覆思辨、重建，足以促成個人身心的發展到社會形式、世界觀的發展。哈氏發展理論的模式建立在兩項基本訴求之上：其一，人類社會的發展可以從其學習過程加以表述、重建；其二，歷史唯物主義如加以重建的話，可以視爲對此學習過程所做表述的最佳理論。前者在證成社會進化的理論，後者在證成唯物史觀。爲此哈伯瑪斯又致力於人類互動，尤其是社會溝通之論析和闡述。

　　此外，有異於馬克思把社會看成上下兩層建築的譬喻，哈氏提出生活界和體系界的兩界說。常人爲活口保命與養家不得不進行勞動和互動，他與其餘的人群之互動形成了其生活界。生活界乃是人格、社會和文化三個面向的綜合，其中涉及個人的成長、社會的團結和文化的複製（再生、提升）是社會及其成員生機活潑自我發展的過程。社會行動者彼此溝通能力的大小反映在使用何種的思辨、論述可以化除語境的分歧，從而使一個客觀的、互爲主觀的世界得以湧現。現代化涉及的是一個語言學化的生活界，它不斷進行文化複製、社會化加深、和把社會統合系統的責任交付社會行動者的個人去負擔，造成生活界中的個人人格成長遭受愈來愈沉重的壓力。在諸種壓力中無過於以市場機制爲主的經濟體系（以金錢面目出現）和以治理公共事務的各級政府（以權力的樣態展現）。換言之，本來同體系有關聯的生活界，如今卻必須與這個以金錢和權力爲標榜的體系界掛鉤，甚至還受其霸凌和殖民（洪鎌德，2013：250-253）。

四、普勞階級無法擔任改造社會和創造歷史的重任

　　哈伯瑪斯進一步分析，指出生活在現代資本主義福利國中的普勞階級無法達成馬克思賦予他們進行階級鬥爭、推翻資本主義、建設共產社會的歷史重責大任。其原因無他，乃由於普勞階級所面對的社會關係之「客體化」、「物化」。勞動者淪落爲消費者，從生產者變成薪資的領受者，受到勞動市場的宰制。另一方面，工人擁有公民或居民的身分，卻變成官僚體系服務的受惠者、恩庇者、侍從者（clientele）。換言之，體系界在勞動和消費市場上，靠金錢爲媒介誘使工人拚命工作，來換取金錢的報酬，俾使他們及其家屬在其他日常生活的場合可以大肆開銷與消費。在相當大的程度上，先進的資本主義社會，其社會的活力不表現在勞動生產之上，而是靠大量的消費來呈現其生機活潑。另外，國家要靠官僚推動治理眾人之事，包括介入資本家、工人、工會諮商和談判、公共衛生和福利政策的推行、藉稅賦政策把社會分配加以調整、推動教

育訓練來培養勞力後備軍。因此，現代資本主義的社會是人群直接生活的場域之生活界受到金錢為媒介的體系（市場）和以權力為媒介的體系（國家）所穿透、宰制、殖民的世界。

由於生活程度逐漸抬高（儘管貧富差距日漸擴大），一般就業人員的收入表面上呈現平均上升趨勢，使受僱者從生產人變成消費者，一如前述。在此情形下，生活界的階級結構發生變化，階級間的界線趨向模糊，難怪以翻譯哈氏德文著作為英文版本出名的美國學人麥加錫（Thomas McCarthy）要把這種社會關係之客體化、物化之過程描繪為「普勞階級的失蹤，消失在消費社會的各種〔市場〕孔隙裡」（McCarthy, 1987, *Introduction*, p. xix）。

作為馬、恩之世界觀、歷史觀和社會觀核心的普勞一旦失蹤，或是其理論地位遭到質疑時，則馬克思期待推翻資本主義的革命行動者就難再找替身。就先驗上來說，馬氏似乎把普勞視為黑格爾官僚普遍階級之化身，這種看法可以說一開始便否認其存在的價值。就經驗的層次而言，現代尤其是後現代的資本主義之幹勁（dynamic）導致普勞存在與作用的理論失掉扣緊，或稱肯綮（cogency）亦即關聯性、緊要性大為削減（Sitton, 1996: p. ix）。

五、現代社會的階級結構之變化

馬、恩把社會階級簡化為普勞對抗布爾喬亞的說法受到嚴重地挑戰。第一，社會除了上、下兩個因私產的有無而分成對立的兩大陣營之外，還有小布爾喬亞、經理人員、中產階級、自僱商農，和失業、待業的「襤褸普勞」（*Lumpenproletariat*）等之存在。這表示，韋伯主張的社會階層說比馬克思的階級論更貼近現代社會的實況。更何況，法國社學家卜地峨說私產不限於金錢、信貸、資本而已。單單資本就包括金融、社會、文化、象徵四種的資本。他有異於馬克思以經濟關係和收入多寡來區分社會階級，而是以一般的社會關係來進行社會階級的分類。換言之，並非對生產資料或私產的擁有與否作為決定個人屬於哪一個階級。反之，個人的生存條件、生活形態、是否擁有形同無形的資本、生活品味、地位、權力、聲望等等，才是造成其隸屬於何種階級的因素（洪鎌德，2013：214-217）。再說社會的衝突無處不在，除了階級之間，國家之間、種族之間、信徒之間、兩性之間、普通人與邊緣人之間都存有矛盾、嫌隙、敵對和鬥爭。這說明除了階級鬥爭之外，世間還存在各種樣式的大大小小之社會衝突。

美國學者賴特（Erik Olin Wright）認為影響階級形成的因素包括：(1)對生

產資源是否接近與容易掌控，或被排除於利用之外；(2)在生產關係和過程中階級成員的身分和地位；(3)在交易關係上人群如何運用市場機制的能力，這種能力有大小的不同；(4)由於生產資源的開發利用，人人獲取不同的回報與收入；(5)採用韋伯的階層分析方式，對勞動的作法有不同的控制，從而定義「階級」，亦即工人不限於藍領，還包括白領的專家、經理、工頭等。雇主為了爭取懷有特殊本事的技工、經理或工頭的忠誠，給予在僱用的剝削關係中之優惠，或讓他們更為自主地發揮所長，而形成工人階級中之佼佼者，其地位有時已逼近資本家（Wright, 1978a/1978b/1979；洪鎌德，2018：241-242）。

六、現代資本主義盛行下國家的角色之改變

馬克思所處的時代是民族國家（nation-states）興盛之時，儘管德國尚未統一。民族國家的特徵為一群自認隸屬同一種族、擁有相似語文、信仰、文化和生活方式，住在一定的領土上，由一個擁有主權的政府管轄之政治組織。由於馬、恩在世之時飽受國家及其政府的迫害，所以他們終身反對政府、仇視國家，鼓動比例上占民眾數目最大的無產階級，進行推翻資本主義的國家之普勞革命。可是在馬、恩逝世一百五十年後的今天，國家的性質和功能已有所改變，特別是西方資本主義的國家擁有不斷控制和治理的權力，雖然福利措施有縮減的趨勢，但福利政策的標榜，仍是政黨贏得政權的選舉策略。以社會主義為名號的共黨，一黨專政的國家更把公權力延伸到社會的每一角落。陷入貧窮落後的發展中國家，其政府之無能貪腐只有使人民更為痛苦無助，不幸的事實是，這樣的國家存在於世界各地。

一如韋伯的看法，現代國家最大的特徵在全社會的官僚化。國家更要仰賴官僚來治理，除了平常行政管理之外，還要介入勞工、資本家、工會三方的磋商和談判、協助資本家促進利潤的基礎設施之興建，各級學校教育的推進、藉稅賦手段調整社會分配、推動衛生、養老、護幼、助貧等福利活動。這些國家政策之推行多少改變了人民對政府的敵意，削弱階級鬥爭的力道，這也是馬、恩預言的全世界範圍內的普勞革命至今未爆發的主因之一。

在馬、恩尚未經歷過的蘇維埃式的社會主義或帶有中國特色的社會主義之前，他們都體驗了壟斷性和競爭性的資本主義，卻不悉財團、組合性的資本主義（corporate capitalism），儘管馬克思早已預見「世界市場」的到來。因之，馬克思的追隨者隨時代的演進，對各個不同時期和地區的各種形態的資本主義展開各式的批判（洪鎌德，2018）。

七、生產論和唯生產主義的批判

　　馬、恩因為把人界定為生產動物，因而大力強調人在自然和社會中勞動與生產的重要性，這是人開天闢地、開物成務、利用厚生的存活動作，原無可厚非。可是現代資本主義的社會卻是一個大眾大量消費的社會，為了滿足大眾消費的需求，而進行瘋狂地、非理性地生產，這叫做「唯生產力是問的主義」（productivism，簡稱唯生產主義）。顯然，這種為消費而大肆生產的資本家之舉動不可同馬、恩看重生產的「生產論」（productionism）劃成等號。可是法國理論家布希亞（Jean Baudrillard, 1928-2007）卻批評馬克思主義是靠一個「基礎」（foundation，「阿基米德點」）得以成一家之言的學說。他認為馬克思主義建立在以生產為核心的概念上。這是由於馬氏深信資本主義的特色就是商品的生產。所謂商品拜物教就是對商品的生產投入最大的心力，使商品的製作成為宰制工人、導致工人物化的過程。然而人們何以要從事辛勤的勞動，來生產商品呢？原來生產商品的目的在把使用價值轉化為交換價值。資本家再從交換價值扣除使用價值所造成的剩餘價值加以榨取、剝削，成為資本家的利潤。因之，對馬克思而言，生產與（使用、交換和剩餘）價值成為他界定人及其活動的基礎。

　　勞動與生產不但增加人類征服和利用大自然的能力，也是人類了解自己、了解他人、瞭解周遭環境和事物的不二法門。人所以能夠自知、知人、知物、知天，能夠改造社會、創造歷史，也都是拜受生產活動之賜。但在敘述人類生勞動的過程中，馬克思犯了一個自相矛盾的錯誤。一方面強調，生產活動是人類出現地球以來便告存在的事實，是不受任何社會制度所拘束、所限制的；另一方面卻說：「所有的生產是人在一個特殊的社會形式中，也透過一個特殊的社會形式，把自然加以占領改造」（*CW* 5: 266）。

　　布希亞指出：「馬克思有關十九世紀工業資本主義的描述與攻擊大體無誤，但對二十世紀末的後現代，生產和使用價值的強調，未免成為大言炎炎的大敘述，變成脆弱的立論基礎。」原因是現代是大眾消費社會，生產並非最重要；反之，消費欲和尋求生活意義代替了傳統的使用價值。現代消費人只活在符號、擬像、非真實的，或「超實在」（hyper-reality）之夢幻。

　　後現代的學說完全不需要理論的基礎、不需要規範的價值、不需要「後設的理論」（meta-theory）。布氏及其同路人倡導「反基礎論」（anti-foundationism）。他接著說：「處於後現代的人群知道解放無望，要推翻現有

體制，只有循思路去走，甚至把它推到『超邏輯』的地步，也就是讓它過度地膨脹，以致爆破而亡。你要我消費，好吧！我就加緊消費給你看！不僅消費量激增，就是使用任何名目，我都要消費了！」（Baudrillard, 1983: 46；洪鎌德，2013：384-386）。

　　換言之，只談人們在生產過程中所遭遇的剝削和異化是不夠的，就是要消滅資本主義的制度，也不只在生產部門搞革命就算數，而是鼓勵消費民眾拚命消費，耗盡天下資源，讓資本家無利可圖，大家走上玉石俱焚、同歸於盡的悲慘命運。這種聳人聽聞、偏激之詞居然出於法國哲學家之口，可知資本主義所激發的唯生產論所引起的公憤之一斑。

肆、當代馬克思主義重振的因由

一、從科學的社會主義回歸人本的馬克思主義

　　過去和當前採用所謂科學的社會主義之共黨國家多未落實馬克思追求社會主義的眞諦，亦即在沒有國家管轄干預下，甚至政治組織消亡下，人人競相逐利的社會轉變爲講究優雅美好的社群，俾圓滿成熟的個人達成全面發展的新人類，亦即人人達成自我實現的理想。這種理想與一味追求國力強盛、軍備擴張、民族優越、歷史輝煌、政權堅穩、領袖偉大的馬列主義、史達林主義、毛澤東思想等有很大的不同。

　　最近以習近平爲核心的中共領導企圖爲中國在世界社會主義運動上定位，把五百年來舉世的社會主義發展分成六期，計爲：(1)空想的社會主義；(2)馬、恩科學的社會主義；(3)列寧的社會主義革命；(4)史達林的計畫經濟模式；(5)毛澤東繼續革命的模式；(6)鄧小平的中國特色社會主義。上述六大階段除了第二期與馬、恩有關，且只注意其「科學」的標籤，而忽視其早期人本主義、人文精神、人道主張。這種忽視與官方共產主義者定位青年馬克思的思想爲幼稚而不夠成熟有關，以及責怪兩人深陷黑格爾唯心主義的泥淖，尙未拋開德國經典的觀念論、尙未全力擁抱代表現代科學的政治經濟學，顯示了主觀主義、自由主義、溫情主義的缺陷。這說明中共官方對批判性的西馬和新馬了解有限，僅能師承蘇聯時期教條馬列主義的僵硬詮釋。號稱「人民領袖」的習近平如果要在世界社會主義發展史上留下姓名，開啓第七期的新紀元，則應把他自我標榜的親民愛民的想法落實在馬克思社會人本主義的主張之上，而非改

憲延長國家主席任期而已。

二、馬氏歷史理論的辯解

　　照上面所述，馬、恩的唯物史觀是建立在生產論和革命行動者的普勞兩大支柱之上，偏偏注重生產的說法被盲目消費的現實所掩蓋，而普勞困溺於市場經濟中以及福利的庇蔭下，沒有能力和意願推翻建制，則馬克思的歷史唯物主義豈非化作明日黃花？英國史學家柯亨（Gerald A. Cohen），標誌解析馬克思主義之始，他嘗試用邏輯和語文分析來替馬氏歷史理論作辯解。柯亨認為馬、恩的歷史觀乃是一種科技（非只涉及經濟）的決定論。其中經濟方面所言的生產關係要靠物質的生產力做出功能上的解釋，而法政等上層建築靠經濟基礎來說明，每種生產方式的轉換有賴生產力（科技和經濟的結合）的推動而演展的。之所以如此，是由於人為理性動物之故，人群以理性採用進步的技術、減少人力的耗損，謀求物質生活的改善。是故，整部人類史乃是技術生產力節節升高的進步史。這是柯亨技術「發展說」；另外他又指出馬克思還有「優先說」，這是指生產資料的欠缺逼迫理性的人群如何去尋找優先順序，不斷創新拓展技術來克服匱乏的弊端。就算不同時期、不同地域的社會都有其不同的生產關係，但在求取生存的考慮下，也會產生有差別的生產力之本事（Cohen, 1978: 278）。

　　依柯亨對馬克思史觀的解釋，一部人類史乃是人怎樣改善生產力來克服匱乏的紀錄。馬、恩的唯物史觀在討論歷史上幾個重要階段中人類生產方式的變革，由原始而古代、中古而現代；每一個取代前期的生產方式都代表人類生產力的步步高升。透過生產力的提升來對付匱乏，才是人類自我實現之途，但匱乏卻如影隨行無法擊敗。當有朝一日富裕取代匱乏、人對改善環境和改造社會的生產力發展到高峰時，則改善社會的興趣會轉向本身的發展，消除阻擋個人發展路途上的障礙。為何普勞階級最終要推翻資本主義的制度呢？這是由於資本主義已抵達後期的發展階段，只關心其廠商、公司、財團、階級的利益，而無視於個人求取自我發展、自我實現的目標之故（Cohen, 1978: 302-307）。

　　此外，柯亨還指出：馬克思所理解的整部人類史乃是克復匱乏的「辯證過程」。他把馬氏的歷史觀歸納出簡單三分法：前資本主義時代、資本主義時代和後資本主義時代。在前資本主義時代中，人處於「無分別的團結並化成一體」（undifferentiated unity）；在現時的資本主義社會中，人處於「有分別的分崩離析裡」（differentiated disunity）；只有在未來共產主義的社會中，人

群才可望生活在「有分辨的和樂一體中」（differentiated unity）（Cohen, 1974: 26-29）。其實對人類史做出這三階段說的第一人並非柯亨，而是早於馬克思揚名德國文壇的浪漫主義作家席勒（Friedrich Schiller, 1759-1805）（洪鎌德，2018：237-238）。

三、何以馬克思所說的是正確無誤？

　　英國文學與文化批評家衣格敦（Terry Eagleton）在2011年出版了《為何馬克思是對的》一書，從中檢討一百五十年來馬、恩學說是是非非的爭議，而得出其理論大體無誤的結論，他未經分類排序地舉出十點來分章析評，在此只能簡述如下：

(1) 二十世紀末，因蘇東波變天，表面上馬克思主義有衰微的跡象，但其後世局演變劇烈，尤其是跨國企業集團的擴展而形成全球化和二戰後世界性的金融危機頻發，導致世人重新評估馬克思學說的重要性；

(2) 馬克思批判死硬的教條、蒙昧的思想、軍事恐怖統治、政治壓迫等非人道作為，認為這些作法會導致百姓最終的反抗。他預見貧窮落後的俄國縱然革命成功、推翻專制，人民的自由恐怕未能確實獲得；

(3) 關於社會存在著分開和對立的兩大階級，古代的哲人早已提起，馬克思獨特之處在於強調階級間的鬥爭，以及把鬥爭連結到生產方式的嬗遞之上，從而強調生產力和生產關係的矛盾促成社會的變遷；

(4) 馬克思理想中未來和諧、圓滿、幸福的共產社會似乎與人類自私、貪婪、爭執、掠奪的本性不牟。他並非醉心未來的夢想，而是排除現世阻止夢想成真的種種矛盾和藩籬。他視當前人為了點利益大打出手，居然把理想拋諸腦後，誠屬無知；

(5) 馬克思把天下事物化約為經濟的元素遭受批評，與他把歷史化約為階級鬥爭所引起的爭議如出一轍。這種指責並非正確，原因是馬氏所謂生產方式制約政治、法律、文化等上層建築，係指人類物質生產為法、政、社、文的建構「設限」而已，如今不再是馬克思主義，反而是資本主義愈來愈變成經濟決定論、或物質化約論；

(6) 馬克思是一位物質主義者，他輕視精神、宗教、道德、藝術的價值。其實他是一位服膺亞理士多德的實在論者，認為物質的背後就是形式、精神、勢力、目標（telos）。道德如有意義就在發揮最大的自由、發展自身、實現自我；

(7) 指責他奢談階級和階級鬥爭。現代的階級鬥爭幾乎給當下社會垂直和橫面的變動所弱化、所取代，期待展開階級鬥爭和普勞革命無異緣木求魚。可是今日全球各角落擁有非傳統性的工農、失業、待業的人群，部分靠賑濟過日，既無人權、勞動權、契約保護，又喪失人性尊嚴，其慘狀又何異於工業化初期的賤民？

(8) 馬克思的信徒相信政治的暴力革命，一旦少數菁英攫取權力，便會以獨裁、極權方式壓迫絕大多數的人民。其實馬克思主義的反對面之資本主義，不但含有內構的階級衝突，還發展出法西斯主義、殖民主義、帝國主義，其引發的民族仇殺和國際戰爭，比起共產革命來可謂小巫見大巫；

(9) 一旦給予馬克思主義付諸實現之處，便是國家集權的地方，人民把權力交給共黨，共黨把權力交給領袖，領袖成為獨裁者。其實馬氏反對保守分子對國家的崇拜，也反對無政府主義者賤視行政權的合理使用；馬氏反對物化與神化權力，他主張國家最終的消亡，一如恩格斯期待共產社會中行政取代政治；

(10) 過去半世紀撇開基本教義不談，最激烈、最極端的政治理念和行動，與馬克思主義少有牽連，像反戰運動、女性平權運動、生態保護運動和反全球化運動等等，其最終目標稱為反對資本主義的想法和行動，究其根源仍舊與馬克思的主張相去不遠。馬克思主義同情婦女解放運動，以及殖民地人民擺脫殖民母國之壓榨和剝削，這曾經是俄國十月革命以來的國策，卻毀於史達林的暴政，令人扼腕（Eagleton, 2011；洪鎌德，2018：314-315）。

伍、馬克思學說的當代意義

一、馬克思復活於二十一世紀

　　在上世紀尾「蘇東波變天」，亦即前蘇聯和東歐的教條共產主義崩潰之後，反對馬克思的人大喊馬克思已死，其意識形態已被資本主義所終結。但二十一世紀的前十年，西方資本主義卻碰上史無前例的金融危機，由於全球化的關係，這一危機很快地擴散到世界各地。於是被新自由主義沖昏了頭的學者們，開始重尋馬克思對資本主義物的分析、批判和抨擊，企圖從中找出新時代拯救和改善資本主義的方法。位於柏林一向出版馬克思和恩格斯著作的狄慈出版社（Dietz-Verlag）負責人宣布：自2005年至2015年的十年之間，馬、恩

的作品售出增加三倍。連當今教皇都曾讚賞馬克思「偉大的分析能力」（*The
Times*, 2008）。《時代雜誌》還在2009年2月2日出版的那一期，以馬克思爲封
面人物，問他有何仙丹妙藥可以讓垂死的資本主義得以重活？其實該環球性的
雜誌早在1848年2月23日冷戰開端，便用馬克思釀成舊蘇俄與東歐共黨國家的
囂張爲主題，敘述其世界革命的「狂想」。近幾年來馬克思所預言的摧毀資本
主義的力量逐一浮現，像財富的集中和全球化、失業的持續化、薪資的低落
化、新貧人數的激增、貧富差距的擴大等等，促成人們相信馬克思的學說非僅
屬於十九世紀過時陳腐的觀念，而是與時俱進的世局之診斷和人類命運改變的
動力，或至少未來新希望之所寄。

二、馬克思的異化論和人本主義對當代的啓誨

馬克思對當代世界最大的貢獻，無過於異化說的提出，這是他學說中最富
有人本主義的精神。

導致人的異化之原因，最先是神明。這就是費爾巴哈所言：「神是人的異
化，人是神的異化」，這無異是人在宗教或是神學上的異化，此其一。

其次，國家也會使人產生異化。這原來是黑格爾美化國家的說法，認爲人
群只有在家庭生活（主觀精神）發展到市民（民間）社會時，才會從主觀精神
提升到客觀精神，而表現出人的文明與進步。當客觀精神往上提升爲絕對精神
的國家時，人方能享有最大的福樂與自由，倫理生活方得以落實。但是在馬克
思心目中，國家成爲有產階級宰制群眾的統治工具，是造成人異化的原因，此
其二。

再其次，除了神明與國家之外，尙有把人類融合一體的社會加以分裂爲
敵對兩陣營的有產和無產兩大對立的階級。向來人類的歷史乃是一部階級鬥爭
史，有產階級藉其權力優勢統治與壓迫普勞大眾，從而說明階級是形成人群異
化的根源，此其三。

再者，在資本主義的社會中，人成爲勞動的機器，成爲受薪奴隸。勞動成
爲被迫、乏趣、枯燥，有時還是危險的活動。更有甚者，勞力化作勞動力、可
供買賣的商品，是故資本主義的生產和交易方式導致商品拜物教的盛行。由是
可知被當成商品的勞動即使在後工業社會、後現代社會的今天仍舊是造成人們
異化的原因，此其四。

最後，在資本主義盛行的全球化之下，科技掛帥，知識工業和資訊工業發
達，機器（與人工智慧AI）逐漸取代人腦、人力。機器不只在生產部門發揮

勞動的最大效益，還在交換、分配和消費部門扮演舉足輕重的角色。固然科技的發達能夠改善人們的生活，提高物質享受的水平，但對廣大無知或少知的勞動群眾卻是導致其異化的原因，此其五。

三、馬克思與數碼資本主義

　　為了描述當代社會的發展與變遷，新馬克思主義者啟用不少新名詞：像數碼資本主義（digital capitalism）、抽象資本主義、高科技資本主義、資訊資本主義等等。之所以提出數碼資本主義，係因網際網路史無前例地、直接地使用電腦鍵盤所打出的符碼供通訊之用，從而普遍化資本主義社會與文化的範圍（Schiller, 2000: xiv）。至於資訊資本主義則是視資訊為嶄新的科技，其製作、流行和傳播構成生產力和權力的因素，也是形塑社會新形態（morphology）的主因（Castells, 2000: 500）。

　　總之，在新馬克思主義者的心目中，當今的社會乃為資訊社會，其特徵在強調知識、資訊科技和電腦網路對資本主義的重構、轉型與擴散，特別是它對全球化有決定性的作用，且對其累積政、經、社、文各種資本影響重大。新科技卻導致結構性的長期失業、全面性的貧窮、一般性的收入降低，甚至福利國政策的退縮、勞動權的減少等等（ibid., 103-104）。全球性的網路資本主義是一種具有流動性、機動性的體系。其中分子由於界線的改變不斷發生，彼此之間的組合、解散與重組也就隨時可見。

　　電腦是建立在新知識的基礎上之科技。它便利了通訊的去地方性和無植根性（disembedding，紀登士認為全球化的特徵之一為公司行號從某一定點〔所在地〕脫出，到處可設分公司、分店；人際關係無須建立在面對面交談之上）。其特質之一為迅速發布與接受大量的訊息。因之，成為時空距離壓縮的利器。這些技術對社會體系去地方性和去根植性有關，從而社會的新形式也改變了人際的社會關係，促成在地化與全球化同時存在，又彼此分開。

　　現代社會史是一部全球化史，也是一部交通、溝通和資訊擴散史，更是一部使世界變小和濃縮、時空消失的歷史。由於環球溝通愈來愈頻繁、愈發達，地球幾乎成為資本、人員、商品、權力、資訊交流的載體。它也成為全球網路直通的管道，從而影響社會各部門的結構與職能。這就是卡爾斯特爾士（Manuel Castells）所言的「網路世界」，亦即資訊流動的世界，它也成為全球數碼資本主義得以存在與發展的溫床。

　　馬克思的學說和主張是針對十九世紀工業革命從英國流傳至歐洲大陸，

而形成了近世初期的競爭性和壟斷性的資主義之探究與抨擊。一生從事資本主義深入考察和嚴屬批判的馬克思和恩格斯，如果能夠活過二十世紀，甚至進入二十一世紀，那人們不難想像他們對當代自我生成、不斷擴張的資本主義，全球性資訊和知識膨脹形成的網路與數碼資本主義應有更深切的體會與更嚴屬的攻擊。這項批判的工作因馬、恩的逝世留給其後代的信徒，亦即西馬、新馬、後馬的理論家去進行，而成就當代新型資本主義之批判。

馬、恩的著作對當代社會有關聯的六個面向為：

(1) 資本主義的全球化為當代社會的特徵，與此相關的課題為國際工人有團結起來抵抗全球化資本主義的必要；

(2) 當代社會知識、科技和傳媒的重要性與日俱增，呼應了馬克思當年對機器、溝通工具、與一般智力的重視；馬克思說：由中央自動機傳出的機器是靠機械進行生產最高的形式。

(3) 新自由主義流行下的資本主義造成貧窮化、低薪化，引起百姓的反對，因而對馬氏的階級論引發重讀與重思的興趣；

(4) 對九一一攻擊所引起的全球性反恐活動與圍剿，以及針對ISIS相關的軍事行動，反而突顯了馬克思和列寧有關帝國主義的析述有重加了解的必要；

(5) 環境惡化和生態危機的主題，可在馬克思的著作中隨處找到，增加人群對現代工業主義和破壞自然的反感與反對；

(6) 自2008年之後的世界性經濟危機顯示資本主義內含矛盾和衝突，這符合馬克思對資本主義危機論的診斷。

福克斯（Christian Fuchs）倡用馬克思理論和方法來進行「批判性網路研究」（Critical Internet Studies），提出十一項馬克思及其支持者的理論觀點，計為：

1. 辯證法

馬克思說：「辯證法的本質是批判革命性的。它認為每個歷史發展的形式是流動的狀態。它處於流動中，因而掌握其過渡的面向，資本主義社會的運動充滿了矛盾」（Marx, 1967: 103）。這說明資本主義是歷史上一個暫時出現的現象，而非長期不會消失的體制。將馬克思的觀點應用到互聯網上，福克斯就本體論和認識論方面來處理資訊流通的過程，得知網路世界與社會的關係，並非單向度（單構面）的，也並非科技面決定的，而是複雜的、機動的、矛盾的、辯證的相激相盪（Fuchus, 2009b: 201）。

2. 資本主義／資本主義的生產方式／資本主義的社會

對馬克思而言，資本主義是資本累積的體系。當代的資本主義又稱爲知識、資訊、數碼的資本主義，其中生產力和生產關係的敵對蛻變更趨厲害。生產力的擁有者靠剝削勞工剩餘價值來增加其利潤。顯然，數碼資本社會乃是新媒體盛行的社會。

3. 商品／商品化

馬克思認爲商品係供交換而具使用價值的財貨和勞務，是資本的細胞。從以物易物到商品交易的社會，標誌著社會關係的轉變，是買者與賣者的關係，是使用價值轉變成交換值的辯證過程。在互聯網上，是網路的商品化，也是網路空間（cyberspace）中參與群體的商品化。

4. 階級／剩餘價值／剝削

在批判性的網路研究中，也可以發現階級、剩餘價值、剝削和異化的存在。

5. 全球化

馬克思曾經說過：「資本主義的趨勢爲把所有人民捲入世界市場的聯繫中」，因之，又說出：「資本主義的管理具有國際關係的性質」（Marx, 1867: 716）。世界市場、資本輸出和公司行號的國際性組織，都是資本主義全球化過程的諸面向。他說：「資本的本質在於破除空間的阻隔」、「以時間消除空間」（Marx, 1857/1858: 524）。網路並非導致全球化的原因，卻增強全球化的生產、流通、分配和消費。

6. 意識形態／意識形態的批判

對馬克思而言，意識形態是顛倒現實、遠離實在的錯誤意識。這也是被歪曲、被操縱的看法。「在所有工人中，人們和其境遇變成〔舊式〕照相機的暗箱，把一切影像顛倒過來」（CW 5: 14）、「這是一個顛倒的世界之意識」（CW 3: 175）。在《資本論》中，馬克思把勞動描繪爲商品拜物教，它把社會轉化爲事物的意象，給意識蒙上一層迷霧（Marx, 1867: 165）。

7. 階級鬥爭

在《共產黨宣言》中，馬、恩強調至今爲止的歷史乃爲一部階級鬥爭史，網路上的駭客之破壞行動無異是對網路資本主義進行階級鬥爭。與此一詞語相關的是電子網路上不同方式的鬥爭，以及電子民間不服從（electronic civil disobedience）運動的鼓吹，或另闢新的、取代性互聯網（Alternative Network）等等，都可視為網民對現今資本主義體制的反抗。

8. 一般民眾

普通人和一般民眾是社會的泉源和資產。群眾的需求之總和，構成整個社會的活動目標。社會的存在、成長、永續都靠群眾的活動與協力。知識的普遍化、一般性稱為「普遍性的知識」（General Intellects）。它是「知識力量的客體化」，又稱為「一般的社會知識，成為生產的直接力量」（Marx, 1857/1858: 706）。這類的知識或是現在還活著群眾協力合作的產品，或是繼承前人留下的文化遺產（Marx, 1894: 199）。在電腦時代，一般民眾指涉的顯然是懂得使用互聯網的人（網民、鄉民）而言，他們的知識是通過網路集體創造與流通的知識。

9. 公共論域

馬克思曾經想像取代資產階級獨霸的社會，除了未來要建立的共產社會之外，還有他親身經歷過，那短命的巴黎公社。公社是一種特殊的公共論域，它取代了階級統治。國家所有行政權力的推行都置於公社管理委員會的手中，「它成為生產者的自治政府」（Marx, 1871: 275）。在今日網路世界中，互聯網正扮演這種公共論域的角色。在哈伯瑪斯心目中，公共論域不但是規範性的理想，更是批判媒體的工具。

10.共產主義

馬克思不把共產主義視為限制人民自由、政府專權、實施監控的獨裁國家。反之，對他而言，共產主義是加強合作、共同擁有生產工具、豐富個人自身的經驗，而發揮個體性的機制。它是馬氏所言：「自由的組合，利用公共生產資料，其生產形式的生產力，在充滿完全的意識下化成單一的社會勞動力」（Marx, 1867: 171）。共產主義乃為一個新社會，「其中每個人享有充分自由，並能全面發展其本身，這是其原則」（*ibid.*, 739）。批判性的網路研究者曾期待在未來的共產社會中，實現環球性的共產網路之理想。並使知識能夠共享（像維基百科）和推動自由軟體運動（Open Source Software Movement，公開源泉軟體運動）。這些努力是朝向共產社會目標推進的具體作法。

11.美學式的生活

青年時代的馬克思曾想像未來共產世界中，人的勞動將轉化為美的創造

和欣賞的追求，因此美學和藝術成爲人生的目標，美的生活方式成爲人人都可以達成的夢想。藝術不該由勞動的剩餘價值來建構。在網路時代裡，美學和美化的活動逐漸由學者所倡說和推動，這反映馬克思的學說對當代的影響（洪鎌德，2018：334-341）。

四、皮克梯的《二十一世紀資本論》指出當代的貧富差距之嚴重情況

法國經濟學家皮克梯（Thomas Piketty）於2014年在巴黎出版的一本法文原著《Le capital au XXI siècle》，中文譯爲《二十一世紀資本論》的新書。英譯本刊出不到半年便成爲全球學術界、輿論界、文化界，甚至是政界矚目的焦點，成爲一部銷售三十餘萬本的暢銷書，各種語文的譯本紛紛出現。

諾貝爾經濟學得獎人保羅・克魯曼稱此書襲取馬克思的《資本論》爲頭銜，令人吃驚，不過閱讀全書之後，卻發現作者獨排眾議，將當代貧富不均、分配不平的問題，回到以傳統馬克思的批判的方式來討論，自有其獨到的見解，可謂爲近十年間最重要的一部經濟學巨著。《紐約時報》在書評中甚至大膽預言：「此書的出版標誌馬克思從死亡中復活。」可是，把皮克梯當成二十一世紀的馬克思看待，卻引發爭議。

由於皮克梯深受1970年代法國左派思想家（如福科、德希達、布希亞、李歐塔等人）批判馬克思主義的影響，加上對崇奉（借名）馬克思階級鬥爭說詞而實施一黨專政獨裁暴虐的史達林之痛恨；另外他不以生產的範疇來抨擊資本主義制度的不公不義，而主張靠對富人抽取累進稅，亦即在分配的領域裡求取打破社會上下有別、貧富懸殊的社會階梯。換言之，皮克梯不預言資本主義是由於內在的矛盾（利潤率降低，甚至歸零或資本無限制的累積與集中、或景氣循環、經濟危機爆發），抑是普勞（無產、勞動、工人）階級的反抗、暴動、革命、奪權，而造成剝削者最終被剝削，也導致資本主義在人類社會上與歷史上消失。這是他與馬克思的主張，最大不同之處。因之，當代新左派學者不認爲皮克梯是一位馬克思主義者，毋寧視他是一位社會民主派人士而已，原因明顯地在他主張社會不需藉暴力革命，而僅採取緩和的改良手段，推行環球性的累進稅之課賦，就可以克服社會分配不均、不公所形成的上下階梯。

皮克梯這部暢銷書中除了引言和結論之外，共分四大部分：其一，討論收入和資本；其二，分析資本與收入的比率所引發的動態演變；其三，考察世界

各國（尤其經濟發展最快的二十多個國家）收入不平均、所得有落差的社會結構；其四，建議在二十一世紀中如何來管制資本。

在關懷人類的福祉、社會的和諧、分配的公平方面來說，皮克梯的新「資本論」效法馬克思舊《資本論》的人本主義的精神，這是可以肯定的。就方法論而言，皮克梯也同馬克思一樣採取歷史學與社會學的途徑鑽研兩個半世紀以來，資本主義的歷史的縱深和社會的橫向，剖析資本主義發展的動力。得力於研究團隊對當代歐美日等二十餘先進國家，經貿稅收資料的大量蒐集和分析，皮氏累積的資訊，遠超過馬克思一人困守在大英博物館圖書室閱讀群書與英國國會的報告要豐富得多。但是，馬克思對資本主義發展的來龍去脈，卻能提出一套理論來解釋，而皮克梯還在大堆資料中載沉載浮，無法形塑令人折服的理論。這也是當今新左派不認為他是馬克思化身的因由。

不管如何，這位暴得資本主義學術市場盛名與厚利的經濟學大師（恰好與馬克思的終身貧病成為極端的對比），終於來台演講（2015年春），這畢竟是一樁美事。我們在表示熱烈歡迎之餘，迫切期待他對「新黨國資本主義」（金恆煒語）盛行下的台灣之經濟沉痾，能夠提出適當的診斷，特別是台灣所得分配不公、貧富差距懸殊愈來愈嚴重之際。

五、小結

恰逢馬克思誕生兩百週年紀念，回顧他一生的理念、志業和實踐離不開對社會的改善和人性的復歸之探索和推動。把社會改變為共產式的社群，縮小乃至化除貧富的對立，落實個人的自我實現，達致人群的和諧圓滿，應是他終身奮鬥不懈的目標。

在這一意義下，與其再度強調他的主張為科學的社會主義，還不如宣揚他的人本主義、人文精神和人道情懷。特別是在跨國和數碼資本主義泛濫全球，入侵、宰制和殖民全世界之際，人追求自由和解放的願望更形緊迫，這就是馬克思的學說和理念復活於當代之緣由與意義。

參考書目

外文書目

馬克思原著

Marx, Karl

1844　*Economic and Philosophic Manuscripts of 1844,* New York: International Publishers, 1964.

1857/1858　*The Grundrisse*, London: Penguin, 1973.

1863　*Theories of Surplus Value*, Volume 1, London: Lawrence & Wishart. 1975.

1867　*Capital: Critique of the Political Economy*, Volume 1, London: Penguin. 1976.

1875　"Critique of the Gotha Programme", in: *Selected Works In One Volume*, 297-317, London: Lawrence & Wishart. 1968; Harmondsworth: Penguin, 1992.

1871　"The Civil War in France," in: *Selected Works in One Volume*, London: Lawrence and Wishart, 1968.

1954　*Capital,* Vol. 1（簡稱C1）, Moscow: Progress.

1974　*Grundrisse der Kritik der politischen Ökonomie,* Berlin: Dietz-Verlag, 1974.; Nicolaus, M. (trnas.), *Foundations of the Critique of Political Economy*（簡稱*Grundrisse*）, Harmondsworth and New York: Penguin, 1973.

恩格斯著作

Engels, Friedrich

1878　*Anti-Dühring, Herr Eugen Dühring's Revolution in Science, MEW*, Bd. 20: 1-303, Berlin: Dietz. Moscow: Foreign Language Publishing House, 1987, vol. 25, pp. 5-309.

馬、恩合著

Marx, Karl and Friedrich Engels

1846　*The German Ideology.* Amherst, NY: Prometheus Books, 1846.

1848　*The Communist Manifesto,* Peterborough: Broadview, 2004.

1956-1990　*Marx-Engels Werke*（簡稱*MEW*）, Berlin: Dietz.

1968　*Selected Works in* One Volume, London: Lawrence & Wishart.

1969/1970　*Selected Works*（簡稱*SW*附卷頁數）, 3 volumes, Moscow: Progress Publishers; Lawrence & Wishart, 1968, 2001.

1975ff　*Collected Works*（簡稱*CW*附卷頁數）, Moscow: Progress Publishers.

Bourdieu, Pierre

1994　*Practice, Class and Culture: Selected Essays*, Cambridge: Polity.

Castells, Manuel

2000a　*The Rise of the Network Society: The Information Age: Economy, Society and Culture*, 2nd ed., vol. 1. Malden, MA: Blackwell.

2000b　*End of Millennium. The Information Age: Economy, Society and Culture,* 2nd ed., vol. 3. Malden, MA: Blackwell.

Cohen, G.A.

1978　*Karl Marx's Theory of History: A Defense*, Princeton: Princeton University Press.

Dahrendorf, Ralph

1959　*Class and Class Conflict in Industrial Society*, Stanford: Stanford University Press.

Eagleton, Terry

2011　*Why Marx was Right,* London: Yale University Press.

Fuchs, Christian.

2007a　"Anti-globalization", in: *Encyclopedia of Governance*, Mark Bevir (ed.), London: Sage.

2007b　"Transnational Space and the "Network Society" ", *21st Century Society* 2 (1): 49-78.

2008　*Internet and Society: Social Theory in the Information Age*, New York: Routledge.

Fuchs, Christian & Vincent Mosco (eds.)

2016　*Marx in the Age of Digital Capitalism*, Leiden & Boston: Brill.

Giddens, Anthony

1971　*Capitalism and Modern Social Theory*, Cambridge, Cambridge University Press.

1973　*The Class Structure of the Advanced Societies*, London: Hutchinson.

1991　*Modernity and Self-Identity: Self and Society in the Late Modern Age,* Cambridge, Polity Press.

Gramsci, Antonio

1971　*Selection from the Prison Notebooks*, Q. Hoare and G. Norwell

Habermas, J rgen

1962　*Strukturwandel der Öffentlichkeit,* Neuwied u. Berlin: Luckterhand, 1962; Frankfurta.M.; Suhrkamp.

1979　*Communication and the Evolution of Society*, Thomas McCarthy trans., Boston: Beacon Press.

1981　*The Theory of Communicative Action*, vol. I: *Reason and Rationalization of Society*, Thomas McCarthy (trans.), Boston: Beacon Press.

Künzli, Arnold

1995　*Karl Marx: EinePscychographie,*Wien , Frankfurt, Zürich, Europa-Verlag.

Laclau, Ernesto and Chantal Mouffe

1985　*Hegemony and Socialist Strategy: Towards A Radical Political Politics,* London: Verso.

McCarthy, Thomas

1986　"Introduction" to J.Habermas, The Theory of Communicative Action, Vol. II, Boston: Beacon.

Mosco, Vincent

2004　*The Digital Sublime*, Cambridge, MA: MIT Press.

2009　T*he Political Economy of Communication*, London: Sage, 2nd edition.

Schiller, Dan

2000　*Digital Capitalism*, Cambridge, MA: MIT Press.

Sitton, John F.

1996　*Recent Marxian Theory: Class Formation and Social Conflict in Contemporary Capitalism,* New York: State University of New York Press.

Tucker, Robert C.

1972　*Philosophy and Myth in Karl Marx*, Cambridge: Cambridge University Press, 1st ed. 1961.

Wrigh, Erik Olin

1978a　*Class, Crisis, and the State*, London: New Left Books.

1978b　"Race, Class, and Income Inequality", *American Journal of Sociology*, 83; 1368-1397.

1979　*Class Structure and Income Determination*, New York: Academic Press.

華文書目

洪鎌德

1986　《傳統與反叛——青年馬克思思想之探索》，臺北：臺灣商務印書館。

2006　《法律社會學》，臺北：揚智出版社。2001，初版。

2010a　《西方馬克思主義的興衰》，臺北：揚智出版社。

2010b　《馬克思的思想之生成與演變——略談對運動哲學的啓示》，臺北：五南圖書。

2011　《全球化下的國際關係新論》，臺北：揚智出版社。

2013　《當代政治社會學》，臺北：五南圖書；2006，初版。

2014　《個人與社會——馬克思人性論與社會觀的析評》臺北：五南圖書。

2015　《馬克思》，臺北：東大。

2018　《馬克思與時代批判》，臺北：五南圖書。

魏百谷

2017　〈十九世紀的俄國社會——屠格涅夫與馬克思的觀察〉，施正鋒主編《淵博與創思——洪鎌德教授八十高壽慶賀文集》，臺北：五南圖書，頁131-142。

馬克思與浪漫主義之關聯：
從青年馬克思思想談起

張書榜
國立臺灣大學國家發展研究所博士生

第一章
馬克思與浪漫主義之關聯：
從青年馬克思思想談起

壹、馬克思溯源

貳、馬克思巴黎手稿中的浪漫情懷

參、共黨宣言和國家消亡論的浪漫想像

肆、西方馬克思主義的文藝思想與浪漫主義之交融

壹、馬克思溯源

馬克思爲啓蒙的產兒，這是眾多研究馬克思思想者的共識。沿著黑格爾（Georg Wilhelm Friedrich Hegel, 1770-1831）與康德（Immanuel Kant, 1724-1804）的思想淵源，馬克思學說成爲由批判哲學轉向法蘭克福學派批判社會學理論之關鍵[1]。再新穎的闡述仍不出其左右，似乎馬克思的研究早已定調，尤其在華文學界更可見一斑[2]。

然而，促成馬克思探究當時代的法、政、經、史與社會思想乃至對其時代的關照，背後卻是一股浪漫的熱望在不斷地推動著。特別是青年馬克思，懷抱亟欲改變資本主義式社會結構和扭轉人類備受奴役宰制歷史的宏願，一生爲革命事業撰述相應的理論與嘗試實踐，這勾勒了社會爲基礎的「浪漫詩篇」（Romantic, Poetry）。著名的文藝批判家，同時是馬克思學者伊格頓（Terry Eagleton, 1943- ）亦認爲，馬克思成熟時期的著作，假使讀者細心品嘗一番後便能發現，馬克思青年時期未出版的手稿和文藝評論斷簡與零散未完成的小說之著述的內容，以馬克思文藝創作稱之，皆以完善的論述手法呈現在其往後著作中。由此推斷，馬克思對文藝創作的青睞有佳，這是他理論背後掩藏不爲人知的一面。馬克思的批判是富含文藝性的，這點千萬莫忽視之。另外，馬克思的歷史論述不只是坊間誤認爲被黑格爾哲學牽著鼻子走，他的歷史闡述是對歷史感受的抒發（Eagleton, 2002: 1-3），以小說筆法回應眞實社會情境與從事詩詞撰寫吐露社會關懷，這是德國浪漫主義者特有的行筆手法。據此，本文並不完全苟同傳統馬學研究者的啓蒙論述壟罩馬克思本人之說，卻以爲；潛藏在青年馬克思深邃的心靈背後，是德國浪漫主義對社會的關照在驅使著他。伊格頓

---

[1] 由批判哲學轉向批判社會學理論之歷史發展，本文不特別闡述，詳見洪鎌德下述著作。洪鎌德，（2004）《西方馬克思主義》，臺北：揚智出版社。洪鎌德，（2010b）《西方馬克思主義的興衰》，臺北：五南圖書。

[2] 一般華文學界普遍認定，馬克思思想發展深受啓蒙運動影響，以及由啓蒙思想延伸之英國政治經濟學，法國社會主義和德國啓蒙哲學的薰陶。然臺灣馬學研究大家洪鎌德，除上述外，略汲德國浪漫主義對馬克思的影響。本文依此爲爲述之起點出發。關於學者洪鎌德的馬學研究與浪漫主義闡述，請見下述著作中的馬克思思想淵源部分。洪鎌德，（1997a）《馬克思社會學說之析評》，臺北：揚智出版社。洪鎌德，（1997b）《馬克思》，臺北：東大出版社，2015年二版。洪鎌德，（2010a）《馬克思的思想之生成與演變：略談對運動哲學的啓示》，臺北：五南圖書。洪鎌德，（2014）《個人與社會：馬克思人性觀與社群論的評析》，臺北：五南圖書。

在《馬克思主義與文藝批判》（*Marxism and Literary Criticism*）書中也引了馬克思的一席話：「所謂的文藝作品本身之形塑過程具有其相應的社會背景，這是其物質性的組成」（轉引自Eagleton, 2002: 9）。然馬克思此處所言之物質性的組成，並非全然是排除精神性質者。因為馬克思亦認為勞動的產出其物質性為精神凝結（Marx, 1988: 71）。將馬克思的兩種觀念合一，正好符合了浪漫主義者主張文藝創作為社會之投射，文藝本於社會其具教化意涵。這是浪漫主義者主張庶民文藝創作之理念初衷。

檢視馬克思的真實生命史，馬克思本人極具悲劇英雄性色彩卻充滿浪漫情懷的一生，這是他在人類真實歷史中扮演著普羅米修斯的寫照。對抗戕害人心的資本主義，散盡家財資助革命事業，成立「第一國際」傳宣普勞階級無國界者自由聯合之共產主義思想（洪鎌德，2018：19-25）。馬克思所作所為皆不為一己之私，反倒是以其自身感受苦難之心，為了解放人類桎梏而為之。假使轉以文學手法視之，那麼馬克思的一生，正是擺脫著僅以理性和進步為依歸的啟蒙思想，反倒是以情感和意志統合康德所謂之知性（理性的直觀），乃為智、情、意三者之合一。因之，對青年馬克思來說，構成理論的基礎並非全然是邏輯和知識靜態的生成，反倒是與社會情境相生相伴的動態「生機性（organic）」（有機性、官能性）辯證發展為主。於是青年馬克思的人性論與倫理觀，便採取了變動的、辯證的視野，絕非傳統思想家死板板、僵固化的說法（洪鎌德，1997a；2016：419-426）。

只不過，過往對馬克思早期的思想發展闡述，過度聚焦於馬克思評比黑格爾之著作的解析，或是以黑格爾式的視野揉合馬克思本人的文字用語，予以黑格爾化馬克思[3]。這樣的手法有其便宜性的邏輯論證，即黑格爾師承康德，

3　黑格爾化馬克思之路徑，除了是專以研究馬克思學說中關於上層結構暨典章制度意識形態云云之說法外，特重視馬克思哲學發展與黑格爾哲學其中不可分割的緊密性。以往著重黑格爾化馬克思的策略，是為了要有別於蘇維埃和其他共產政權宣傳的官方教條式馬克思主義既馬列主義（Marxism-Leninism）。近期學者黑格爾化馬克思之研究，則是探索馬克思學說如何由黑格爾哲學脫穎而出，最後經過揚棄和辯證再度回歸黑格爾哲學思想。以此出發述之，多以新黑格爾主義（Neo-Hegelianism）研究著稱。新黑格爾主義強調者為，「辯證」（*Dialektik*）一詞作為哲學用語和方法使用之概念沿革，首先聚焦在德意志觀念論的脈絡中探討，多半述及康德在《純粹理性批判》（*Kritik der Reinen Vernunft*）的先驗辯證論之幻象探討。其後衍生黑格爾《精神現象學》（*Geistes des Phänomenologie*）中，「辯證」過程的「歷史性」問題。由辯證概念自身歷史發展涉入馬克思和黑格爾思辨哲學研究。但這樣的方式會讓馬克思研究本身陷入兩個困境中，其一為哲學史發展中

其後馬克思師承黑格爾，那麼康德便列爲馬克思思想中潛藏的誘發因子。欲了解馬克思所謂的辯證和批判其原由，則康德哲學必不可迴避，於是康德哲學統攝了德國當代思想不可撼動的命脈。特別是早先奧地利馬克思主義（Austro-Marxism），在其論述馬克思思想上，過度強化了康德思想[4]（新康德主義）的馬克思轉化作爲奧馬的核心（洪鎌德，2018：184）。

　　近來，日本學者柄谷行人（Kojin Karatani, 1941-）著述《超驗批判：論康

的困境，將馬克思思想與社會現實情境隔離，於是馬克思思想由實踐和革命的道路屈身爲哲學討論。其二爲哲學流派中的困境，將馬克思僅定義爲德國觀念論發展爲唯物論的馬克思主義的哲學路徑。封閉馬克思思想內部多樣性的奔放思想。關於「辯證」一詞由康德至馬克思和恩格斯的使用，Jolyon Agar所著《從新思考馬克思主義：由康德與黑格爾到馬克思與恩格斯》（*Rethinking Marxism From Kant and Hegel to Marx and Engels*）一書內有詳盡研究和闡述。另外一部分黑格爾化馬克思研究，專注於馬克思和左派（青年黑格爾門徒）與右派（保守黑格爾門徒）黑格爾門徒的思想交流，論證馬克思學術思想發展如何與眾多黑格爾門徒的思想混合。闡述馬克思在批判黑格爾門徒時，已將他們的思想與語彙內化爲自身不可分割的一部分。因此，馬克思思想是作爲黑格爾哲學的殘餘與延伸。特別是青年時期的馬克思，爲完全不折不扣黑格爾化的青年學子，最後才由德國觀念論的迷夢與現實政治碰撞中，轉向唯物主義和共產社會主義革命的懷抱。關於左右派黑格爾門對青年馬克思的形塑，黑格爾研究者Sidney Hook在《從黑格爾至馬克思：卡爾馬克思的學術發展研究》（*From Hegel to Marx Studies in the Intellectual Development of Karl Marx*）一書中有詳盡的探討。

[4] 除了奧馬外，生於十九世紀著名的康德哲學研究（康德自傳撰寫者）者暨新康德學派要角佛蘭德（Karl Vorländer, 1860-1928），爲了要深化康德哲學的影響以及發揚其社會學說，在其先後所著的《康德與馬克思》（*Kant und Marx*）（1904）和《康德與馬克思：一個社會主義哲學的研析》（*Kant und Marx; ein Beitrag zur Philosophie des Sozialismus*）（1911）中，以康德的社會思想作爲馬克思社會學說的前沿，認爲馬克思思想中的部分精華，如崇尚自由和追求美好的社會進程是康德之遺愛。但馬克思崇尚辯證及其引發的階級鬥爭等爆裂手段，絕非是受康德啓發，反倒是背離康德和平主義者的異端。馬克思與康德之社會主義哲學比較，詳見*Kant und Marx*和*Kant und Marx; ein Beitrag zur Philosophie des Sozialismus.*二書。另，國內學者孫善豪雖有研究康德與馬克思社會學說之關聯，但其研究說明有誤。孫善豪以爲佛蘭德僅於1924年始研究康德和馬克思之關聯，但早在《康德與馬克思》此一40多頁小書冊中，已提及兩人社會主義之問題，其後再由《康德與馬克思》發展爲《康德與馬克思：一個社會主義哲學的研析》專著。孫善豪之說明請見〈康德哲學與社會主義：十九與二十世紀之交的政治哲學的解析及其當代意義〉。另外，馬克思早期著作研究者H.P. Adams也刻畫康德對幼年時期的馬克思心靈影響深刻，在《馬克思在其早期著作時代》（*Marx in His Early Writings*）一書中寫道，就讀大學前心靈稚嫩的馬克思雖身居特利爾，但與當地的康德哲學社團互有來往，對康德哲學亦有初步的了解，甚至是該社團的活躍領導分子（Adams, 1965: 12）。顯然的，連早期的馬克思青年思想研究者對康德哲學在馬克思心靈的發酵之渲染，想必試圖跳脫官方馬克思主義者特別構連康德—黑格爾—馬克思傳承之關係。但是這之中的過度著墨，卻可能忽視了其他組成馬克思早期思想的多元成分。

德與馬克思》（*Transcritique: On Kant and Marx*），甚至將康德與馬克思攀向思想統合的最高峰，業已分析當代資本主義背後的哲學新解。完成所謂再思馬克思由康德起始的論述[5]。於是，馬克思學說便與黑格爾和康德緊密不可分割，任何人似乎再也無法析出新的、被隱匿的和潛藏的任何學說其思想親近性之可能。那麼，馬克思學說便為啟蒙理性所綁架，馬克思所為者為承接康德啟蒙哲學未完成者。無怪乎霍克海默（Max Horkheimer, 1895-1973）與阿多諾（Theodore Adorno, 1903-1969），他們兩人於《啟蒙思想的辯證》（*Dialektik der Aufklärung*）早先嘶吼「文化工業作為啟蒙理性的欺騙」之時，並非棄絕啟蒙；亦非否定啟蒙，更並未批判康德啟蒙哲學，反倒再次宣揚啟蒙（洪鎌德，2018：289）。這正好作為奧馬和柄谷行人等正確一方的先行者。

一般說法西方馬克思主義奠定者寇士（Karl Korsch, 1886-1961），以探索馬克思思想源頭為首要，其後葛蘭西（Antonio Gramsci, 1891-1937）、盧卡奇（GyörgyLukács, 1885-1971）和悲劇性的卞雅敏（Walter Benjamin, 1892-1940）霍克海默與阿多諾等自動入列，為最正統的西馬代表，其後開展為法蘭克福學派的批判理論（洪鎌德，2018：180-212）。但這當中並非全數僅以黑格爾作為馬克思思想源始，亦有異言出聲。西馬學者盧卡奇和悲劇性的卞雅敏雖同樣研究馬克思思想源頭，不過其路徑上略微不同。盧氏與卞氏他們以文藝創作的生成發展其親近性和歷史視角檢視馬克思，得出的答案開始異於一般說法。特別是盧氏與卞氏由文藝轉向馬克思學說，並非是黑格爾與康德哲學為唯一青年馬克思其活頭泉水之信徒，反而是歌德（Johan Wolfgang von Goethe, 1749-1832）式和浪漫主義者之風格引領他們走進馬學世界。另外，馬克思《經濟哲學手稿》（又稱巴黎手稿）（*The Economic and Philosophic Manuscripts of 1844*）於二十世紀初（1930年代）被發現（洪鎌德，2018：9）。其中更帶起所謂遠離官方教條式的馬學新探。

伊格頓也論及，馬克思早年在《萊茵日報》時期討論過文藝創作其形式與內容的關係。馬克思認為，所謂的形式不能代表文藝創作本身，形式必須符合內容才是。否則文藝創作的形式如同虛設，也不值得一顧，因為文藝創作的形式其前提為文藝創作其觀點之展現。黑格爾於《美學教程》（*Vorlesungen über die Ästhetik*）中批判浪漫主義為象徵藝術者，但究其實言，黑格爾的美學完全是按照辯證法作為其美學的形式，內容上反倒不是黑格爾本人重視者

---

5 詳見柄谷行人所著一書的討論。

（Eagleton, 2002: 20-21）。易言之，透過伊格頓轉述的青年時期馬克思的美學觀點，馬克思這一席話便是所謂風格化的絕佳描述。浪漫主義者並無所謂對形式的制式化，但內容的闡述表達才是其首要。因而傳統學院派的制式化美學論述為浪漫主義者屏除。同理馬克思亦然。更別遺忘了，馬克思在〈費爾巴哈提綱〉上訴求：不僅解釋世界，更重要是改變世界。假使連文藝創作的內容都無法超越形式限制，那麼不必妄談改變世界。

　　表面上而言，黑格爾與馬克思之間的關係甚為緊密，然而馬克思於出發前往巴黎期間或許受到其他思想的浸潤，當時遊走法國的德國浪漫主義社會詩人海涅（Heinrich Heine, 1797-1856），一度與馬克思本人互動，甚或思想交流（海涅為馬克思的表叔，非常欣賞燕妮的高貴美麗，不時走訪馬家）。不過海涅與馬克思的關係，在馬克思思想發展研究上，卻不受太大的矚目。儘管海涅的浪漫主義者身分未獲多數研究者青睞，但海涅帶著（左派）浪漫主義風格的社會主義和共產思想或許激起馬克思心中的漣漪（Leopold, 2007: 26-32）。由是，青年馬克思的思想與浪漫主義之關聯，必定具有潛藏的親近性和值得被再次注目和喚醒之處。或許海涅思想闖入馬克思發展中的稚嫩心靈，不甚受到當代西方著名馬學研究者麥克列蘭（David McLellan, 1940- ）、巴托莫（Tom Bottomore, 1920-1992）、洛克莫爾（Tom Rockmore, 1942- ）和塔克爾（Robert Tucker, 1918-2010）等[6]的注目，但是卻能開啟馬學研究的新思維。同時能更進一步探索馬克思青年時代思想活躍背後的憧憬。

　　馬克思早期思想的著作，一般廣為被提及者，為其博士論文《德謨克里圖與伊比鳩魯自然哲學分辨》（*Karl Marx The Difference Between the Democritean and Epicurean Philosophy of Nature*）、《德法年鑑》（*Deutsche und Französische Jahre Buch*）、《黑格爾法政哲學批判》（*Marx's Critique of Hegel's Philosophy of Right*）、《神聖家族》（*The Holy Family*）、《德

---

[6] David McLellan在《馬克思：一部傳記》（Marx: A Biography）中，詳細的刻畫馬克思自幼的生活以至青壯年的豪情風雲和往後的流亡歲月與貧病終老。不過對於馬克思在巴黎前後期間，卻近乎不提與海涅的交流，多數專注在馬克思的黑格爾思想研讀，以及馬克思如何由前期的異化論探討轉向剝削理論的研究。Tom Bottomore的《馬克思》（*Karl Marx*）、Tom Rockmore的《馬克思主義之後的馬克思：馬克思的哲學》（*Marx After Marxism: The Philosophy of Karl Marx*），以及Robert Tucker的《馬克思》（*Philosophy and Myth in Karl Marx*）等著作，盡數集中在馬克思如何由青年黑格爾門徒（黑格爾左派），歷經費爾巴哈（Ludwig Feuerbach, 1804-1872）後，揚棄黑格爾轉向馬克思本人後期的學說發展，不談海涅對馬克思早期社會思想的衝擊。

意志意識形態》（*German Ideology*）、《論費爾巴哈提綱》（*These zum Feuerbach*）、爲馬克思手筆經思想夥伴恩格斯潤飾的《共黨宣言》（*Manifest der kommunisten Partei*），和引起馬克思人本主義（人文思想、人道精神、人文學養）討論的《巴黎手稿》[7]。這當中《巴黎手稿》和《共黨宣言》尤是重要，但對其解析卻圍繞在黑格爾哲學的殘餘上作討論，如今或許得以非傳統的研究作爲馬學的新起始。

　　馬克思青年期的作品，除了上述批判性與理論性濃厚的著作外，其實仍有被多數研究者忽略者。馬克思青年時期研究者亞當斯（H. P. Adams），他特別重視馬克思非學術時期日常的文藝創作品，以及與愛妻燕妮相戀時的書信情詩往來。透過深度閱讀後認爲，馬克思的馬克思主義其始源爲浪漫主義，那些生意盎然、源源不絕的活力，便是對生命和日常生活的熱愛。馬克思除了撰寫情詩外，對於美學也多所涉略，亞當斯特別提及青年馬克思對列辛（Gotthold Ephraim Lessing, 1729-1781）著名美學作品《拉奧孔》（*Laocoön*）的著迷。按

---

[7] 當代馬克思青年時期作品研究者David Leopold認爲，所謂的馬克思青年時期著作，包含大量未出版的學生時期評論他人著作的手稿和筆記、書信往來，以及即將出版但未能全數出版的著作（《神聖家族》與《德意志意識形態》之殘稿），主要環繞在1842-1843年間的筆記。最多至1844年《巴黎手稿》的時期。也就是馬克思26歲以前的著作。但本文以爲，青年時期的馬克思著作需要涉及《共黨宣言》始完善（洪鎌德，1985：32-36）。因爲，《共黨宣言》是延續了《巴黎手稿》中談及人與異化和異化歷史的著作。雖然部分內容並非全數馬克思的觀點（因受到恩格斯的更動），但《共黨宣言》中詩歌散文風格的文學描寫手法，卻是異於其後《政治經濟學批判大綱》（*The Outlines of Critique of Political Economy*）和《資本論》（*Das Kapital*）者。David Leopold闡述，這些青年時期的作品，馬克思圍繞在政治學、現代性與人之本質上。但人之本質、何謂人，以及人性的問題，在黑格爾哲學的思想體系內，其實並未多做深入具體的描述。這點本文以爲，若將青年時期的馬克思完全依依爲黑格爾門徒，實有些值得再多做思考衡量處（本文反思者爲，費爾巴哈的哲學人學不盡然爲馬克思人學的唯一養料）。David Leopold對馬克思青年時期著作的界定和發現過程，請見David Leopold. (2007). *The Young Karl Marx. German Philosophy, Modern Politics, and Human Flourishing.*一書中Introduction的解說部分。關於《政治經濟學批判大綱》和《資本論》，其涉及英國古典政治經濟學者亞丹‧斯密（Adam Smith, 1723-1790）思想，以及馬克思如何將亞丹‧斯密的觀點化爲唯物論的政治經濟學理論，請見下述洪鎌德著作。洪鎌德，（1997a）《馬克思社會學說之析評》，臺北：揚智出版社。洪鎌德，（1997b）《馬克思》，臺北：東大出版社。洪鎌德，（2007a）《從唯心到唯物：黑格爾哲學對馬克思主義的衝擊》，臺北：人本自然出版社。洪鎌德，（2010a）《馬克思的思想之生成與演變：略談對運動哲學的啓示》，臺北：五南圖書。洪鎌德，（2014）《個人與社會：馬克思人性觀與社群論的評析》，臺北：五南圖書。

亞當斯的馬克思文藝愛好所述，得知其後馬克思所見之普勞階級[8]受苦受難和資本家的剝削場景，便是顯現《拉奧孔》中痛苦的場景於當時代之真實社會投射。對於文藝創作的愛好始終環繞在青年馬克思的心靈中久久不散，於是動身前往巴黎遊歷的馬克思也在前後與詩人海涅互通有無（Adams, 1965: 20-26）。由亞當斯的說法延伸，馬克思的美學是充滿濃厚的社會性與對現世批判，這乃是浪漫主義美學其文藝創作背後的社會關懷。那麼馬克思的《巴黎手稿》，其要旨不再只是黑格爾思想尚未揚棄前的殘餘糟粕，其中之精華卻應該是被多數研究者刻意遺忘的浪漫主義才是。

　　不過，當馬克思撰寫博士論文《德謨克里圖與伊比鳩魯自然哲學分辨》之時（洪鎌德，1985：44-47），或多或少與黑格爾思想產生了些許的共鳴。如馬克思談原子論的原子動態活動和群聚的關係，這給予青年馬克思強調個體追求自由的社群觀。特別是左派黑格爾門徒對當時普魯士採取高壓管制和思想干涉（特別是宗教問題）強烈不滿，其中暗示著馬克思受到左派黑格爾門徒的感染，爭取思想解放的反叛心油然而生（Adams, 1965: 27-41）。乍看之下，這時的馬克思搖身一變，成為擁抱黑格爾哲學轉向社會政治關懷的實踐之路開步者。但是如果回到浪漫主義的思路視之，諸個人之自由是社群的集體呈現。撇開浪漫主義者對宗教抱持著虔誠態度（右派黑格爾門徒更甚於浪漫主義者）[9]，馬克思由原子論誘發的自由觀和社群思想，除了為普遍視為邁向黑格

---

[8] 以往華文學界常將 *Proletariat* 翻譯為普羅，但本文以為應將 *Proletariat* 翻譯為「普勞」才適切。因為合於馬克思強調「勞動」（*Arbeit*; Labor）之謂。故凡提及 *Proletariat* 之處，本文一律使用「普勞」一詞。關於「普勞」的學術用語與「普羅」之區分，詳見洪鎌德下述書之譯者解析。洪鎌德，（1997a）《馬克思社會學說之析評》，臺北：揚智出版社。洪鎌德，（1997b）《馬克思》，臺北：東大出版社。洪鎌德，（2007a）《從唯心到唯物：黑格爾哲學對馬克思主義的衝擊》，臺北：人本自然出版社。洪鎌德，（2010a）《馬克思的思想之生成與演變：略談對運動哲學的啟示》，臺北：五南圖書。洪鎌德，（2014）《個人與社會：馬克思人性觀與社群論的評析》，臺北：五南圖書。

[9] 極為有趣的是，黑格爾本人於耶拿神學時期的發展，或多或少涉入浪漫主義學圈中（耶拿當時為浪漫主義發展之重鎮），特別是對耶穌基督和神學問題探究的部分。黑格爾耶拿神學時期的研究者與黑格爾《早期神學著作》（*Early Theological Writings*）的英文版編譯者T.M. Knox，他請Richard Kroner撰寫了譯者前言〈黑格爾的哲學發展〉（Hegel's Philosophical Development），他於譯者前言中便探究了這個黑格爾思想發展中極具曖昧的部分。Richard Kroner的說法，請見《早期神學著作》（Early Theological Writings, 1971）。但華人學界並不甚關心此點。涉及黑格爾與浪漫主義者的思想交流，請見洪鎌德下述著作。本文不贅述亦不討論之。洪鎌德，（2007a）《從唯心到唯物：黑格

爾懷抱的蜜月期外，或許在馬克思心中仍抱有些許浪漫主義的色彩（洪鎌德，2014：286-306）。只不過他現存文字紀錄能考究，親筆記下的，是自詡黑格爾左派分子（Adams, 1965: 37）。然而，馬克思心中真實的面貌則依詮釋者的態度而定之。

　　青年馬克思與浪漫主義的辯證和融入自身思想的輾轉發展，並非輕易便能窺知。在馬克思撰寫《巴黎手稿》時期，學界一般共識為馬克思的人本主義（人道精神、人文思想、人文學養）高潮。假使廣義的將人文學之發展擴及浪漫主義（Jones, 1933: 396-418），那麼馬克思對於人文學的態度，除了是一般被認定的費爾巴哈無神論者的唯物主義說法（洪鎌德，2018：153-155）之外，深究其實是被忽略的另一面紗而已，更是人文學中浪漫主義支流的延續。關於馬克思構作《巴黎手稿》前後的思路歷程與人生境遇，本文將由以下內容進行闡述。

貳、馬克思巴黎手稿中的浪漫情懷

　　馬克思《巴黎手稿》的浪漫情懷，最主要的內容可以視為異化論、社群為基礎的人性本質論以及浮士德之喻的相互穿插。《巴黎手稿》的問世實具戲劇性，起因為非官方馬克思主義研究者為了探詢青年馬克思隨寫的六十多篇詩集時，在1929年當年意外尋獲詩集後，1930年始整理散篇詩集之時，從中發現並整理校對而來（Johnson, 1967: 259）。假使這一編排由馬克思本人親手，那麼很可能會延伸出新的看法。《巴黎手稿》在馬克思眼裡除了一如外界解讀的「經濟哲學」外，或許更是馬克思以哲學的方式，敘述普勞階級的社會詩歌劇作。對其當代身處社會展開強烈的批判與諷喻，並援以歌德《浮士德》（*Der Faust*）殘斷的篇章，更像是一位社會詩人發出的哀鳴，警醒尚未察覺自身悲苦宿命的普勞階級起身反抗，更欲求早已被惡魔米非思多（Mephisto）綁架出賣靈魂的資本家（資本主義實為惡魔的化身），如浮士德博士般自我覺醒，喚回早已交易賤賣的良知，掙脫資本主義的束縛。

　　William M. Johnston在該文〈卡爾‧馬克思1836-1837之時的韻文詩為其早期哲學的幽暗歲月〉（Karl Marx's Verse of 1836-1837 as a Foreshadowing of his

---

爾哲學對馬克思主義的衝擊》，臺北：人本自然出版社。洪鎌德，（2007b）《黑格爾哲學之當代詮釋》，臺北：人本自然出版社。洪鎌德，（2016）《黑格爾哲學新解》，臺北：五南圖書。

Early Philosophy）認為，1836-1837年之際，馬克思此時隨筆撰寫的這些韻文詩，尚未能達致往後深富如黑格爾哲學般的馬克思主義哲學立論，是馬克思文存中的汙點。但本文以為，恰巧這些未被哲學化予以汙染的隨筆詩篇，方能看出馬克思尚未成為馬克思主義之前的真實樣貌。絕非是Johnston眼中的汙點，實為馬克思之精妙所在。雖William M. Johnston提及這些韻文詩帶有濃厚的席勒（Johann Christoph Friedrich Schiller, 1759-1805）與海涅文風。然並不持以肯定的評價（Johnson, 1967: 260-261）。但本文以為值得注意的是，這些富含浪漫主義情懷的韻文詩，是連結馬克思縱身社會關懷的前源。因為浪漫主義者的詩文其中潛藏著對社會的關懷，浪漫主義韻文詩之男歡女愛與悲離怨恨是能進一步詮釋為對社會的愛憎[10]。

馬克思《巴黎手稿》中偶然出現的《浮士德》橋段（Marx 1988: 136）。按1836-1837年之時的韻文詩索驥，非常可能是隱含馬克思對哲學自身的批判，也對當紅的黑格爾哲學之批判，更對黑格爾沉溺於自身繁瑣深邃不堪的哲學體系之咆哮。成為一位學院派尸位素餐的哲學教授，黑格爾是成功的。但是，作為投身社會關懷的黑格爾志士卻是失敗可憎的。因為歌德的《浮士德》劇作開端，便是針對康德法政哲學的揶揄嘲諷，也是惡魔何以降臨的伏筆。馬克思與歌德的《浮士德》其內在對話為〈資產階級社會中的金錢魔力〉之殘篇（*The Power of Money in Bourgeois Society*）。不過更為具體和細緻的描寫，是在《資本論》中提及商品交換的論述。馬克思認為，在資本主義社會中的生產，會使得生產者轉換為商品一同交換。這是人的本質淪喪作為貨幣和商品買賣過程的呈現，金錢的魔力驅使著人轉為貨物商品般被交易，人等同於可資交換的商品（Shell, 1980: 523-527）。席勒的浪漫主義劇作多半為描述社會生活的寫照，劇曲中的悲歡離合和各種的社會反動反抗，實為既批判同時又教化的寫照。席勒在《陽謀與愛情》（*Kabale und Liebe*）中，展現了人文和人道精神，更強調人之主體追求自由和社會互動之關係。歌德的《浮士德》由知識為始最後反思知識之良知復歸為終。上述席勒與歌德之著作體現了人作為真實的社會，人是無法以支離破碎分割為僅存某部分的存在，是全人完人的寫照，同

---

10 華文學界馬學研究大家洪鎌德在《馬克思社會學說評析》一書中，關於馬克思思想淵源上提及，馬克思出生前至青年時期普魯士問題重重，遠遠衰落於鄰近西歐諸國，因而表面上詩詞薈萃的背後是對當時的政局與社會表達強烈的不滿。是故，馬克思承襲此傳統。詳見洪鎌德，（1997a）《馬克思社會學說評析》，臺北：揚智出版社。

時也是追求探問人性的本源。馬克思在《巴黎手稿》內，雖並無直接提及席勒的大名，亦無引用席勒任一著作，但是在部分內容上，是與席勒的內在對話。這對話是由現代性的批判而來。馬克思認為現代性的高峰是資本主義社會以經濟生產決定人的社會地位，席勒在《美育書簡》中表達了現代性將人進行了劃分，割裂了社會整體諧和性的美。資本主義經濟生產造成了異化的現象，馬克思認為這是一種現代性的病態。席勒認為靠美育的培養能夠回復社會成員遺失的美，亦即人的美德；但是馬克思卻在日後的資本論中再次強調《共黨宣言》追求的，唯以革命的手段方能摧毀資本主義中普勞階級被剝削的狀態。在《資本論》中的剝削概念，其源出思想為異化。因此席勒浪漫主義的社會和諧之美，在馬克思由《巴黎手稿》轉向《資本論》時，進行內的轉化。馬克思將社會和諧之美的狀態予以動態化，那就是經革命的手段讓社會整體產生辯證過程，去除異化和剝削才能喚回諧和的社會美感。因此可以說，馬克思將席勒的美學論述予以社會實踐。由《美育書簡》出發經《巴黎手稿》最後達致《資本論》，成為馬克思由席勒辯證為馬克思主義的歷程。在這歷程中，馬克思青年時期轉向成熟時期後的著作中，提及席勒論述的次數也逐漸增加，在《神聖家族》和《德意志意識形態內》逐一可見。這可以視為席勒對馬克思思想發展的影響（Prawer, 1975: 122-137）。

　　馬克思在《巴黎手稿》的內容安排上，他先是在文中使用了「異化」（*Entfremdung*; estrangement; alienation）的觀點，後來才在之後的部分逐一討論「辯證」字眼的主要意義。那麼說來，馬克思提及的對「異化」的討論，其與「辯證」的關係就非常的深厚了。所以這裡就必須討論馬克思闡述「異化」的發生，以及「異化」中發生的變化，其核心為人之所以為人和人如何喪失人之所以為人之過程。對於人的想像，馬克思具有一種強烈的美學投射，因為現實生活中具體實在的人，除了謀生本能外，更帶有藝術成分在內。馬克思將人視為「勞動的動物」（*animal laborans*），這這裡勞動的位階被馬克思推至極致。除了是因為一般以為的，黑格爾在《精神現象學》主奴辯證法部分中提及，奴隸靠勞動擺脫奴隸身分，被視為是黑格爾對馬克思的啟發外，更重要的是因為：勞動是創造性的生產。藝術作品本身便是創造。這是浪漫主義者賦予藝術作品的責任。馬克思在《巴黎手稿》中闡述了，異化的過程中隱含著辯證的關係。馬克思這裡就蘊含著濃厚的哲學人學（Philosophical Anthropology）的觀點，以及帶著深厚的人本主義和人道精神的人文學之懷抱。馬克思在《巴黎手稿》開頭的第一部分〈勞動工資〉（*Wages of Labor*）中，就開始提到了

勞動的重要性（Marx, 1988: 19-34）。所以勢必要對馬克思如何談論異化的內容進行說明。因爲私有財產制度的關係，人才需要薪資，而薪資必須透過勞動取得，在勞動的分工上，人並非自願的被分工，因爲分工能使得生產力提高（一個人就重複不斷做某件事），所以勞動的分工是與異化鑲嵌。在席勒以美學爲核心價值重視全人之說上，馬克思以人作爲眞實的社會人是無法以支離破碎分割爲僅存某部分的存在之說法，是相互吻合（Wessell, 1978: 189-201）。

在黑格爾與康德的觀念中（或是說在整個德國觀念論構築的知識體系下），異化之發生，是來自於「外化」和「對象化」的世界呈現方式。在他們的眼裡，這是世界和社會逐步進展的文明化，即由傳統社會邁向現代化社會的寫照。這是秉持著啓蒙主義、啓蒙運動的現代性論述而起。然而，馬克思完全無法苟同這單一且絲毫無反思的看法。因爲，無論康德或是黑格爾皆屬於社會上層得勢的一方，透過傳播哲學知識和思想，掌握自身的社會優越性（以葛蘭西的語彙析之則爲文化霸權）。因此對於眞實社會的出發並非是體驗人生，卻是知識與理性論述完全的主導。然而，馬克思的關懷絕非是知識象牙塔的自我封閉與侷限。馬克思深入民間，以人文關懷爲視角看待普勞階級，因此闡述異化是因勞動分工而起，勞動分工違背了人的綜合性創造能力。假使馬克思毫無反思甚或未能融入反思啓蒙的觀點，必然難以掙脫黑格爾的枷鎖既一脈相承黑格爾哲學，那麼便無法轉換視角重新省思異化的社會悲劇帶來的諸多問題。

浪漫主義美學家席勒的著作，將哲學與社會現實融爲一體，在《美育書簡》檢討現代性，以及現代性造成的異化，猶如馬克思的《巴黎手稿》一般。假若馬克思沒有吸收浪漫主義者的創作理念，那麼或許如今的《巴黎手稿》將不會掀起馬學思想發展上的震撼，也無法串連起日後其他重要著作中對眞實社會無盡嚴厲批判的論述。法國的結構主義馬克思主義者阿圖舍（Louis Althusser, 1918-1990）認爲，在知識論上青年時期的馬克思和成熟時期的馬克思，是具有思想上的斷裂。看似掀起馬克思思想上的內在矛盾，但是這是因爲他完全忽略了馬克思青年時期思想上的多元性。因爲，僅以後期發展爲馬克思主義的觀點檢視馬克思早期著作，這完全是對馬克思研究的偏見[11]。在馬克

---

[11] 一般而言，1844年馬克思的《巴黎手稿》著述中，殘餘了過多黑格爾晦澀的哲學用語和定義。特別是著作中多次提及「異化」和「種類本質」等抽象的哲學用語，並未完全進入到政治經濟學的思考。這是受到黑格爾哲學陰影影響所致。直到進入與恩格斯一同撰寫《共黨宣言》和之後出版的《政治經濟學批判大綱》，馬克思告別了黑格爾哲學抽象的詞彙。但是卻緊緊的維繫辯證的概念在

思《巴黎手稿》中人的社群性本質是與異化論不可分割。因爲勞動異化使得人與人之間陌生斷裂，馬克思欲打破者，正是這極爲乖異喪失人之社群本質的困境。馬克思日後眾多的剝削之討論，是建立在異化論的基礎之上。《共黨宣言》的終極目標，也是由異化之破除後，消解典章制度上早已異化於人之外的國家，於是得以共組世界無產階級的聯合。不可諱言的，馬克思思想一般公認的，是受到德國觀念論（康德、費希特和黑格爾）、英國政治經濟學和法國空想社會主義、法國唯物主義的影響。在《巴黎手稿》內，德國觀念論（康德、費希特和黑格爾）與英國政治經濟學的觀點甚深，然出於人之眞實社會關懷、破除異化與希冀人性之復歸，這並不是上述德國觀念論與英國政治經濟學著重者。關於這點，切莫以馬克思之爲馬克思主義者後曲解其青年時期的想法。

參、共黨宣言和國家消亡論的浪漫想像

馬克思探討國家消亡問題時，涉及了辯證中的歷史進程，與歷史哲學論述相關。這部分先是由《巴黎手稿》末尾提及歷史問題而來的延伸。馬克思的歷史哲學與黑格爾的歷史哲學具有很大的相似性，同時亦有很大的歧異性。以論述上的相似性來說，黑格爾的歷史哲學其中談論的歷史性是沿襲著在《精神現象學》當中，談論概念辯證運動發展的歷程之歷史而來。在論述上是相互呼應的，由於是辯證運動的過程，那麼在其中同樣展現著黑格爾獨到的發現，那就是違反傳統亞里斯多德邏輯學與康德認識論中的排中律和同一律（A等於A A不等於-A），強調的是矛盾律（A內部變化發展爲新的A後之A'）。因此，在黑格爾的辯證法中，內部矛盾是造成辯證過程發生和運作背後的主要關鍵。這是黑格爾在理念（意識）的辯證過程中，不變的律則。

他的著作中。只不過這時的馬克思是以政治經濟學的詞彙代替了哲學。原本使用的「異化」哲學概念後來爲「剝削」的經濟學理論所取代。對於青年時期的馬克思和走向成熟時期的馬克思思想之研究，法國結構主義的馬克思主義者阿圖舍，他以「症狀式」的閱讀方法來解讀馬克思著作時提到，馬克思的思想發展發生了認識論上的斷裂。前期多數提及「異化」，但後期只提「剝削」。「異化」在馬克思的思想上發生斷裂，這是馬克思思想結構上的一大問題。關於阿圖舍所說認知上的斷裂，請參考（洪鎌德，2010a：163）。但本文以爲，「異化」和「種類本質」雖是抽象性的哲學用語，但並不全然爲黑格爾哲學所致，因爲「異化」的觀點在兩人的思想上具有差異。除了黑格爾討論異化外，席勒的著作也涉及異化問題，且馬克思與席勒在異化問題上相通。這點卻被一般的馬克思研究者忽略。

　　馬克思的歷史哲學代表著作《共黨宣言》和黑格爾一樣，大量了運用辯證在做歷史的論述，這是方法上相似之處。但是相似之處上，卻有迥然的不同。這個不同也是辯證法屬性上的不同，在黑格爾是精神理念的辯證法。但是在馬克思上，卻是「唯物的」（物質的）辯證法。馬克思對於「唯物的」（物質的）說明，也在《巴黎手稿》中予以說明，「唯物的」（物質的）的「物」不是只有一般的物質，這個物也具有精神性的凝結（Marx, 1988: 71）。另外，馬克思也沿著勞動異化的討論涉及宗教上的異化批判，隨後在〈論費爾巴哈提綱〉（These zum Feuerbach）的第六條提到了社會是由眾多關係凝結的集合體，即人是具社會關係，絕非抽象的存在（Marx, 1992: 423）。馬克思標誌著他與一般粗糙的唯物論者之不同，因為它並沒有否定物具有精神性。只不過它的重點在於強調「凝結的精神成為物」，也不否定人的精神性存在，更強調社會與人是緊密互動者。因此異化論在馬克思的學說發展中，具有不可分割性。異化是馬克思扣連辯證、歷史人與社會的核心概念。在進入馬克思《共黨宣言》中討論歷史與唯物辯證前，仍須先補上他在《巴黎手稿》後段是如何評點黑格爾的歷史哲學內容。

　　馬克思雖然在早期《巴黎手稿》中，大罵黑格爾是個生活在理念世界不與真實世界接觸的哲學理論家，也在《費爾巴哈提綱》的第十一條說道：「自古以來的哲學家只在解釋這個世界，但是重點卻在於改變它啊！」（Marx 1992: 423）這句話正好衝著黑格爾為代表的哲學家而來，但是也同樣在《巴黎手稿》中大讚，黑格爾於《精神現象學》中正確的發明了辯證法；只不過它是一個頭下腳上的呈現方式，將它上下調整過來就好。那麼馬克思在《巴黎手稿》的書末篇段〈黑格爾的辯證與其哲學作為一整體之批判〉提到，黑格爾的歷史過程只不過是一個抽象的、邏輯上的與思辨性質的歷史過程。但是，真正的人類的歷史不該如黑格爾這樣停留於如此這般的；正確的是人類實際的做為「種屬（種性）」（man's act of genus）活動的起源歷史。儘管費爾巴哈在《基督宗教本質》中，以批判的方式努力的把神靈轉回人，但並沒有良善的進一步說明這真實的人類歷史（Marx, 1988: 145）。

　　所以對於馬克思而言，真正的歷史就是人類的勞動的歷史，勞動和生產使得人作為真正的行為主體，人靠著勞動體驗到他的真實存在，以及社會人際互動之間的愉快和不愉快的生產活動之關係。意即總的來說，就是人類開物成務，利用厚生的歷史。這個和黑格爾只停留在理念的歷史辯證中是不同的。儘管黑格爾《精神現象學》也談論「勞動」，提到主奴之間的辯證，但是黑格爾

不談論歷史中「階級」出現的問題，也不將社會區分爲兩大彼此上下統屬和對立的人群組織，即「普勞階級」和「資產階級」作爲探究歷史辯證過程的要角，甚至於黑格爾大肆的讚美國家作爲其哲學中最高的、實際的絕對精神之展現，且並不將它視爲一種由社會人群異化出來的對象物。同時，黑格爾先前還在《法哲學大綱》（*Outlines of Philosophy of Law*）大談「市民社會」（Civil Society）倫理關係和崇尚倫理關係，他卻搞不清楚「倫理關係」就是綁架人的，同時是被人發明出來異化的對象物，即「典章制度」。眞正的歷史，才不是典章制度的變化造成歷史變化和辯證的發展。眞正的勞動生產的歷史，卻被黑格爾搞成了人類異化的歷史。這個是黑格爾一直以邏輯的論述絕對知識帶來的眼盲心盲。這是馬克思對黑格爾哲學和精神的、理念的辯證法最爲生火的地方。最終，馬克思心中眞實的歷史應該是人類在勞動創作中努力克服異化的歷史，回歸以人性和人的社會性之眞實歷史。

　　馬克思在《共黨宣言》的第一部分〈布爾喬亞與普勞階級〉（Bourgeois and Proletariats）中，他和恩格斯第一句話開宗明義的說：「人類所有既存實在的歷史就是階級鬥爭的歷史！」（Marx, 2004: 89）馬克思這句話，擺明了是打臉黑格爾的觀點，歷史的辯證不是理念的，它是階級鬥爭的。階級鬥爭才是辯證鐵律。黑格爾只用抽象的眼光看到辯證是概念運動的律則，但是我看到了在歷史中發生辯證的是人被劃分爲「布爾喬亞」和「普勞階級」。他們是上下統屬的關係，在歷史中是扮演以自由人和奴隸的身分作爲自己的角色定位，自由人是壓迫者而奴隸則是被壓迫者。這兩者的身分在歷史的發展中名稱各異，無論是古羅馬時代的貴族和庶民；中古封建時代的莊園主和農奴；封建時代邁向轉換時的基爾特主（guild-master）與熟練工，這些都是壓迫者與被壓迫者同時以兩兩成對的社會身分出現。就算到了現代資本主義社會的出現使得名稱有了轉換，但是資本主義還是誕生於封建莊園制度的廢墟中，因而在資本主義出現的時期還是劃分爲「布爾喬亞」和「普勞階級」。在現代我們身處的時代，兩大團體的彼此成員對內部聚集和對外部的裂解（分裂）更是劇烈。特別是由於現代工業社會的蓬勃發展，「普勞階級」在工廠工作中被大肆的剝削。所以彼此之間的仇視敵對還是存在著並未獲得消除。「布爾喬亞」的存在是附著於社會整體的生產關係而無法單獨自存，那麼「普勞階級」也如同「布爾喬亞」的存在般。馬克思除了粗略的提到社會歷史變遷相應的狀態和社會上兩大階級的關係外，他在《共黨宣言》中也說：「所有堅固的（既存的）皆消逝於空氣之中。」看似是對整個社會結構變遷的歷史發展下了完美的註腳，不過在

本部分的尾端也說到：「現存的既有社會，即布爾喬亞的資本主義社會倘若發生劇烈的變動，它需要的是在勞動和薪資獲取上雙方產生排他性的問題。這意味著，布爾喬亞的資本主義社會在其內部自我生產了掘墓人，資本主義的崩落毀壞和普勞階級的勝利是指日可待的。」（Marx, 2004: 89-101）。

　　因此對馬克思而言，「布爾喬亞」和「普勞階級」並不是被黑格爾化約為抽象的概念而已，他們才是在歷史社會變遷過程中最真實的歷史承載者（歷史主體），更不是黑格爾認為的世界精神的歷史才是歷史的主體。馬克思在一連串的人類歷史過程中，不斷例舉符合於相當情境的歷史事實為物質基礎的引證，到最後以普勞階級為歷史的扭轉契機。強調世界上普勞階級聯合起來，打倒資本主義，完成共產革命（Marx, 2004: 258）。

　　或許乍看之下，馬克思整本《共黨宣言》中毫無與浪漫主義相關聯者。但是，進一步探究則不然。馬克思以普勞階級（無產階級）為訴求，其意涵為將革命的火花點燃於大眾之中，相比擬浪漫主義者以哲學理念融合於文藝創作（戲曲）和詩詞，採取庶民生活而使用的簡易化德語語法流通，這同樣都是重視大眾為主的真實生活，由象牙塔走入真實生活。只是，早期浪漫主義者還未生於如馬克思年代般，業已進行大規模工業化的德國。那麼馬克思所謂的普勞階級，則如同浪漫主義者訴諸於社會大眾。但由於日後，阿多諾過度強調資本主義下的文化工業與大眾文化合流，認為一切的大眾文化是資本主義披著羊皮的狼，進而否定了通俗文化之故。更別忘了，阿多諾的名著《啟蒙思想的辯證》是以康德美學為骨幹的作品，援引部分馬克思思想和語彙的創作，如今亦有「紅色康德」之謂（Kaufman, 2000: 682-724）。唯崇尚高等、高尚藝術，使得藝術遠離一般庶民生活。或許按馬克思的本意，這是典章制度在思想上進行的宰制。

　　馬克思意欲帶動世界無產階級革命，除了消解異化、免除剝削外，揭穿典章制度的虛假意識，更是馬克思帶領人們重回真實世界的浪漫之道。除了普勞階級承擔革命主體的歷史使命能與浪漫主義對話外，馬克思在其中使用的詞彙具有濃厚的文藝創作風格。此點，卻廣為被強調以社會科學式的馬克思作品解讀所忽視和屏除，這無異都是侷限和封閉馬克思思想原本多元性的弊病。不過，這其中馬克思對浪漫主義的觀點亦有批判，浪漫主義者對中世紀懷有憧憬；但是馬克思則將中世紀視為封建制度地主剝削農奴的煉獄。這或許是馬克思與浪漫主義者雖在現代性（異化）的批判上有志一同，但是囿於所處的時代氛圍，而放眼投射目光有異。浪漫主義者以現代性發生之前為復歸，馬克思以

超越現代性之弊病後返回最初為終極目標。最終，馬克思的浪漫情懷在浪漫主
義基礎上走得更遠，國家的外殼為馬克思褪去又再次生成。

　　這是因為馬克思的國家觀，除了在《共黨宣言》中提及國家消亡的論述
外，稍早之前的《黑格爾法哲學批判大綱》述及，如何補充黑格爾國家觀誤將
理念視為現實的問題，更早之前馬克思在尚未辦立《萊茵日報》，並隨後對國
家當前狀況做出批判卻被迫停報之前，對國家具一定程度的崇仰。並將國家視
為一龐大的生機體。直到在國家內受到國家合法暴力的脅迫與追殺時，馬克思
轉而將國家視為工具和寄生蟲一般，是由人之社會發生變異竄出，更凌駕於社
會反倒操縱社會者。那麼國家便成為典章制度宰制社會中的人，完全壓迫限縮
個別人之自由，更可恨者為，國家成為國家機器且受資本家壟斷一同欺壓普勞
階級，於是便再無存在之必要。以至於國家的消亡，最終才是以自由人為社會
成員之真實的復歸（洪鎌德，1997b：307-346）。那麼馬克思對國家抱持的浪
漫情懷，由最初的崇向國家至最後的國家消亡說，起於浪漫主義也終於浪漫主
義，只不過國家以不復存在的方式呈現，才是馬克思心中最終極浪漫的國家。

肆、西方馬克思主義的文藝思想與浪漫主義之交融

　　身為著名的西馬派學者，盧卡奇為人傳頌的馬派著作為《歷史與階級意
識》（*Geschichte und Klassenbewusstsein*）。不過，在盧卡奇親近蘇維埃政權
隨後又遠離轉身為西馬學者前，盧卡奇從事的是文藝理論批判的工作。盧卡奇
很早期便一路閱讀並研究大文豪歌德的著作。其後撰寫兩部被賦予濃厚馬派色
彩掩蓋的歌德研究，《浮士德研究：由人類本質的戲曲論現代藝術的悲劇》
（*Faust und Faustus:Vom Drama der Menschengattung zur Tragödie der modernen
Kunst*）和《歌德與其世代》（*Goethe und seine Zeit*）從中可以看出，盧卡奇對
歌德的厚愛有佳。易言之，盧卡奇勢必在閱讀眾多歌德著作和研究上，獲取
連結文藝創作與馬學之關聯。特別是，歌德創作背後深植讀者心境的社會現
實性。盧卡奇在文學閱讀中尋找著社會寫實性，這一符合當時代的社會寫實
（該文藝創作其生成與書中刻畫的年代）被視為現代性。那麼盧卡奇由文藝創
作而來的批判，便是對現代性的批判。當盧卡奇透過歷史的發展深入小說背景
後的深層涵義時，油然而生的便是對歷史之感受。這一種對小說其歷史生成的
美學手法探究，正巧與馬克思主義特重當下社會情境之批判，意圖主導和改變
歷史發展者相吻合。於是盧卡奇自然的在當世代的社會情境與歷史氛圍中，將

馬克思主義融入文藝批判。只不過盧卡奇的文藝批判，不再只是針對虛擬和虛構的小說場景予以抒發，卻是如同馬克思本人和馬克思主義迷人的風采，直接走向現實社會，化身小說情節的筆者予以改造一番。只不過與馬克思主義相異的是，馬克思側重者爲普勞階級的階級意識與其被壓迫、被剝削的歷史。然而，盧卡奇所閱讀哥德著作中的浮士德博士；卻是資產階級的代表，歌德的小說對象和描寫人物，一般爲資產階級爲主。這點卻是特異者（Vazsonyi, 1997: 1-3）。這一切入視角與官方教條化的馬克思主義著重者迥異，埋下盧卡奇其後的馬克思主義轉向。

　　這其中也顯現了盧卡奇異於當時主流的馬派理論家關懷的重點，盧卡奇似乎是發現到，馬克思所謂戕害人心的資本主義結構當中的受害者，並非僅有普勞階級，一同受害者更包含施加壓迫的資產階級。或許，以「人性」的崩毀程度來看，資產階級所受的資本主義荼毒遠勝於普勞階級深重。這意味著馬克思主義中的社會結構，並非是上下層間完全對立裂解，生產工具的掌控，亦無法徹底區分普勞與資本家。無論屬於普勞或資產階級的一方，其中共同的社會連結爲「物化」（reification）之下的受害者。這可由歌德筆下的浮士德博士爲延伸。

　　一般研究盧卡奇的學者，會將盧卡奇的文藝批判理論直接歸向受黑格爾哲學的直接影響。不過本文以爲，假使以同盧卡奇時期的思想史學者駱維特（Karl Löwith, 1897-1973）來看，盧卡奇並非僅是黑格爾影響下的西馬派理論家。駱維特在其名著《從黑格爾到尼采：十九世紀革命性的思想》（*Von Hegel zu Nietzsche. Der revolutionäre Bruch im Denken des neunzehnten Jahrhunderts*）中，於導論部分透過歌德與黑格爾兩人書信往來之佐證，特別提及歌德對黑格爾的影響。由駱維特的觀點視之，黑格爾視歌德爲其心靈導師和生活困頓時的資助者則無過。（Löwith, 1991: 3-20）。那麼黑格爾對歌德的著作自然了解一番，更遑論當時風靡的《浮士德》劇作了[12]。

---

[12] 駱維特在此書中以享譽世界的德國大文豪歌德之文藝理論與文學創作之風格對照、闡述黑格爾的思想上的創意及浪漫情懷，以及略微提到黑格爾與歌德兩位思想家私人情誼的建立，黑格爾透過歌德的大力幫助與背書始獲得私人講師（*Privatdozent*）的資格，黑格爾《精神現象學》之創作與付梓即在此時期。並且值得注意的一點，駱維特認爲黑格爾的哲學觀點，特別是對生成發展的生機論之說法，是源自於德國浪漫主義的歷史學及文藝創作理念之淵源，有別於傳統學院派對黑格爾哲學的論述。不過，當時黑格爾熟稔的《浮士德》並非完整版的《浮士德》。因爲黑格爾有生之年時，歌德僅完成《浮士德》之第一部，《浮士德》後半部是在黑格爾死後一年，亦是歌德於1832年逝世當年

　　歌德的浮士德博士，按劇作中的解析，將其人性掙扎可分為三個時期。未出賣靈魂前的人性、出賣靈魂後的人性，以及向魔鬼決戰後取回的人性。也可視為歌德眼中人性的辯證階段。即便靈魂雖售讓與魔鬼，但最後人性仍是可以靠自我意識的覺醒中復歸。那麼，不僅是黑格爾使用了辯證法作為其哲學的特質，歌德亦是精巧的使用了辯證法，並且將之融入於劇作中使其更為生動。因此盧卡奇對歌德文藝創作的研究，除了是著重社會性面向外，方法論即文學手法（文藝批判）想當然爾必是熟稔。那麼盧卡奇的辯證法亦極可能與歌德相關。

　　歌德在《浮士德》中探究了人性的辯證。然歌德人性問題的探討，或多或少受到了浪漫主義者席勒的影響。席勒中期的著作《美育書簡》（*Die Briefe über die ästhetische Erziehung des Menschen*），除了是美學研究之外，同時強調人性的問題。那麼與席勒交好的歌德，在《浮士德》中開端對康德哲學的嘲諷，亦然是受到席勒的影響。儘管人性的討論在康德哲學中亦受重視，也總是與道德不可分離。但是康德在《道德的形上學基礎》（*Groundwork for the Metaphysics of Morals*）一書談論人性問題時，是以數學公式般的和「無上命令」（Categorical Imperative）的方式談之。但卻流於道德知識和道德理論的講述，這點與浪漫主義者訴諸以庶民的方式，將理論轉化為生活嘗試有異。相對於康德純然學術的態度，馬克思亦採取走向社會人群的路徑。歌德投以劇作

完成。因此，黑格爾所見之浮士德僅是被魔鬼迷惑的浮士德。Löwith, Karl. From Hegel to Nietzsche: The Revolution in Nineteenth Century Thought. (trans.) David E. Green, New York: Columbia University Press, 1991.一書中，其第一部分述及歌德與黑格爾時代氛圍者，有詳細的討論黑格爾與歌德兩人之間的私人情誼。本文不多加談論。另外關於歌德與黑格爾兩人於學術與私人關係的研究，亦可參閱Bubner, Rüdiger. The Innovations of Idealism, (trans. Walker Nicholas.) New York: Cambridge University Press.一書之第十二章〈黑格爾與歌德〉一文。該文註釋當中，作者有詳細地整理十九世紀與二十世紀中期間，研究黑格爾與歌德兩人關係的書籍和單篇論文，可以算是英文學界最詳盡的資料。在研究《精神現象學》與「浮士德精神」關聯性上，主要有兩部著作以專章的內容論述可以參考。第一部著作是Harris, H.S. Hegel's Ladder II: The Odyssey of Spirit, Indiana: Hackett Publishing Inc. 1997.第二部著作是Pinkard, Terry. Hegel's Phenomenology: The Sociality of Reason, New York: Cambridge University Press, 1996.在本書中，Pinkard將「浮士德精神」的擷取視為《精神現象學》之精華，也突顯歌德思想對黑格爾影響之重大，他認為《精神現象學》內涵之社會性之建構與倫理的基礎，是立於對浮士德的省思之上。此外：Pinkard也將黑格爾思想中潛藏之「浮士德精神」與「情緒主義」（sentimentalism）、「自然美德」（natural virtue）和「浪漫主義」（Romanticism）進行銜接，並指出歌德對黑格爾思想發展上的正面影響。

的手法與浪漫主義相當，馬克思所謂的普勞階級更非專業知識的學院人士，是活生生於社會底層為了謀生打滾之人。盧卡奇的歌德研究絕非僅以學術為趣，重點在於真實社會的社會性探索。與其說康德或是黑格爾哲學為盧卡奇的思想基礎，那麼倒不如說，強調大眾與化知識為日常生活的浪漫主義者，才是盧卡奇銜接文藝理論與馬克思主義的黏著劑。

　　《巴黎手稿》尚未問世前，盧卡奇在閱讀當時通行的馬克思的著作後，推導出了「物化」的概念，認為在《政治經濟學批判大綱》和《資本論》之前的青年馬克思，必然在談及剝削前具有某個尚未被證實的重要概念，亦即今日所熟知的「異化」（洪鎌德，2010b：38-86）。假若盧卡奇僅以官方教條化的唯階級鬥爭論至上的馬克思主義予以推斷，那麼便不可能注意到在資本主義制度下人性喪失的問題。必須回歸到歌德與席勒等浪漫主義者，他們對人性的社會面進行探問反思的辯證過程中，探究人如何喪失自己的本性淪落為物品和商品之無生命物過程。誠如歌德在浮士德中的描述，當浮士德與魔鬼進行交易之時，浮士德將自身視為物品一般，靈魂的精神性蕩然無存，轉為純物質的物品與自身脫離了關係。因而能夠被賦予等向交換的代價。這便好比教條化的馬克思主義粗糙的唯物論一般，全盤否認人的精神性。

　　在以青年馬克思《巴黎手稿》異化論為基礎的〈論費爾巴哈提綱〉中，馬克思將社會描述為人之諸關係的總和。尚且保留了人一部分的精神性在內，況且馬克思也將整個勞動過程中，從產品在人的腦海裡想像至構作完成的過程，視為一體的勞動過程，這說明青年馬克思保留精神性的凝結於物的定義上。仍不完全否認精神在勞動過程中的重要性。既然精神仍具其重要性，那麼心靈與靈魂在某個程度上仍獲得青年馬克思的保存，因此將自身完全淪為商品而出售則不可能。因此盧卡奇在閱讀歌德的文藝創作中，提取了日後與馬克思思想上能夠互通者，也由文藝批判理論家轉向為馬克思主義者。當然，這當中《浮士德》劇作本身也牽涉了如何被以馬派社會主義者詮釋上的轉化問題[13]（Bullitt, 1980: 184-195）。碰巧的是，在青年馬克思撰寫《巴黎手稿》時提及歌德的《浮士德》，盧卡奇在撰寫《歷史與階級意識》前，也先行閱讀不少歌德著作與其思想研究。更讚譽歌德為十八世紀文化解離中的精神支柱。能夠跨越席勒

---

[13] 在盧卡奇的時代，歌德的《浮士德》劇作，便已為社會主義者的觀點詮釋之，其中重點式的討論，詳見Marcus, Hitch. 1908.*Goethe's Faust a Fragment of Socialist Criticism*一書。但其成書時間遠早於《巴黎手稿》的被發現。

自身無法跨越的障礙（Vazsonyi, 1997: 6）。或許因爲歌德的浮士德並未對現世絕望，即便最後喪命魂歸天堂，但仍不忘奪回售讓與魔鬼手中的靈魂，由殘缺之人復歸爲完人。馬克思在《巴黎手稿》中也同樣肯認異化的解消。一體視之，他們兩人皆是受到歌德的影響。歌德與席勒的思想，是共同源於浪漫主義之雛型，但憂鬱情懷濃厚的席勒無法超脫，最終死於悲劇性的自殺。但歌德最終擺脫憂鬱迎向朝陽凌駕於浪漫主義者之上。馬克思早先的浪漫主義情懷驅使著馬克思，但浪漫主義者的憂愁最終爲馬克思掙脫。即便以現世言之，馬克思的人生爲幽暗所吞噬，但他早期的《巴黎手稿》和晚期的《資本論》卻給予人類一盞希望的明燈。回歸至浪漫主義發展初期對社會迫切改革以至有朝一日得以成功的想望。這盞希望的明燈，或許成爲指引盧卡奇由原先文藝批判理論家（前馬克思主義者時期），最後走向馬克思主義者的懷抱（皈依於馬克思主義信仰之下）（Kadarkay, 1980: 231-232）。在盧卡奇眼裡，帶有部分浪漫主義或說具備早先浪漫主義雛形的歌德與馬克思主義，即便原初是殊途（歌德探討小資產階級，馬克思注重普勞階級），最後卻是同歸。

　　除盧卡奇外，另一位同樣著重浪漫主義的文藝作創者卜雅敏，他之所以被認定爲西方馬克思主義者，主要因爲其歷史哲學的論述引用馬克思的辯證法闡述（Beiner, 1984: 423-434）。又因爲在其短篇著作《迎向靈光消逝的年代》（*Aura*）、《攝影小史》（*A Short History of Photography*）和《機械複製時代的藝術作品》（*The Work of Art in the Age of Mechanical Reproduction*）中，援以馬克思的觀點對資本主義進行文藝批判，因而被視爲西方馬克思主義的文藝批判學者。不過，其最早先的兩部著作，即博士論文《在德國浪漫主義中的批判概念》（*Der Begriff der Kunstkritik in der deutschen Romantik*）和其後《德國悲劇的起源》（*Ursprung des Deutschen Trauspiels*）在探討與馬克思思想連結上，卻不是那麼的被重視。這是因爲帶有德國浪漫主義理念的創作，被視爲是觀念論（唯心論）傾向，與馬克思的唯物論相斥，所以不爲馬克思主義者承認。但是，當討論青年馬克思與浪漫主義之關聯時，卻意外開闢了一條鮮爲人知的幽徑。

　　卜雅敏由原先的文藝批判學者轉向馬克思主義者之機緣，是在1926年時，閱讀了盧卡奇被譽爲西馬經典的著作《歷史與階級意識》一書，之後卜雅敏從中吸收唯物主義，結合卜雅敏早先對文學歷史的興趣，創作了《論歷史哲學提綱》（*Theses on the Philosophy of History*）。於是，唯物主義的史觀在卜雅

敏的思想成型[14]，在卞雅敏的《論歷史哲學提綱》中呈現了對未來的嚮往和樂觀，瀰漫著帶著神學色彩彌賽亞主義的救世情節。不過相對於卞雅敏，馬克思歷史哲學論述其心中的救世主不是別人，正好便是已然覺醒的共產黨人士，以及為其所帶領的普勞階級。假使要牽強的論證馬克思的歷史哲學具有神意論，那麼馬克思的神就是人之為神的人（Beiner, 1984: 423-434）。當然，共產黨人士和已然覺醒的普勞階級在覺醒前，必須先透過自身具備反思能力與破除資本主義制度下呈現的「虛假意識」，其後方能發動世界革命。

　　不過有趣的是，原初卞雅敏德國文學史的創作，是以浪漫主義為其立論。在博士論文《在德國浪漫主義中的批判概念》中，他是以由康德的批判哲學作為浪漫主義批判康德美學所引發。其中論述施列格爾（Karl WilhelmFriedrich Schlegel, 1772-1829）和諾瓦里斯（Psudeo-Novalis Georg Philipp Friedrich Freiherr von Hardenberg, 1772-1801）在《雅典娜斷片集》（*Athenaeum Fragmente*）中，由「諷喻」（*Ironie*）概念探討浪漫詩篇對康德哲學的反叛與革命；費希特（Johann Gottlieb Fichte, 1762-1814）在知識論的著作中關於反思和知識來源之間的討論，以及歌德早期對藝術作品的態度，作為德國浪漫主義批判概念的開端（Benjamin, 2004: 116-200）。卞雅敏所謂的反思，便是透過諷喻和批判之間進行串聯者（Melberg, 1992: 478-498）。那麼卞雅敏在投入馬克思學說的懷抱前先是成為一位浪漫主義者，鑽研浪漫主義文藝創作，似乎是暗示，文藝創作本身得以帶來了革命的可能。革命出自於反思和批判，意味著文學的社會性。

　　《德國悲劇的起源》其英文譯者George Steiner在導言中認為，《德國悲劇的起源》延續了卞雅敏博士論文的浪漫主義態度，不過在其中，雖說是討論悲劇起源，倒不如說是在悲劇中尋找現世救贖的可能。因為他採取了文學中的諷喻手法，意欲解開悲劇性的輪迴，是一種超越和揚棄的作用。其中巧合的是，在隔年便閱讀了《歷史與階級意識》，轉向馬克思主義的懷抱（Benjamin, 1998: 7-24）。本文以為，這個巧合是思想上的選擇性親近。因為卞雅敏早期如同盧卡奇般，閱讀了眾多歌德的著作。特別是，卞雅敏的歷史意識是精研文

---

[14] Ian Balfour認為，卞雅敏的歷史哲學其實是透過黑格爾的觀念論歷史哲學為中介，馬克思的歷史唯物主義順著黑格爾的觀點轉化後，成為卞雅敏的歷史哲學論述。因此，在Balfour的觀點，黑格爾的重要性遠甚於馬克思。Ian, Balfour的觀點，請見Balfour, Ian. 1991. Reversal, Quotation (Benjamin's History).一文。

學史而來。在卞雅敏之前的德國文學史發展，歌德是逆轉德國戲曲和文學翻身作為歐洲霸主的主角。卞雅敏想必再清楚不過，那麼對卞雅敏來說，閱讀和研究歌德的文藝創作正是歷史意識覺醒的過程。當馬克思在《巴黎手稿》援引歌德的《浮士德》之時，資產階級和普勞階級的階級壓迫關係在早先的段落已充分說明。移至德國文學史發展過程視之；同樣是階級的壓迫，只不過原來馬克思所謂階級壓迫的經濟範疇，變相轉化更放大為國與國之間文化的壓迫。在歌德將德國文藝創作銳變為具有帶領歐洲文化發語權（德國文學晉身為世界文學泰斗）既德國文學復興前，德文與德國文學徹底為法國文化壓迫，當歌德成名與後來的浪漫主義興起後，德國才逐漸擺脫文化沙漠的弱勢階級。這一歐洲文學發展的歷史脈絡，嫻熟文藝批判理論的卞雅敏即便未言明，也絕對再清楚不過了。那麼卞雅敏由閱讀《歷史與階級意識》後便轉向馬克思主義之懷抱，便是有內在的親近性為根源了。這個接合點是歌德作為意識覺醒的開端。巧合的是，卞雅敏和盧卡奇相同，在成為馬克思學說研究者前，皆未閱讀過《巴黎手稿》。但他們倆人對歌德的熱情驅使著他們成為馬克思學說研究者。在後來問世的《巴黎手稿》內，馬克思的歌德《浮士德》之喻，也為其中馬克思該著作中文學性最強的段落。

伍、結語：透過浪漫主義作為當代馬克思學說的再詮釋

　　馬克思主義的實踐路線，總是與階級鬥爭、批判與世界共產革命扣連。因而蒙上一層動亂社會影響秩序的陰影。馬克思主義其理論於學術中的研究，總是不脫唯心辯證與唯物辯證法之轉換，經濟決定論的社會形構、晚近《巴黎手稿》興起的人文學爭論，黑格爾與馬克思學術傳承，以及當代再次興起的馬克思與康德哲學重新交會。然而，這些或許都遺忘了，馬克思何以是馬克思學說抑或馬克思主義之肇始者。無論是原初作為嚮往學者之路的馬克思，或是經歷一連串社會殘酷洗禮奔向革命之路的馬克思，馬克思對社會關懷之心始終不變，但是何以激起馬克思心中的熱誠，卻並非康德或黑格爾的思想。即便是費爾巴哈神人辯證的唯物論人學理論，或是英國政治經濟學與法國空想社會主義，都受到馬克思的批判與檢討。

　　曾經在啟蒙主義和啟蒙思想的籠罩下，所謂現代性社會呈現的理性與進步

僅是如迷夢般的幻影。在當代無論何處，啓蒙主義的幽魂仍然瀰漫著。作爲社會觀察者與理論研究者，馬克思因爲自身的際遇乖舛，走入社會底層看穿啓蒙詭計背後的宰制及其共謀暨資本主義濫觴。因爲，這些皆與理性化、制度化、工具理性之算計，冷酷無情，缺乏如何以人之爲人的社會生活感之關照作爲維繫情感的連結，即所謂異化和剝削終至喪失人性本眞。

　　馬克思主義，過去一向被視爲剛性、強烈、激進或隱含暴力性質的衝突理論，旨在顛覆秩序。由馬克思主義褪去汙名化退回馬克思學說，馬克思關懷人的處境之說逐漸浮現。當代社會工作理論學說，以及制度化形成之社會照護和社工體制，除了源自於社會主義外，馬克思學說仍有一定程度的影響和啓發。因爲馬克思對人性的關照和社會弱勢之捍衛始終存在著。浪漫主義的文藝創作，環繞在人性的喪失與復歸之情感掙扎，馬克思從中獲得了啓示，探究人之眞實社會和社會中人之關係互動。這是由於馬克思眼中的人性與社會倫理等詞彙，絕非恆久不變的教條。因而馬克思學說放眼未來，卻不替未來共產世界之到來設置太多的框架。因爲假使解讀或詮釋馬克思內心想法，過多的制度預設和以制度爲核心的世界，無法體現眞實的處境，那麼不如依當時的社會處境與人和人之間的情感維繫，作爲未來制度的起始點。馬克思學說中浪漫主義式的熱誠，除了帶來革命的激情亢奮外，返回個人身上是對人與人之間的日常生活之關照，因爲對馬克思而言：社會爲人際關係之總和。人際關係絕非剛硬、唯制度性的一環，卻是柔和且與每個人切身不可分者。馬克思的革命肇始爲社會業已異化，那麼假使當代社會之個人能由社會關係中予以關懷彼此，透過社會工作的基礎照護弱勢，那麼馬克思學說在當代社會絕非洪水猛獸，卻是社會再次轉型的嚮導。

　　本文順利完成，實得力於兩位業師的啓發。首先感謝洪鎌德老師，洪老師鼓勵學生深度探究爲人所忽視的問題，亦即馬克思如何將浪漫主義轉化爲其隱匿思想卻是最爲至關重大者。其次感激張志銘老師，張老師曾於台大國發所開設博班課程西方人文學專題課堂上，特別於西方人文學發展歷程中，提起浪漫主義問題，同時鼓勵學生以此爲思考發問點。學生本文論述核心，實基於兩位業師的啓發後融入個人觀點，特此感謝。

參考書目

外文書目

Marx and Engels英文翻譯著作

1988　*Economic and philosophic Manuscripts of 1844* & Karl Marx; translated by Martin Milligan, and *The Communist Manifesto* & by Karl Marx and Frederick Engels. Amherst, New York: Prometheus Books.

1992　*Early Writings*; introduced by Lucio Colletti; translated by Rodney Livingstone and Gregor Benton. London: Penguin Books.

2004　*The Communist manifesto* & Karl Marx and Friedrich Engels; with an introduction and notes by Gareth Stedman Jones. London; UK: Penguin Books.

二手資料

Adams, H. P. 1965. *Marx in His Early Writings*. London: Frank Cass & Co. Ltd.

Balfour, Ian. 1991. "Reversal, Quotation (Benjamin's History)" *MLN* 106, 3 German Issue (Apr.,): 622-647.

Beiner, Ronald. 1984. "Walter Benjamin's Philosophy of History" *Political Theory* 12, 3 (Aug.,): 423-434.

Benjamin, Walter. 1996. *Selected Writings Vol.1.* edited by Marcus Bullock and Michael W. Jennings. Cambridge, Mass.: Belknap Press.

Benjamin, Walter. 1998. *The Origin of German Tragic Drama*. Translated by John Osborne. London; New York: Verso.

Bubner, Rüdiger. 2003. *The Innovations of Idealism*, (trans. Walker Nicholas.) New York: Cambridge University Press.

Bullitt, Margaret M. 1980. "A Socialist Faust? " *Comparative Literature* 32, 2 (Spring,): 184-195.

Eagleton, Terry. 2002. *Marxism and Literary Criticism*. London; New York: Routledge.

Eagleton, Terry. 2011. *Why Marx was Right,* London: Yale University Presss.

Harris, H.S. 1997. *Hegel's Ladder II: The Odyssey of Spirit*, Indiana: Hackett Publishing Inc.

Hegel. *Early Theological Writings*. 1971. translated by T. M. Knox, with an introd. and fragments (trans) by Richard Kroner. Philadelphia: University of Pennsylvania Press.

Hook, Sidney. 1962. *From Hegel to Marx Studies in the Intellectual Development of Karl Marx*. Ann Arbor, MI: University of Michigan Press.

Johnson, William M. 1967. "Karl Marx's Verse of 1836-1837 as a Foreshadowing of his Early Philosophy" *Journal of the History of Ideas* 28, 2 (Apr.-Jun.,): 259-268.

Jones, Richard E. 1933. "Romanticism Reconsidered: Humanism and Romantic Poetry" *The Sewanee Review* 41, 4 (Oct.-Dec.,): 396-418.

Jolyon, Agar. 2006. *From Hegel to Marx Studies in the Intellectual Development of Karl Marx.* London: Routledge.

Kadarkay, Arpad. 1980. " GeorgLukács's Road to Art & Marx" *Polity*, 13, 2 (Winter,): 230-260.

Kaufmann, Robert. 2000 "Red Kant, or the Persistence of the Third Critique in Adorno and Jameson", *Critical Inquiry* 26, 4: 682-724.

Kojin Karatani. 2008. *Transcritique: On Kant and Marx.* MIT Press.

Löwith, Karl. *From Hegel to Nietzsche: The Revolution in Nineteenth Century Thought.* (trans.) David E. Green, New York: Columbia University Press, 1991.

Leopold, David. 2007. *The Young Karl Marx. German Philosophy, Modern Politics, and Human Flourishing*. Cambridge: Cambridge University Press.

Marcus, Hitch. 1908.*Goethe's Faust a Fragment of Socialist Criticism*. Chicago: C. H. Kerr.

Melberg, Arne. 1992. "Benjamin's Reflection" *MLN* 107, 3, German Issue (Apr.,): 478-498.

McLellan, David. 2006. *Marx: A Biography*. 4th. Basingstoke [England]; New York: Palgrave Macmillan.

Prawer, Siegbert. 1975. "What Did Karl Marx Think of Schiller?" *German Life and Letters* 29, 1 (October): 122-137.

Pinkard, Terry. *Hegel's Phenomenology: The Sociality of Reason*. New York: Cambridge University Press, 1996.

Rockmore, Tom. 2002. *Marx After Marxism: The Philosophy of Karl Marx*. Malden, MA: Blackwell Publishers.

Shell, Marc. 1980. "Money and the Mind: The Economics of Translation in Goethe's Faust" *MLN* 95, 3, German Issue (Apr.,): 516-562.

Tucker, Robert. 1972. *Philosophyand Myth in Karl Marx*. 2nd Cambridge University Press.

Vazsonyi, Nicholas. 1997. *Lukács reads Goethe: from Aestheticism to Stalinism*. Columbia, SC, USA: Camden House.

Vorländer, Karl. 1904. *Kant und Marx*.Wien: DeutschenWorte.

Vorländer, Karl. 1911. *Kant und Marx*; ein Beitrag zur Philosophie des Sozialismus. Tübingen, J. C. B. Mohr (Paul Siebeck).

Wessell, Jr. Leonard P. 1978. "The Aesthetics of Living Form in Schiller and Marx" *The Journal of Aesthetics and Art Criticism* 37, 2 (Winter,): 189-201.

華文書目

洪鎌德

1985　《傳統與反叛：青年馬克思思想的探索》，臺北：臺灣商務印書館。

1997a　《馬克思社會學說之析評》，臺北：揚智出版社。

1997b　《馬克思》，臺北：東大出版社。

2004　《西方馬克思主義》，臺北：揚智出版社。

2007a　《從唯心到唯物：黑格爾哲學對馬克思主義的衝擊》，臺北：人本自然出版社。

2007b　《黑格爾哲學之當代詮釋》，臺北：人本自然出版社。

2010a　《馬克思的思想之生成與演變：略談對運動哲學的啓示》，臺北：五南圖書。

2010b　《西方馬克思主義的興衰》，臺北：五南圖書。

2014　《個人與社會：馬克思人性觀與社群論的評析》，臺北：五南圖書。

2016　《黑格爾哲學新解》，臺北：五南圖書。

2018　《馬克思與時代批判》，臺北：五南圖書。

孫善豪
2010　〈康德哲學與社會主義：十九與二十世紀之交的政治哲學的解析及其
　　　當代意義〉。《東吳政治學報》第28期，第1卷：139-170.

馬克思及恩格斯對於中世紀德意志人東向移民拓殖史及德意志：斯拉夫民族關係史的觀點

杜子信[1]

中正大學歷史學系助理教授

1　德國卡瑟爾大學（Universität Kassel）歷史學博士。

第二章
馬克思及恩格斯對於中世紀德意志人東向移民拓殖史及德意志：關係史的觀點斯拉夫民族

壹、前言

　　某些沒有自身歷史的族群，至今才剛要脫離最原始的文明狀態，藉由附屬於其他民族之下而獲得給養或是經由其他民族的統治，而才剛步入文明世界的初步階段，這些族群是沒有生存能力的，亦絕不可能有獨立自主的可能性。

　　上述所言者，就是指奧地利帝國境內的斯拉夫人、捷克人，以及一併列入的摩拉維亞人及斯洛伐克人，〔……〕這類族群根本是屬於沒有歷史的群體。自從卡爾大帝（查理大帝）將波希米亞之地納入德意志之後，波希米亞及摩拉維亞就成爲德意志世界的一員，至於斯洛伐克則劃歸匈牙利所有。這類在歷史上從來未凝聚成爲「民族」的族群竟然想要獨立？

　　同樣的，（奧地利帝國境內的）所謂南斯拉夫人，即斯洛文尼亞人、達爾馬提亞人、克羅埃西亞人及休卡臣人等，他們有留下什麼樣的歷史記載嗎？早在十一世紀時，這類族群就已失去其獨立的地位，一部分併入了德意志第一帝國；一部分隸屬於威尼斯共和國；其餘則淪爲匈牙利王國的一部分。基於歷史發展上，這類族群皆早已裂解爲支離破碎狀態的情形下，他們究竟有何能力在今日組成一個強大獨立且能亙久長存的民族？（Marx & Engels, 1959: 275）

　　上述論點，出自馬克思及其摯友恩格斯針對十九世紀中期以來蓬勃昂揚的泛斯拉夫民族運動所下的評論，從中亦揭櫫兩人在評價中東歐的各支斯拉夫人的文明程度，相較於廣大的西方文明世界而言，係屬初出草昧的階段而已。意謂著在兩人觀點中，所謂人類歷史發展的方向與途徑，即由亞細亞社會，歷經原始公社、奴隸社會、封建社會及資本主義社會，最後到達共產社會的歷程，似乎並不適用於斯拉夫諸民族的歷史發展。

　　然而極爲奇特的是，自從二次世界大戰結束及冷戰開始之後，蘇聯所控制下的東方集團（Ostblock / East bloc）各國史學家，卻一再強調其政治體制的優越性，認定共產主義社會在二戰後的全面崛興與西方資本主義社會的爭相抗衡，甚至隱然有力壓西方之勢，正是遵循著馬克思及恩格斯所預示的，人類歷史進入了最後在普勞無產階級大革命成功之後所打造出的無階級、無剝削及無異化的和諧共產主義社會。基於此種自身路線的正確性的想法使然，因而在有關詮釋過去歷史如何歷經六階段的演變[2]，而終至東方集團共產主義社會的終

---

[2]　馬克思將歐洲社會自古至今的變遷分爲遠古原始公社、古代奴隸社會、中古封建社會、近現代的資

極實現上，大力頌揚馬克思及恩格斯所提出的階級鬥爭論的正確性，從而認定當時共產主義社會成為一股沛然莫之能禦的趨勢，就是蘇聯所領導下的東方集團忠實執行著馬克思及恩格斯路線的必然結果。據此，共產主義史家們在針對中古時期的德意志民族東向移民拓殖於中東歐暨東歐，以及與之密切相關的德意志─斯拉夫民族關係史上的詮釋角度，亦採如是觀，以致他們不餘遺力地援引馬克思及恩格斯作品中對這段史實的負面評論，甚至提出這兩位意識形態導師不遺餘力地批判「反動的德意志封建領主們」（die reaktionäre deutschen Feudalherren）、「普魯士容克階級」（das Preussische Junkertum）、「大產業主」（Großbourgeoisie）及「德意志帝國主義者暨軍國主義者」（der Deutsche Imperialismus und Militarismus）等等，自中古時期至近現代以來的東向中東歐及東歐的擴張行動，以及德方以其狂熱德意志民族主義及反斯拉夫的情結施加於斯拉夫諸民族的惡劣行徑（Andrews, 1970: 269-271）。然而，最終以俄羅斯為首的斯拉夫世界證明其才是站在歷史發展的正確道路上，終能擊敗反動的普魯士軍國主義暨德意志帝國主義者引領下的德人侵略野心，並進而實現馬克思及恩格斯所預示的共產主義社會。

　　然則若深入一窺馬、恩作品，以之來檢視上述馬克思派史家們的論點，則明顯呈現著大相其趣、甚至矛盾對立的現象，一如本文之初所列之文本內容般。因此究竟馬克思及恩格斯對中古德人東向移民拓殖史，以及與之密切相關的德意志─斯拉夫民族關係史所持之真實立場為何？這段史實及對斯拉夫民族前途的觀點在馬克思及恩格斯的論述之中，是否一如廣大的斯拉夫史家所引述的，盡皆以好戰成性及意圖全面征服並奴役斯拉夫民族的德意志侵略者而出現？欲解此一疑問，則無論如何須回顧馬、恩的相關著作而為之釋疑。當然，在探究馬、恩作品中的德人東向移民拓殖暨德意志─斯拉夫民族關係史的論點之前，則須先行針對這段中古史實作一簡明扼要的綜覽概觀，俾彰顯本文核心主旨之所在。

本主義社會，以及當代的社會主義或共產主義社會五階段，若將太古的亞細亞社會列入人類社會的最初發展階段的話，則為六階段。詳請參閱洪鎌德，2014：51-53；洪鎌德，2018：166-167。

貳、中世紀的德意志人東向移民拓殖史概觀及該史實對德意志及中東歐歷史的重要性

　　依照近三十餘年來歐美各國歷史學界在處理一段向來具有高度敏感性爭議的史實：中古時期的德意志人東向移民拓殖史[3]，並從中所達成的共識而言，這段史實被置於與諾曼人在南義大利與西西里島的經略、伊比利半島上的基督教「再征服」或「收復失土」運動（Reconquista），以及歐洲十字軍在東地中海地區的擴張歷程等同而論，同樣隸屬中世紀歐洲全面性疆域開發及拓殖運動之一環[4]。然而，若再進一步深入比較四項史實的具體內容，則可明確觀察出德人東移拓殖史，明顯有異於前述三項史實：以軍事征服及壓制迫害非基督徒行動作為先導，而拓殖墾荒緊隨其後的開發模式，係因德人在逐步東移拓殖於中東歐及東歐各地的歷程中，絕大部分係以和平移入開墾的方式。儘管東向移民拓殖的德人在某些地區，例如德意志的易北河以東之地、普魯士及波羅的海東岸之地，亦有武力征服異教徒及暴力傳教的現象，然而軍事暴力的征服與經略行動，在歷時數世紀之久的中世紀德人東向移民拓殖的歷程中，實僅占小部

3　有關「中世紀的德意志人東向移民史」在近現代被充當政治鬥爭工具及民族主義化的經過，請參閱
　　Wolfgang Wippermann, 1981a。

4　由於十九世紀中期全歐民族主義的蓬勃昂揚，導致各國歷史學者在評論中古時期的「德意志人東向
　　移民拓殖史」時，基於民族情感的驅使而擷取有利於自身民族的部分而解讀之，致而掀起立場不同
　　的各國政學間的敵對情勢：一方極力頌揚東移的德人將先進的文明傳了中東歐各地，從而使斯拉
　　夫世界得以由野蠻蒙昧而步入文明社會的境界；另一則大肆攻訐德人的東移擴張，根本是赤裸裸
　　地展現出惡魔般之千年德人「向東壓進」的侵略惡行。其後且由於兩次世界大戰所種下的死敵情
　　結，使得這段歷史更是難以擺脫民族主義色彩而被充當政治鬥爭工具。直至1970年代，隨著西德政
　　府「新東向政策」（Neue Ostpolitik）的推行，藉由德波華沙條約及德俄莫斯科條約而與東方集團
　　各國達成了一定程度的諒解之後，方使該史實首度出現了去民族主義化的可能性。其後在西德歷史
　　學界的力邀下，一場「作為歐洲學術研究課題的中世紀德意志人東向移民拓殖行動」（Die deutsche
　　Ostsiedlung des Mittelalters als Problem der europäischen Forschung）的學術會議，在1972年於南德舉
　　行，該會宗旨首在於期望達成各國學界在詮釋德人東移拓殖史時的一項基本共識。此一企盼在東西
　　冷戰局面漸趨和緩的狀態下，取得顯著的成果，與會各國學者，包括波、捷、匈、南、俄、法與德
　　等各國史學家，基本上不再將中古德人東移拓殖行動視為近現代德國兩度侵略中東歐及東歐地區的
　　先驅者角色。取而代之的是，德人東移拓殖被視為是中古時期的一項移民拓殖及疆域開發行動，
　　其性質與同期及稍後的諾曼人政權在南義大利及西西里的建立、伊比利半島之基督教「再征服」或
　　「收復失土運動」，以及十字軍在東地中海地帶的擴張行動有著類似的本質，同屬中世紀歐洲全面
　　性疆域擴張及拓殖行動之一環，詳請參閱Schlesinger, 1975。

分的比重（Barraclough, 1984: 252-253）。

　　從八世紀延續至十四世紀的「中世紀德人東向移民拓殖行動」，係屬一項跨世紀及跨階級的大規模移民拓殖浪潮。大批德意志人出於自發性或被動性，以無數零星分散的小股群體而非源自計畫周詳的大規模集體召募的團體，陸續移向今德意志東部、中東歐及東歐各地，並自此落籍墾殖新家園。至於該行動的出現，則與中世紀初期至高峰期的西歐及德意志境內的政、經、社的發展，有著密不可分的關係。

　　第一項觸發德人東移的推動力是源自教會的力量，係因大力推動異教徒自願或受迫的皈依基督教信仰，向為基督教會神聖使命之所在。由於中東歐地區在地緣上緊臨德意志之故，使得德意志境內的各個分支修會成為西方拉丁教會東進的主導力量。各修會的東移行動，絕大部分早在德意志第一帝國的各領土諸侯的軍事行動之前，即已展開。而一旦和平傳教不成，而有賴於德境諸侯的揮兵東向時，此類修會則亦會扮演著鞏固東部新征服領地的角色（Beumann, 1963: 124-128）。隨著德意志各修會的擴張西方教會於中東歐地區及推動開發拓殖事宜，自然吸引若干信仰虔誠及受物質所迫的移民東移，且隨著德境拉丁教會勢力的東進及其於中東歐地區的立足，乃逐步將部分的斯拉夫世界及波羅的海地區納入拉丁教會範圍及歐洲文明圈之中。

　　其次，中古初期至高峰期的德意志西部人口過剩壓力，則為德人東移的第二項成因（Müller, 2009: 59）。進入十一世紀之後，由於歐陸四鄰外患的侵擾大幅減少及基督教信仰持續不斷地向外擴展，德意志西部的社會發展漸趨穩定，致使生產力得以逐步提升。此一時期，由於天然動力如風車水車的大量運用，大量沼澤溼地因而被排乾，與之同時大片原始森林遭砍伐後所產生大片新生地，在各項農耕技術精進改良下的開墾耕種，單位農產量於是大增（Higounet, 1986: 38-46）。此種背景下，自然而然地導致德境西部人口總數的快速增長。不過進入十二世紀前期之際，隨著天然資源的逐步耗竭，快速增長人口逐漸超越了農產所能供需的極限，致使許多飽受飢荒之苦的民眾，被迫東移至當時尚處蠻荒未開的易北河以東及中東歐地帶，尋求生機（Hilsch, 1989: 314-315; Fulbrook, 1993: 20）。德人東移行動不僅使德境西部的人口過剩壓力為之大幅紓解，同時在不經意間也對後來的德意志東部至中東歐地區，提供了在進行開發拓殖行動時的必要勞動力（Higounet, 1986: 22-26）。

　　再則，與上述德境西部人口過剩而許多民眾亟欲外移的同時，當時中東歐各地統治者就在此際對之大伸歡迎之手，此即中東歐各國君主的招徠德人入境

政策。其因在於當時德人較先進的農工商礦技術甚受中東歐各國君主的青睞，
因而這些君主乃趁著大批德人在原鄉生活的困境而引其東移，投入本國各地疆
域的開發墾殖，進而提升經濟生產力，有利於日後稅收的增長（Barraclough,
1984: 254）。於是，從十二世紀的波蘭「皮雅斯特王朝」（Piast Dynasty, 963-
1370）世系所屬各地諸侯（Halecki, 1963: 36；Mirow, 1990: 163），一直到十三
世紀的波希米亞「普歇米索王朝」（Přemyslid Dynasty, 9th-1306）歷朝諸君，
以及匈牙利「阿爾帕德王朝」（Álpád Dynasty, 9th-1301）歷任國王的招徠德意
志移民政策之下，大批秉具各類專業技能的德意志移民被招募入境，日後對於
促進中東歐各國的農業、商業、手工業、礦業，以及城市及鄉鎮建造等等事
宜，功不可沒（Schlesinger, 1960: 23-24）；與此同時，大批德意志移民聚集區
也逐步生根並擴展於中東歐三國境內。

最後，德意志第一帝國境內各領土諸侯對德意志易北河以東之地及中東歐
各地的領土野心，亦屬中古德人東移中東歐地區的重要成因之一。由於從1075
年至1125年的五十年之間，第一帝國「薩利爾王朝」（Dynastie Salier, 1024-
1125）諸皇深陷與羅馬教宗的「授神職權之爭」（Investiturstreit / Investitur
Controversy），一批新興的德意志封建領主利用德皇無暇顧及德境事務之機，
趁機大幅擴張自身勢力。爲了進一步厚植自身實力，俾與德意志皇室中央及其
他領土諸侯相抗衡，因而大舉橫越易北河以東，侵奪西斯拉夫人的棲息地，擴
張自身勢力範圍（Baumann, 1983: 15-16）。這類在歷史進程中逐步坐大的德
意志各地領土諸侯，日後甚至發展成爲實力強大的一方之霸的地位，諸如波希
米亞王國、奧地利公國、勃蘭登堡邊區伯國及麥森邊區伯國等等，尤屬其中重
要代表。他們在日後的德意志歷史上，皆先後崛興成爲德意志世界的政治要角
地位。

綜觀上述，中古德人東移拓殖行動實呈現著多樣化面貌，亦即德意志各
支修會的傳教行動、和平移民拓殖，以及對異教徒的戰爭，彼此之間糾結纏繞
且相伴以行（Vollrath, 1997: 92-93）。早期的德人東移階段，也就是七至八世
紀之交的德人墾荒拓殖於阿爾卑斯山東段及今奧境多瑙河地帶之期，移民者係
以緩慢寧靜且漸進式的遷移型態而東行。然而時至十至十二世紀之期，德意志
各領土諸侯對易北河以東的西斯拉夫各部族的征服歷程，則基督教軍隊及所謂
「北方十字軍」係以暴力鎮壓的方式，迫令當地人民皈依及臣服。對異教徒的
血腥征伐屠戮之舉，尤見之於十三世紀德意志騎士團（Deutscher Ritterorden &
Teutonic Order of Knight）對東北歐的普魯士及立夫尼亞（Livland / Livonia）的

征服歷程，在對異教徒原住民─波羅的海普魯琛人（Baltische Pruzzen / Baltic old Prussians）進行了大規模的屠殺之後，旋即建立起強大的「德意志騎士團國家」（Der Deutschordensstaat / The State of Teutonic Order of Knight）於東北歐之地。至於與之同時及後續年代持續進行的德人移向大小波蘭、西利西亞、波希米亞及匈牙利等各地的行動中，則因德人係受當地統治者之邀而東移，其歷程自然呈現著和平的面貌。

不過即使德人在東移中東歐的歷程中，在絕大部分和平移民的行動中亦可見到少許血腥暴行之舉。其深層因素實係肇端於信仰世界觀的歧異有以致之，而非民族之間的仇恨，係因民族主義式的敵對仇恨係近代的產物，在中古時期，並不存在所謂的民族主義情結。雖然吾人亦可清楚觀察到在中世紀晚期，由於秉具特殊長才的德意志人逐步位居各國宮廷、教會及各城市市政要津，導致當地特權階級利益受損，引發兩者間的嚴重衝突事件，最明顯的例子就是十五世紀前期爆發於波希米亞王國境內的胡斯戰爭。

在捷克宗教改革家楊‧胡斯（Jan Hus, 1369-1415）因試圖改革教會不成，橫遭火焚而亡之後，長期以來潛藏於捷克人心中針對由德人所掌控的宗教、政治及社會優勢地位的不滿霎時間湧爆。在此種「早期民族矛盾」（Frühnationale Ressentiments）的發酵下，導致當時捷克人大肆襲擊殺害並驅離波希米亞境內各城市的德意志移民（Stadtmüller, 1976: 245-247），這種排拒外來特權者的衝突事件，亦曾在波蘭及匈牙利王國境內上演。當然在此必須強調的是，這種「早期民族矛盾」事件，本質上實是基於抗拒外來者對本土各層面利益的侵犯而觸發的「排他情結」（Xenophobie），是一種發自本能的保鄉護土的情懷，帶有著濃厚的防禦性色彩，因此其性質及內涵完全有別於十九及二十世紀帶有強烈向外侵略特性的狂熱民族主義及民族鬥爭（Hilsch, 1989: 318）。

最後尚須一提的是，中古德人東向移民拓殖運動對後世所產生的影響。首先，在中東歐地區方面，由於德人在東移的過程中，引入先前在中西歐發展成熟的農礦商技能，大幅提升中東歐各國的總體經濟生產力及增加財政稅收，從而在相當程度上使該區文化水準因而得以逐步趨近於當世中西歐社會的發展（Graus, 1975: 70）。

其次，對後世德意志世界而言，德人東移拓殖行動亦產生了極為深遠的影響。首先，該行動在無形之中造成了德意志世界的擴大。德意志人分布領域的東界，從十世紀初的易北河─薩勒河─波希米亞森林─茵河─薩爾查赫河

（Elbe-Saale-Böhmerwald-Inn-Salzach）一線，發展至十五世紀時，該線已東移
至普魯士、西利西亞及奧地利等地區，德意志人的分布區域因而向東擴大了
約三分之一。在中世紀高峰期開始前都還是德意志第一帝國東界界河的易北
河，自德人大規模逾越此河而東移拓殖之後，該河正式取代萊茵河而成爲德意
志心臟之河，昔日帝國的東部邊界城市暨傳教據點馬格德堡（Magdeburg），
其角色亦在歷史的進程中爲德東諸要城，例如柯尼斯貝格（Königsberg）及布
雷斯勞（Breslau）所取代（Barraclough, 1984: 251）。日後德意志世界中最重
要的兩大城市：柏林（Berlin）及維也納（Wien），所處地域即是位於德人在
東部及中東歐的移民及拓殖後所打造出的德人聚集區之上（Schlesinger, 1960:
29）。

　　再者，德人東移拓殖對德意志世界的第二項影響，則是在易北河以
東之地塑造出新的德意志部族。歷經德人大舉東移之後，許多斯拉夫人及
波羅的海普魯琛人逐漸被大量移入的德意志人所同化，致而誕生出諸如梅
克倫堡人（Mecklenburger）、勃蘭登堡人（Brandenburger）、上薩克森人
（Obersachsen）、波曼恩人（Pommern）、西利西亞人（Schlesier）及普魯士
人（Preussen）等德意志新部族，使得德意志人的分布領域大爲增加（Vollrath,
1997: 27-31）。

　　此外，德意志世界的政治重心由西部轉移至東部，則是德人東向移民的第
三項重大影響。在中世紀高峰期之前，德意志西部一直都是政治重心之所在，
由「薩克森王朝」、「薩利爾王朝」及「霍恩史陶芬王朝」三朝發號中樞之所
在，皆位於德意志西部的萊茵河及其支流麥茵河流域可爲明證。然而，隨著中
古高峰期大批德人東移而活絡了東部的經社條件後，德意志東部的重要性與日
俱增（Barraclough, 1984: 250）。最明顯的例子就是，十四世紀中期的波希米
亞王國，在「盧森堡王朝」（Dynastie Luxemburg）卡爾四世（Karl IV, 1316-
1378）統治期間，於1356年時頒布了「金璽詔書」（GoldeneBulle），這部隸
屬德意志史上最重要的官方文件之一的詔書，內容規定了德意志國王係由七大
選侯所選出，清楚突顯出波希米亞王國作爲中世紀晚期德意志政界中的第一要
角地位。

　　德人東移拓殖於易北河以東之地後而所形成的新領域：德意志東部，尤其
成爲日後德意志雙強—普魯士及奧地利立國的根據地之所在，不論是普魯士王
國「霍恩索倫王朝」的核心要地——勃蘭登堡邊區及普魯士，或是奧地利「哈
布斯堡王朝」的中樞轄區——上下奧地利（Ober-und Niederösterreich）及徐泰

爾邊區（Steiermark），都是歷經從中世紀初期至高峰期以來，德人不斷移民
拓殖於中東歐地區之後所產生的德人移殖區。隨著歷史的發展，普魯士與奧地
利由毗鄰相對而逐步發展至敵對鬥爭的狀態，時至十八世紀中期之時，終於正
式浮現了德意志「雙元主義」（Dualismus）體系，即奧普兩強間先是涉及於
德意志世界首強之競逐，其後則進一步發展至十九世紀的德意志民族統一領導
權之爭。德意志雙強的對決，基本上就構成德意志乃至於歐洲近代史發展上的
一大特徵，德意志的奧普雙強間的對決一直持續至1866年，隨著奧地利遭到普
魯士擊敗而被排除於德意志世界之外後才終告落幕。

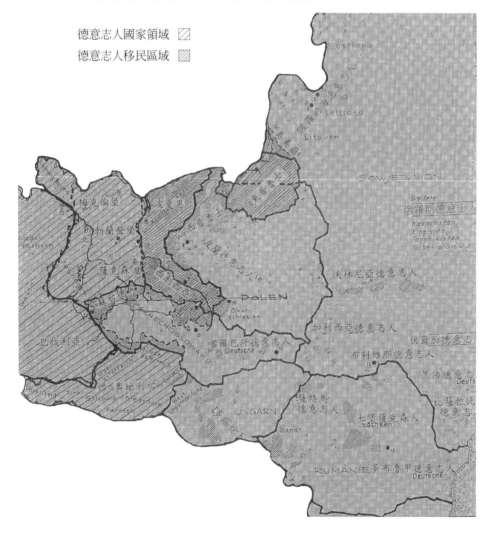

參、中古德人東向移民拓殖史在十九世紀中期的民族主義化及最初馬克思及恩格斯對該史實的解讀

　　誠如前述之所言，中古的德人東向移民拓殖史在歷經兩次世界大戰及冷戰時期的高度民族主義及政治工具化之後，從中所引發的德國東侵中東歐地區而對相關各民族所造成的重大傷害，終隨著德國政府自冷戰末期、尤其是1989年中東歐各國共黨政權瓦解以來的再三向中東歐國家的道歉及賠償行動中，漸次弭平；同時該史實亦在其間不斷透過相關各造的彼此對話及諒解下，而漸漸還原史實的原本面貌。

　　然而，在十九世紀中期，馬克思及恩格斯的唯物史觀形塑完成之際，這段史實卻正是被德意志及斯拉夫學界高度關注並將之意識形態及政治工具化之期。在波濤洶湧的民族主義浪潮的衝擊之下，德意志民族及斯拉夫各支民族皆有意識地欲將此一中古史實作為凝聚自身民族情感之用，進而期望達成德意志民族的統一大業及斯拉夫各支民族的獨立建國的終極目標。於是，在德意志一方乃大力歌頌中古時期德人東移中東歐之後，大幅開化了中東歐地區，使斯拉夫世界才能由原始蠻荒的狀態而步向文明社會，因而中東歐各地的「德意志化」歷程實為澤披斯拉夫之善舉。至於，斯拉夫一方則毫無疑問地痛斥德方論點之非，轉而將中世紀德人的東移拓殖中東歐的行動全然污名化，認為中古德人之東移根本是包藏禍心，其背後實隱藏著德人對斯拉夫人領域的占領野心，其行動不啻赤裸裸地彰顯其惡魔般之千年「向東壓進」的侵略惡行，終極目的則在於企圖徹底征服，乃至於永久壓迫奴役斯拉夫民族。這段在當時引發德意志及斯拉夫民族高度關注並產生極大爭議的史實，馬克思及恩格斯當然也無可避免地捲入了其中，並試圖以其唯物史觀的觀點而賦予這段史實適切的評論。

　　馬克思及恩格斯針對中古時期的德人東向移民拓殖及德意志—斯拉夫關係史的評論，首先出現在德意志的「三月革命前期」（Vormärz）之際[5]。

5　德意志的「三月革命前期」是指1815年至1848年間之期，也就是從「維也納會議」（Wiener
　　Kongress）至德意志「三月革命」（Märzrevolution）之間的三十四年時期。在政治層面上，德
　　意志全境正處於拿破崙戰爭結束之後，由奧相梅特涅所主導「梅特涅體制」（das Metternichsche
　　System）的控制之下，重新復位的德境各邦舊有王朝家族統治者，在梅特涅的支持下，對內採行高
　　壓的統治手段，任何政治訴求，包括自由主義、民主立憲及民族統一運動等等全遭無情打壓，這

1842年時，恩格斯在其〈吾人時代中的重大及次要事跡〉（Glossen und Randzeichungen zu Texten aus unserer Zeit）一文中，首先揭櫫其鮮明的反斯拉夫人的立場。在這篇論及東普魯士對德意志世界的重要性，以及其所面臨的周遭斯拉夫人對其之威脅的專文中，恩格斯疾言：

> 現行擘劃下的未來德意志帝國的版圖並不包括東普魯士，然而德意志民族文化早已深植於這片土地之上，是以德意志民族絕對有其合法權利繼續擁有該地。東普魯士以其作爲對抗東部斯拉夫野蠻性的德意志代表而必須受到應有的重視，從中古至今日，東普魯士始終作爲德意志民族文化及禮儀教養的代表而屹立不搖地佇立於東部邊區之上，對抗著野蠻的斯拉夫文化（Engels (25.5.1842), 1959: 258-262）。

在這篇評論之中，實不難窺見恩格斯對於德意志文化及斯拉夫文化所持的基本態度，即高度推崇德意志民族所代表的歐洲文明價值，並將斯拉夫民族視爲是體現東方野蠻文化的代表。然而，若進一步深入觀察早期恩格斯與馬克思著作中，有關兩人對中古德人東向移民拓殖史、中東歐的各支斯拉夫民族及德意志－斯拉夫民族關係史的評論，則明顯呈現著論點前後矛盾且彼此相互衝突的現象，此由恩格斯於德意志三月革命爆發之初所發表的文章中，可清楚觀察出。

當1848年法蘭西二月革命波及至德境而爆發了三月革命風潮之際，恩格斯首先在一篇報章專文〈奧地利結束之始〉（Der Anfang des Endes in Österreich）中，大力批判奧地利－匈牙利所具之「封建野蠻」（feudale Babarei）特性。在其觀點中，這片早在中世紀初期的八世紀以來，即有大批德人移民及拓殖的領域，時至十九世紀中葉之期，奧地利－匈牙利全境卻仍未受到太多西方文明的洗禮，對比於德意志西部及北部早在中古末期即已脫離了「封建野蠻」的狀態，奧－匈雙元帝國仍爲「野蠻及封建主義」的堡壘。因而這個多瑙河國度對恩格斯而言，無法歸列爲文明國度之林，反倒是與「東方野蠻特性」密不可分（Engels (27.1.1848), 1959: 504-508）。

在此非常清楚可看出，恩格斯針對中古德人的東向移民拓殖史的評論，在

段德意志各邦舊有王朝家族統治的「復辟時代」（Restauration），即所謂德意志的「三月革命前期」。

相當程度上有異於先前所持的正面形象，而這種前後矛盾衝突之處同時也出現
在針對斯拉夫民族的評價上面，此由恩格斯的後續數月所發表的專文中即可觀
察出。在恩格斯針對有關法蘭克福德意志民族大會中的德意志民族統一前景的
爭論，以及與之密切相關的波蘭民族問題解決的相關評論中，恩格斯的專文中
出現眾多令人費解的觀點。在此，本文實有必要簡單回顧一下德意志民族大會
中，德意志及波蘭民族問題爭端之所由，俾進一步解讀恩格斯對兩問題所持觀
點的真正意涵。

　　當德意志三月革命在德境各邦獲得初步的成功之後，1848年8月至9月
間大批來自德意志各邦的自由主義暨民族主義人士，群集於法蘭克福保羅
教堂（Paulskirche in Frankfurt am Main）內舉行「革命之德意志民族大會」
（Revolutionäre deutsche Nationalversammlung）。在這場涉及於德意志民族統
一及其與波蘭民族問題之間如何取捨中的爭端中，絕大部分與會的德意志各界
代表一再聲嘶力竭地呼籲，德意志人在歷經了數百年的辛勤拓殖而將波蘭西部
及北部開發成為了一個高度文明之域，從而不僅將該地從原本草昧蠻荒的狀態
打造成一片富裕豐饒的樂土，並透過大批德人的落籍生根於斯而將當地完全
「德意志化」，成為了「東部德意志」（Ostdeutschland）之地。因此，德意
志民族當然有權要求並繼續保有其對昔日波蘭西部及北部領域的統治權，絕不
可心存善念地將之讓予波蘭人而完成其復國夢想，此係德意志民族具有的不可
剝奪之歷史權利。

　　對於上述德方說法，恩格斯在其刊載於1848年8月至9月份《新萊茵報》
（Neue Rheinische Zeitung）的專文「法蘭克福（德意志民族大會上）的波蘭
問題之爭論」（Die Polendebatte in Frankfurt vom 9. 8.-7.9., 1848）中則強調，德
人東移中東歐的拓殖史是一項不具「進步性」的行動：

　　儘管當地原住民斯拉夫人（此指波蘭人）絕大部分係屬僅識粗淺農耕
　　技能的人民，對於城市商業活動一無所知，然而德人在東移的過程中
　　亦並未大幅改變波蘭地區的社會狀態，僅帶來了小規模的貿易活
　　動及手工業同業工會，充其量只有在當地塑造出小資產階級的程度
　　而已。甚至德人東移拓殖於波蘭之後，還對波蘭社會造成不利的影
　　響，因其使用著有別於波蘭語的德語，居處於與波蘭廣大居民隔離的
　　市區，享有著波蘭君主所賦予其的大量特權，致而未能促成波蘭中產
　　階級在波蘭社會中的出現，同時波蘭政治上的發展也無力逐步走向權

力集中化，並進而形塑出一股推動國家進步的動力（Engels (9. 8.-7. 9.1848), 1959: 319-321; Wippermann, 1980b: 77）。

因此，對於德方一再以所謂「歷史權利」來作為德意志民族在昔日波蘭人領域上的合法統治性說法，恩格斯將之斥為「陳腐教條」，並直言應將所謂的「領土固有歷史權利及非歷史權利的觀點盡行去除」，係因如果德方說法站得住腳的話，則波蘭人同樣也有充分的歷史權利來主張其對普魯士省（東普魯士），甚至是波曼恩省的主權要求（Engels (9. 8.-7. 9. 1848), 1959: 322; Wippermann, 1980b: 78）。

在此種關聯上，恩格斯甚至認為中古時期的德人東向波蘭的移民拓殖行動，實為一種「猶太種族與日耳曼種族的強行移入」之舉（Engels (9. 8.-7. 9. 1848), 1959: 322）。他將猶太人與德意志人同視為造成波蘭社會困境的因子，因此猶太人在德意志社會所造成的德語混雜、偽幣盛行及偷斤減兩的行徑，亦同樣出現在波蘭的社會之中（Engels (9. 8.-7. 9. 1848), 1959: 323; Wippermann, 1980b: 78-79）。

綜觀上述恩格斯所評論有關中古德人東向移民拓殖史的意義，以及針對斯拉夫民族觀點的分歧矛盾而所導致的疑問，即究竟恩格斯針對兩者的核心想法及基本立場為何？若吾人針對恩格斯對於前述所列舉之德人東向移民拓殖史及斯拉夫人觀點做一簡要剖析，則首先可歸納出如后兩要點：一、恩格斯肯定及讚揚中古德人東向移民拓殖行動的觀點，僅限於今日德意志易北河以東及普魯士之地，但對波蘭境內的開拓墾殖卻抱持負面態度；二、恩格斯將所有斯拉夫人皆視為是粗鄙不文的野蠻蒙古—斯拉夫文化的代表，唯有對斯拉夫人中的波蘭人抱持著極為正面的表述。這兩項在恩格斯作品中所顯現的特點，實與當時德意志與波蘭兩民族間的互動佚有關聯，因而必須要深入德意志「三月革命前期」至「三月革命」爆發初期時的時代背景中觀察，方能理解恩格斯觀點形成之所由，以及其觀點所隱含的政治意義。

由於在1815年「維也納會議」（Wiener Kongress / Congress of Vienna）召開期間，正是德意志人甫自抗法「解放戰爭」（Befreihungskriege, 1813-1815）擊潰拿破崙占領軍之後，澎湃洶湧的德意志民族主義席捲全德意志之際，然而當時與會歐洲各列強卻不願見到中歐出現一個統一的德意志強權，導致歐洲均勢之局的破壞，尤其會議主導國主席奧相梅特涅（KlemensFürst von Metternich, 1773-1859），更可謂是德意志民族統一運動之敵，在他堅決摒拒

爲了達成德意志民族國家的目標而裂解哈布斯堡王室領地的前提下，維也納會議最後決定在德意志境內建立起一個由35個大大小小的邦國所合組而成的鬆散同盟——「德意志領邦同盟」（Deutscher Bund）。此一結果，對於德人所殷殷企盼的儘速完成德意志民族統一大業的終極目標，可謂一記重擊。

另一方面，對於在1795年亡國並在1807年拿破崙戰爭期間，一度被重建且納入法蘭西附庸國度—華沙公國的波蘭人而言，亦對維也納會議中對波蘭民族前途的安排極表不滿。基於俄羅斯帝國在擊敗拿破崙戰爭中所扮演的關鍵要角地位，與會各國列強因而難以違逆俄方對波蘭問題的立場，致而在維也納會議的決議下，取代先前華沙公國而出現了所謂「會議波蘭」（Królestwo Polskie / Congress Poland），該政治單位被置之於俄帝的直接控制之下。波蘭民族在大感悲憤之餘，視此種無異帝俄屬國的安排猶如再一次亡國，因而乃將「會議波蘭」視爲波蘭史上的第四次瓜分。

同樣緣自對維也納會議安排的強烈不滿，德意志與波蘭民族主義的中堅人士遂在1815年後，即德意志的「三月革命前期」之期，進行了密切的合作事宜，期能爲雙方各自的民族統一暨民族復國大業共同奮鬥（Trzeciakowski, 1987: 61）。甚至到了1830年法蘭西「七月革命」所捲起的全歐革命浪潮中，德波民族主義者的合作態勢似更趨緊密。俄屬波蘭革命志士受到「七月革命」浪潮的鼓舞，亦思擺脫帝俄統治，因而在同年11月發起了大規模的抗俄起事，然而經歷浴血奮戰的波蘭革命志士，終仍不敵大股湧入的俄軍部隊，最後慘遭無情鎮壓而不免以失敗作收。然則由於波蘭人在抗俄戰鬥中所展現的悲壯犧牲之姿，以及遭到俄軍鎮壓後所引發的波蘭人向包括德意志在內的中西歐遷徙避難的出亡浪潮——「大移民潮」（Wielka Emigracja / Great Emigration），使得包括德意志在內的全歐輿論莫不對之寄予高度同情，於是就出現所謂「波蘭熱」（Polenbegeisterung / Polenschwärmrei）時期，此即德意志自由主義陣營的友波紀元（Kosim, 1987: 35）。

處於德意志「三月革命前期」的「波蘭熱」氛圍之中，恩格斯一如其他當時大部分的德意志知識人士一般，對於波蘭民族主義者抱持著十足同情的態度，並因而在其作品中爲波蘭人發聲，甚至爲之而將中古德人移殖波蘭的史實賦予一種負面形象的描繪，恩格斯著述中所彰顯的友波時代背景在此一覽無遺。當然在此必須一提的是，即令包括恩格斯在內的德意志知識人士，在「三月革命前期」時以一種近乎慷慨激昂的口吻及展現情同手足般的情誼，而大力支持波蘭民族復國運動，不過他們卻對自身長期以來所渴望的德意志民族統一

大業與波蘭復國主義運動之間，所存在的結構性矛盾與衝突卻避而不提或蓄意忽略之。

　　如若進一步深究當時德意志與波蘭民族主義者的民族訴求內容，吾人實不難窺見，德意志民族統一與波蘭民族復國的終極理想根本是相互對立，甚至是彼此衝突的，乃至於期使兩者民族問題的和平併解，成為一項無法企及的幻想。係因依照波蘭民族主義的終極目標而言，未來波蘭人的國家應依照1772年第一次波蘭瓜分前的版圖而重建，其領域涵蓋了瓜分三強所占有之地：俄屬波蘭、奧屬波蘭及普屬波蘭。易言之，普屬波蘭的波森（Posen）及西普魯士（Westpreussen）兩地，亦屬波蘭民族主義者所欲建構的未來波蘭國家版圖中不可分割之一部。然而困難的是，波森及西普魯士是構成普魯士王國聯結全國東西的陸橋地位，在普魯士國防戰略上具有無比的重要性，因而普魯士怎可自斷手腳而坐視原本完整的疆域變成支離破碎之局。

　　更何況，在拿破崙戰爭期間，率領全體德人力抗法蘭西大軍的要角，主要係由普魯士王國所扛起，普魯士軍隊在抗法戰爭中所展現高度軍政效率及不畏犧牲的情操，成功喚醒全德意志人民的民族情感並激發出強烈的德意志民族主義浪潮。於是，普魯士因而就被幾乎全體德人賦予了命定的「德意志使命」，亦即未來德意志民族統一的大業應在普魯士王國的領導下而完成。普魯士既被絕大部分的德人視為未來民族統一的希望之所繫，因而任何可能損及普魯士威望之舉，尤其是領土淪喪，根本不可能為普魯士當局及絕大部分的德人所接受。

　　對於上述德波民族問題矛盾之處，「三月革命前期」的德意志友波人士其實了然於胸，但是他們仍舊大力聲援波蘭復國運動，於此同時卻對未來統一後的德意志帝國東界，以及復國後的波蘭王國西界應如何劃分等關鍵敏感問題避而不談（Wippermann, 1980a: 58）。德意志友波人士的此種奇特態度，其因其實並不難理解，係在於其反俄思維使然。因為，他們從一開始即認定帝俄是阻礙德意志民族統一的極大障礙，因而尋思利用波蘭人的反俄行動，也就是欲藉波蘭人的誓死抗俄而牽制帝俄的可能行動，期能有助於未來德意志民族的統一（Wippermann, 1981: 139）。一旦時局發展有利於自身民族的統一大業，而波人已無利用價值之際，其態度就由友波而迅速轉為反波立場。

　　1848年德意志「三月革命」在德境各地取得初步成功之後，德意志民族統一大業看似已然唾手可得，此際波蘭人作為牽制帝俄的角色已無必要，甚至德意志民族主義者不免擔憂，因波蘭抗俄而從中所可能導致的帝俄大舉干涉革命

的出現，進而造成德境革命成果的不保。最重要的是，在考量到普魯士王國必
然扮演德意志民族統一領導者的前提下，任何有損普魯士威望的訴求，必須斷
然排除。於是在法蘭克福保羅教堂「德意志民族大會」上的德意志各邦出席代
表，在論及如何解決波蘭民族問題時，絕大部分議員的立場迅速由友波遽轉為
反波立場，其中自由派議員尤丹（Carl Friedrich Wilhelm Jordan, 1819-1904）的
反波言論尤為其中最典型代表：

> 應將在德意志政府統治下、德意志官員治理下、隸屬於大德意志祖
> 國的五十萬德意志人民，置之於其他民族統治而成為其臣屬嗎？
> 〔……〕。若有人持肯定答案而主張，應將波森德人置之於波蘭政府
> 的統治之下，則我必將此人視為無知的民族叛徒。〔……〕吾人權利
> 無異於強者權利，此即征服的權利。正是如此，德意志民族已然征服
> 波蘭領域，此係絕不允許歸還之征服，其係植基於一種路線、一種方
> 式而貫徹之，即利劍與鋤犁之征服。〔……〕。假若吾人不加思索地
> 滿足波蘭人的願望，則吾人失去的將不僅只有波森而已，而是半個德
> 意志，亦即由薩勒河一直延伸至昔日的斯拉夫人領域。這片一直連
> 亘至東部之地，係從十二世紀開始就已德意志化了，薩克森、西利西
> 亞、勃蘭登堡、梅克倫堡、波曼恩及波羅的海地帶，一直延伸至幾乎
> 抵達涅瓦河河口，在此期間逐步為德意志移民者所占有，此種征服並
> 透過軍事占領而更加鞏固（Wigard, 1848: 1143-1150）。

尤丹的言論清楚地標記著德波民族關係上的巨大轉變，其觀點明確反映出
最遲到了十九世紀中期之時，在有關德波民族問題的如何併解的課題上，德意
志民族主義者已然從中得出一項清晰的結論，即德意志民族問題的解決必須建
立在波蘭民族問題的不可解決之上（Zernack, 1991: 51-52）。依照此種結論，
德意志的友波人士，不論其是真心或假意者皆同，一如波蘭民族主義者般，皆
屬構成德意志民族統一大業的障礙，實應盡速拋棄其友波態度，轉而投身反波
陣營，為自身民族統一大業貢獻心力。事實上，如就尤丹的言論觀之，已可充
時分觀察出，在這股剎時間風起雲湧的反波浪潮中，如何推動了德人東向移民
拓殖史的高度史詩化，以及敵視波蘭民族言辭的激進化發展。

恩格斯在這股反波遽然取代友波的時代風暴之中，誠如先前之所見，其友
波的立場及論點，一時之間尚未產生明顯的轉變，此由其發表於德意志民族大

會召開期間的〈法蘭克福（德意志民族大會上）的波蘭問題之爭論〉專文中，可清楚觀察得出。然而，隨著1849年代表中產階級的「三月革命」最終的失利，尤其是俄羅斯帝國作爲反動角色，而協助了哈布斯堡王朝撲滅了包括德境在內的中東歐各地的革命成果之後，這股被德意志學界視爲是一股來自東方野蠻的蒙古—斯拉夫文化的俄羅斯帝國勢力，旋即被解讀爲俄帝即將糾集一統斯拉夫世界後，高舉泛斯拉夫主義之名而向中西歐的歐洲文明世界席捲而來。因而就在此種背景之下，恩格斯對中古德人東向移民拓殖的評價及同情波蘭人的觀點，也就逐漸產生了根本上的變化，吾人將於1849年上半年之後的馬克思及恩格斯的作品中，清楚觀察到其論點轉變的軌跡。

簡言之，時至1849年前期之前，馬克思及恩格斯對於中古德人東向移民拓殖行動及德意志—斯拉夫民族關係史的觀點，基本上是處於正負評價互見的情形，其因在於受到德意志「三月革命前期」波蘭熱風潮的深刻影響。亦因此故，後世的斯拉夫各國包括波蘭、捷克及俄羅斯學者，屢屢喜以刻意挑選兩位左派思想大師在這一時期中某些批判中古德人東向移民拓殖史的論點，來作爲其在反擊德方以正面觀點來詮釋這段史實，以及以負面角度看待斯拉夫民族的對立論點。不過，若吾人進一步將馬克思及恩格斯的後續著作列入，一併做一總體性的觀察與分析之後，則很清楚的可以看出，斯拉夫學界的觀點普遍犯了以偏概全之失，對此吾人必須就其1849年上半年之後的作品集做進一步的探討。

肆、1849年前期之後的馬克思與恩格斯對德人東向移民拓殖史及德意志—斯拉夫民族關係史觀點的根本轉變

時逢德意志民族統一目標已然在望、德意志各界的波蘭熱迅速消退而反波風潮席捲全德，以及普屬波蘭即將作爲普魯士不可分割之一部而併入未來的德意志民族國家之際，波蘭民族主義者在與德意志民族主義者攜手合作的可能性徹底幻滅之餘，隨即積極尋求反制之道。於是，此際正在哈布斯堡帝國所屬波希米亞首府布拉格召開的「斯拉夫民族大會」（Slovanskysjezd / Slav Congress of 1848），遂被波人視爲在復國目標遭到重擊後一項重振士氣的契機（Orton, 1978: 50-51）。儘管波蘭人對於這場以凝聚共同斯拉夫情感，進而追尋各支斯

拉夫人從外來統治解放的號召，是否最終淪為同屬波蘭瓜分者之一的帝俄擴張
的宣傳工具，始終抱持高度疑慮。不過，在孤軍奮戰屢戰屢仆的形勢下，波
蘭人頗思在大會上聯合俄人之外的其他斯拉夫各族而共同奮鬥（Cetnarowicz,
1996: 69）。因而當德意志民族大會在法蘭克福的保羅教堂正如火如荼的進行
議事之際，訴求凝聚各支斯拉夫人的集體民族情感，為各支斯拉夫人的解放而
奮鬥，甚或建立斯拉夫人的聯合國度的所謂泛斯拉夫民族會議，亦在此時於布
拉格召開。

　　然而這場以泛斯拉夫為名的大會，終因各支斯拉夫人的目標差異過大而未
能形塑成一股強大政治力量。未久這場泛斯拉夫民族大會並且遭到奧地利哈布
斯堡帝國軍隊介入而被強行解散，然而其所匯集出的泛斯拉夫思想及對各支斯
拉夫民族所產生的啟蒙效應，似乎呈現一股波濤洶湧而沛然莫之能禦之勢，對
於其時的中歐及西歐地區的輿論界中，喚起了一股感受到中東歐及東歐的各支
斯拉夫民族似乎即將合流，並進而向西歐及中歐德意志全境席捲而來的強烈的
威脅感—「泛斯拉夫主義」（Panslawismus / Pan-Slavism）的狂潮（Engels (15.
2. 1848), 1959: 283-284）。面對這股迫人而來的泛斯拉夫狂潮的威脅，馬克思
及恩格斯對於斯拉夫民族的看法，以及歷史上德人在斯拉夫領域上所進行的移
民拓殖行動的觀點與立場，也逐漸產生了根本性的變化。對此，馬克思及恩格
斯在其後不久，即逐步修正過去不時批判中古德人東向移民拓殖史的立場，轉
而採納了先前所提到的，即法蘭克福德意志民族大會上自由派議員尤丹（Carl
Friedrich Wilhelm Jordan）在大會結辯時，所發表的充斥德意志民族作為強者
的民族主義論點。

　　事實上，一如前述所言，尤丹對中古時期的德人東向移民拓殖史的大力
歌頌，以及其對德意志民族作為強者而應對斯拉夫人採取毫無保留的強勢征服
及同化立場，即係針對其時聲勢高漲的泛斯拉夫民族主義狂潮的一項強硬的回
應。當時大批德意志知識人士，包括原來持自由主義立場及左派思想者，莫不
在這股濃烈的德意志民族主義氛圍及反斯拉夫人的情結之下，使其論述觀點轉
而傾向德意志民族主義的立場，馬克思及恩格斯亦屬其中之一。尤其面對過去
他們所期待的，亦即作為抗俄角色的波蘭民族主義者，竟然參與了泛斯拉夫會
議，此不啻意謂著波蘭人似乎即將合流於泛斯拉夫潮流，從而對德意志文明帶
來嚴重威脅。因此馬克思及恩格斯遂從此一時期開始，轉而將波蘭人歸類為其
先前所一再鄙視的野蠻東方的蒙古—斯拉夫文化之列，與之同時並大幅援引過
去德人東向移民拓殖於波蘭人領域，並將代表西方的先進德意志文明帶給波蘭

人的光輝史蹟，來打擊波蘭暨斯拉夫民族主義者的政治訴求。

　　在馬克思及恩格斯發表於1849年2月的專文「民主的泛斯拉夫主義」（Der demokratische Panslawismus）中，尤可窺見其對德意志—斯拉夫民族互動關係史評價轉變之劇。就其觀點言之，德意志人隸屬「進步的推手」（Träger des Fortschritts）；與此同時，各支斯拉夫「小族們」（Natiönen）則一如西歐的蘇格蘭人、不列塔尼人及巴斯克人般，只能歸列爲強勢民族不斷膨脹壓制下的「殘餘族群」（Völkerruinen），於是這些「小族們」在主導歷史發展的強勢民族擴張下，終而步上橫遭奴役及愈趨萎縮的結局。面對當前泛斯拉夫主義浪潮似乎即將席捲而來的威脅，馬克思及恩格斯因而呼籲進步人士皆須阻斷「斯拉夫野蠻性的嗜血仇恨」（blutige Rache der slawischen Barbaren），從而在下一場世界大戰中不僅掃除「反動的階級及王朝」（reaktionäre Klassen und Dynastien），甚至連「全球所有反動的小族們」一併盡除，這係屬「進步的」行動（Wippermann, 1980b: 79-80）。

　　爲了試圖針對上述論點尋求強而有力的論證基礎，恩格斯乃大力援引中世紀的德人東向移民拓殖史來作爲範例，中古德意志人在中東歐各地的經略活動，也就在此種觀點下，簡直被其視爲是一項該地步向文明的關鍵：

　　德意志特性早在中古時期即已將波希米亞西部征服且同化了，緊接著沿著多瑙河兩側向中下游前進，並進而越過萊塔河以外之地，在這片領域上的斯拉夫諸部族絕大部分被德意志人所同化，少部分則領受了德意志文化的給養而提升其文化水準（Engels (18. 1. 1849), 1959: 169-170）。

馬克思及恩格斯緊接著又道：

　　由易北河延伸至瓦爾特河的這片上古時期本屬於德意志人（此指古日耳曼諸部族）、其間一度被斯拉夫諸部族所盤據的領域，隨著德人在中古時期的東移拓殖之後，再次整個德意志化。〔……〕然而今日泛斯拉夫主義者竟想將早已遭德意志人同化而消失的索勃人、溫德人及歐勃特利滕人等西斯拉夫諸部族的語言重新復振，並以此來定義今日的萊比錫人、柏林人及斯德丁人皆屬斯拉夫民族。當然如此荒謬言論絕不可能如願，乃因過去中古時期德意志人對斯拉夫人的征服，係屬

文明的成就。德人並未對斯拉夫人犯下千年的非法行徑，而是展現著
高度發展的民族對未發展民族的影響，也就是德人將德式產業、德式
貿易、德式教養及德語帶入了這片領域。〔……〕該地的斯拉夫人是
直到德人移入了此處並領受到德意志文化之後，才步入了先進文明世
界。德人東移後對中東歐斯拉夫人地區所帶來的福祉，一如美人對德
克薩斯州及加利福尼亞州的征服般，驅迫並教化當地原先懶散至極且
從不知文化為何物的墨西哥人，從而將該地帶向文明之域（Marx &
Engels (15 & 16. 2. 1849), 1959: 273-276）。

　　在馬克思及恩格斯的觀點下，很顯然認定德意志文明在中古時期透過東
移拓殖而進入中東歐地區，從而使該地由原始蠻荒狀態而轉變成為一片具備禮
教育樂之土，因此德人實扮演著開化中東歐地區啟蒙者的角色。在此再一次確
認，馬克思及恩格斯對中古德人東向移民拓殖史評價，至此已然全面轉向頌揚
及正面而解讀。他們稱頌這段史實的論點，很明顯地是受到了當時德意志歷
史學界日漸盛行的所謂「德意志文明攜入者」之說的影響。這種說法的出現與定
論，係德意志學界為了因應十九世紀中期以來聲勢日漸高漲、並以訴求所有斯
拉夫人民聯合起來，齊心對抗並驅離自中古以來即霸占各支斯拉夫民族領域的
德意志人為號召的泛斯拉夫主義之威脅，而產生的一項駁斥論點，從中並強調
且合理化德意志人擁有及統治中東歐各地的正當性。
　　馬克思及恩格斯甚至不僅大力讚揚德意志人扮演著中東歐地區開化的「德
意志文明攜入者」的角色之說，並且進一步認定德意志民族在中東歐地區所塑
造的文明成果，在歐洲及世界史上的地位具有著極為不凡的歷史意義。以如此
一項卓越不凡功績而達成的中東歐文明化並將中東歐納入歐洲文明圈的成就，
卻是在當前泛斯拉夫主義浪潮的威脅下而面臨毀滅之危。就馬克思及恩格斯的
觀點言之，他們甚至進而認為中古的德人東移拓殖於斯拉夫人領域的歷程中，
所產生出的「日耳曼化」進程未竟全功，致而在今日遺留下若干的斯拉夫問
題。在出版於1856年的〈霍恩索倫王室秉承的上帝權利〉（Das göttliche Recht
der Hohenzollern）專文中，馬克思於該文所表達出的論點有意無意透露出，其
寄望於當世德意志相關強權能採取有力措施，進而達成德意志東部未竟的日耳
曼化大業：

　　勃蘭登堡邊區伯國並未能積極並成功地將斯拉夫人全面的日耳曼化，

儘管勃蘭登堡邊區一如南方的奧地利般，同位於德意志東部深入斯拉
夫人領域的突出地帶，然而在奧地利展開強而有力地德人壓向南方之
舉之際，勃蘭登堡卻並未積極推動德人壓向東方的行動。這個普魯士
王國的先驅者，在歷史上並未達成將某一重要的斯拉夫人全面征服並
將之日耳曼化的情形，勃蘭登堡甚至未曾進軍至與其相毗鄰的溫德人
群集的湖沼地帶。因此波羅的海的南岸及東南岸的海濱地帶，部分是
經由德意志市民階級經商活動所造就的商人冒險、部分則是經由德意
志騎士團騎士的利劍所開發出來的，〔……〕因而波羅的海南濱與
東南濱地區並不屬於勃蘭登堡的歷史領域，〔……〕（Marx (1856),
1968: 97-98 Wippermann, 1980b: 86-87）。

　　這種針對德意志歷史上作爲東部強權之一的勃蘭登堡邊區伯國，在推動
日耳曼化大業上的被動態度的批判，充分彰顯馬克思心中針對當前泛斯拉夫主
義洪流迫人而來的深層憂慮。因此，其在文中最後也高度寄予作爲勃蘭登堡邊
區伯國繼承者的普魯士王國，應作爲扮演著先進的「德意志文明攜入者」的角
色，戮力完成中古時期勃蘭登堡邊區伯爵兼選侯所未達成的使命，將整個德意
志東部的斯拉夫人殘餘全部日耳曼化。因此當前普魯士王國當局對於其所合併
的普屬波蘭之西普魯士及波森的波蘭臣民，所大力推動的同化措施，實爲一項
「進步的日耳曼化」（fortschreitende Germaniserung）之舉（Marx (1856), 1968:
100-101）。
　　截然有異於斯拉夫學者在其文章中所一再樂於援引及強調的，即馬克思
及恩格斯曾在其早期著作中數度批判的「反動的普魯士」（das reaktionäre
Preussentum）的說法，在十九世紀下半期馬克思及恩格斯作品中，明顯可以
看出兩人對普魯士觀點的改變。此際在其想法中，普魯士王國在德意志東部顯
然扮演著「文明化」及「日耳曼化」的雙重角色，其作爲將能完成先前包括勃
蘭登堡邊區伯國在內的德意志封建領主們所未竟的大業。
　　當然在此必須強調的是，在進入了十九世紀後半期之後，馬克思及恩格斯
認爲，處於由德意志人所主導的國度——普魯士及奧地利統治之下的其他各支
斯拉夫人，其勢力並不足以慮，然而俄羅斯帝國卻是唯一一個隱然令包括馬克
思及恩格斯在內的德意志學界深感憂心忡忡的斯拉夫霸權。早在先前兩人發表
於1851年的〈德意志境內的革命及反革命〉（Revolution und Konterrevolution
in Deutschland）一文中，他們在語帶諷刺地嘲諷了泛斯拉夫主義運動的同時，

亦以一種極度憂慮的口吻呼籲德意志各界，正視俄羅斯帝國這個斯拉夫巨霸正
野心勃勃地想要一統斯拉夫世界，進而主宰全歐洲的瘋狂舉動：

> 現今共計有2,200餘萬的波蘭人、4,500餘萬的俄羅斯人、800餘萬的塞
> 爾維亞人及保加利亞人；因此是否會出現一個由8,000萬人口所組成
> 的強大斯拉夫人聯合國度，此一聯合國度的政治目標則首在於將侵入
> 斯拉夫人領域的外來者盡數驅離甚至於消滅，〔……〕尤其是針對令
> 其深惡痛絕且無權利生存於斯拉夫人領域的「涅迷思人」──德意志
> 人？

> 在斯拉夫非專業領域的小圈圈中，出現了一些識見淺薄的人士竟然催
> 生了一項極爲可笑且去歷史化的（泛斯拉夫主義）運動，這項運動的
> 目的就是想要達成一項狂妄的野心，即是將文明的西方置之於野蠻的
> 東方的奴役之下、城市置之於鄉野的掌控之中、以及貿易、產業及專
> 業知識置之於粗鄙的斯拉夫農奴文化的壓迫之下。然而在這套可笑的
> 理論背後，卻眞實存在著可怖的俄羅斯帝國，這個帝國欲透過泛斯拉
> 夫主義運動而一統所有斯拉夫各族，進而一舉達成其領導下的斯拉夫
> 種族成爲全歐洲的主宰者地位（Marx & Engels (1851), 1968: 53）。

對於俄羅斯帝國恐將藉由泛斯拉夫主義對各支斯拉夫民族的蠱惑，從而達
成其霸占並控制歐洲的終極野心，馬克思及恩格斯一再於其著作之中表達出高
度的憂心。爲了消弭俄羅斯帝國對包括德意志在內的西方文明的威脅，於是在
1849年之前在他們筆下唯一一個以正面形象而描繪的斯拉夫民族─波蘭人，此
際就重新充當抗俄工具而爲德意志暨歐洲文明效勞，正如同兩人在同一專文內
所表達的般：波蘭可以重建，但必須東移至現行普魯士王國東界之外：

> 若波蘭人能夠維繫住其曾經一度於東部所擴張的領域，則他們應以一
> 種理智的態度來面對其西部邊界地帶的修正，事實上其故有東部邊
> 界地帶上的里加及米陶的重要性，絕不下於西部邊界地帶上的但澤
> 及埃爾濱。〔……〕應盡可能地減少西部的波蘭人數量，並以捍衛
> 德意志人之名而來全力鞏固對被波蘭人視爲西部要塞：波森的占領，
> 〔……〕取而代之地給予波蘭人擁有取得東部的里加及敖德薩的可能

性作爲搪塞即可。〔……〕（Marx & Engels (1851), 1968: 49-53）

　　秉此可見，波蘭人及其國度的重建對於馬克思及恩格斯而言，儘管有其重要性，然而其主要的目的，其實是想將波蘭作爲德意志乃至於歐洲文明在東部的一道堅強的屛障，亦即若有可能的話，重建後的波蘭應作爲德意志與俄羅斯之間的緩衝國度，藉此遏阻俄羅斯帝國泛斯拉夫主義夢想的成形。於此同時卻絕不容許德意志民族的利益受到任何傷害，亦即馬克思及恩格斯一如先前德意志「三月革命前期」爆發時，眾多的德意志知識分子從友波到反波立場的驟轉般，強烈反對爲了成就波蘭民族對復國版圖的期望，而將普魯士王國所轄的普屬波蘭—西普魯士及波森之地轉讓予波蘭人。在1860年所刊登的專文〈敬覆弗格特先生〉（Herr Vogt），馬克思提出了嚴厲的警告，一旦失去了西普魯士及波森，對於廣大的德意志世界必然出現如此嚴重的後果：

> 從維也納通往柏林的直行路線就必須經過俄羅斯，於是紐倫堡、雷根斯堡及林茲將因此一轉而成爲面對俄羅斯帝國的邊境地帶諸要城，吾人與斯拉夫人的分界線將因而退回卡爾大帝（查理大帝）時期（Marx (1860), 1968: 503; Wippermann, 1980b: 84-85）。

　　波蘭只能在不影響到德意志民族利益的前提下而復國，以及即令讓其復國則必須要將波蘭民族領域全面東移至現行德意志世界東界之外，並令其擔任德俄之間的緩衝國及充當抗俄功能的角色的論點，在馬克思在發表於〈1867年1月22日倫敦的波蘭會議上的談話〉（Rede auf dem Polenmeeting in London am 22. Januar 1867）一文中，做了更清楚的陳述：

> 歐洲的可能性前景只有二選一：若非由莫斯科獨裁者主導下的亞細亞野蠻性，一如土石流般將整個歐洲吞噬掉，或是重建波蘭人的國度，讓二千萬的波蘭人作爲一堵防禦野蠻亞細亞的高牆，藉此爭取寶貴的時間來完成歐洲社會的轉化（Marx (22. 1. 1867), 1968: 204）。

　　由此不難清楚觀察出，馬克思及恩格斯絕非重拾其先前曾一度秉持的友波傾向，毋寧說面對著俄羅斯帝國作爲斯拉夫世界最大強權，爲了避免其一統斯拉夫世界而對西方的德意志及歐洲文明造成嚴重威脅，因而在策略上就必須全

力防止斯拉夫內部走向全面統合的可能性，於是此際波蘭人的角色就可作為防俄的棋子而運用。

伍、結論

　　二次世界大戰結束之後，由於蘇聯崛起而成為美俄兩極世界對峙的東霸天地位，因而在其卵翼下而在中東歐及東歐地區扶植了大批的共產黨政權衛星國家，納入其所建構的「東方集團」之中，因而俄國、中東歐及東歐各國的共產主義者從而認定，當前他們的政治發展現況，完全實現了馬克思及恩格斯所預示揭櫫的人類歷史發展六階段的最終藍圖：共產主義社會，因而認為蘇聯及其盟國是站在人類歷史發展的正確道路上，對比於西方資本主義社會，東方集團國家是具有路線的正確性及政治體制的優越性。

　　基於此種堅定不移的意識形態信念，以及為了贏得與西方資本主義社會體制的鬥爭中的最終勝利，因而蘇聯及東方集團的歷史學界，遂窮其精力於搜尋並援引馬克思及恩格斯在其著作中，針對包括德意志在內的西方歷史發展各時期的批判文本，來強化其論點係植基於馬克思及恩格斯學說的最高指導性。在此種關聯上，馬克思及恩格斯針對中古時期的德意志人東向移民拓殖史，以及德意志—斯拉夫民族關係史的負面評論部分，成為其再三強調的重點，認定兩位宗師早已從歷史上德人東移拓殖史及德人與斯拉夫人的關係互動上，看出了德意志民族所具有的侵略好戰性，從而形塑於其諸如「好戰的德意志封建領主們」、「普魯士容克階級的軍國主義」及「侵略成性的德意志帝國主義者」等等負面詞彙上，藉此控訴包括俄羅斯人、波蘭人、捷克人、斯洛伐克人、克羅埃西亞人及塞爾維亞人在內的各支斯拉夫民族，皆是德意志侵略者從中古至今持續不斷入侵下的受害者，並進而暗示著斯拉夫民族在俄羅斯人的領導之下，終而阻止了「德人向東壓進」的狼子野心。是以，從二戰後蘇聯及其所打造的「東方集團」的崛興而成為沛然莫之能禦的新興勢力，足以證明馬克思及恩格斯所預示的，全世界的普勞大革命成功後的共產社會，即將成形於由俄羅斯所領導下的斯拉夫民族之手。

　　然則當吾人深究馬克思及恩格斯有關德人東移拓殖史實的論點及詮釋之後，已然可以大膽地斷定，包括俄羅斯在內的各國斯拉夫史家實是犯了片面解讀馬克思及恩格斯論點之謬誤。事實上，一如本文一再指陳，相較於對於德意志民族所給予的大量「拓殖」、「日耳曼化」、「文明」及「進步性」等正評

而言，馬克思及恩格斯針對斯拉夫民族所持之觀點，則絕大部分係給予極爲負面的評價，甚至根本將之視爲「東方的蒙古─斯拉夫文化的野蠻特性」。在此毫無疑問地並可資斷言的是，此種針對馬克思及恩格斯在某一時期特定論點的擷取，其目的當然在於爲了滿足其政治目標，意即以此種刻意挑選出言論充當政治教條，以之作爲與包括德意志世界在內的西方資本主義社會作意識形態的鬥爭。因此在如此的政治動機之下，包括俄羅斯在內的斯拉夫史家當然無法，亦或是不願正確解讀馬克思及恩格斯的專著中，對於中古德人東向移民拓殖史及對德意志與斯拉夫民族互動關係上所持的眞正想法。

　　事實上要解開馬克思與恩格斯針對中古德人東向移民拓殖史，何以會在絕大比重正評之中卻存在著若干負面的評論，必須以1815年至1870年代間的德意志乃至於全歐時局發展中而作觀察，由於1815年至1848年的德意志「三月革命前期」的「波蘭熱」浪潮中，德意志知識分子普遍有意將波蘭人當作抗俄工具，同時避免一個一統所有斯拉夫民族於一體的俄羅斯泛斯拉夫國度的成形，因而在涉及於評論中古德人東移於波蘭領域時的史跡時，普遍採取較爲克制矜持的態度，甚至馬克思及恩格斯還採取了批判性的觀點，致令在1848年至1849年之交之前兩位左派思想家在有關該史實的評論中，乃呈現普遍負面的形象，並連帶地以正面觀點描繪波蘭人，視其爲野蠻的斯拉夫世界之中唯一的文明族群。然則當1849年德意志「三月革命」失利，而斯拉夫世界隱然在俄羅斯帝國的影響下有走向統合之勢，從而出現泛斯拉夫主義泛流即將向德意志及西方世界全面席捲而來的威脅，馬克思及恩格斯對中古德人東移拓殖史的立場自此逐步轉爲正面評價，同時連帶將先前大力讚頌的波蘭人一併列入野蠻的斯拉夫文化之林。

　　從1849年前期之後的馬克思及恩格斯對中古德人東向移民拓殖史及德意志文明所賦予的高度正面評價，將德人在中東歐及東歐的移民拓殖行動與「日耳曼化」、「文明化」及「進步性」等概念相連結，以及不遺餘力地批判「東方斯拉夫文化的野蠻性」來看，不難窺見馬克思及恩格斯所具有的濃厚德意志民族主義色彩，據此兩位左翼思想宗師顯然並非是超然於民族主義之上的國際主義或世界主義者，一如前蘇聯及斯拉夫各國學政界爲其所一再獻上的冠冕，實則兩位宗師在本質上應屬德意志民族主義者。

參考書目

外文書目

檔案彙編及文獻

Friedrich Engels, "Glossen und Randzeichnungen zu Texten aus unserer Zeit (25.5.1842)", pp. 258-262, in: Karl Marx & Friedrich Engels, *Marx-Engels-Werke* (Berlin: 1959), Ergänzungensbänd 1 und 2, hier Band 2.

Friedrich Engels, "Der Anfang des Endes in Österreich (27.1.1848)", pp. 504-508, in: Karl Marx & Friedrich Engels, *Marx-Engels-Werke* (Berlin: 1959), Band 1-39, hier Band 4.

Friedrich Engels, "Die Polendebatte in Frankfurt vom 9. 8. -7. 9. 1848", pp. 319-321, in: Karl Marx & Friedrich Engels, *Marx-Engels-Werke* (Berlin: 1959), Band 1-39, hier Band 5.

Friedrich Engels, "Der magyarische Kampf (18. 1. 1849)", pp. 169-170, in: Karl Marx & Friedrich Engels, *Marx-Engels Werk* (Berlin: 1959), Band 1-39, hier Band 6.

Karl Marx & Friedrich Engels,"Der demokratische Panslawismus (Feb. 1849)", pp. 269-275, in: Karl Marx & Friedrich Engels, *Marx-Engels Werk* (Berlin: 1959), Band 1-39, hier Band 6.

Karl Marx & Friedrich Engels, "Revolution und Konterrevolution in Deutschland (1851)", pp. 49-53, in: Karl Marx & Friedrich Engels, *Marx-Engels Werk* (Berlin: 1968), Band 1-39, hier Band 8.

Karl Marx, "Das göttliche Recht der Hohenzollern (1856)", pp. 269-276, in: Karl Marx & Friedrich Engels, *Marx-Engels Werk* (Berlin: 1968), Band 1-39, hier Band 12.

Karl Marx, "Herr Vogt (1860)", pp. 501-505, in: Karl Marx & Friedrich Engels, *Marx-Engels Werk* (Berlin: 1968), Band 1-39,hier Band 14.

Karl Marx, "Rede auf dem Polenmeeting in London am 22. Januar 1867", pp. 200-205, in: Karl Marx & Friedrich Engels, *Marx-Engels Werk* (Berlin: 1968), Band

1-39, hier Band 16.

Franz Wigard (Hrsg.), *Reden für die deutsche Nation 1848 & 1849.Stenographischer Bericht über die Verhandlungen der deutschen constituierenden Nationalversammlung zu Frankfurt am Main*, Band 2, 1848.

專書

Herbert D. Andrews, *Historische Forschungen in der DDR 1960-1970. Analysen und Berichte. Zum XIII. Internationalen Historikerkongress in Moskau 1970* (Berlin: WEB Deutscher Vertrag der Wissenschaften, 1970).

Geoffrey Barraclough, *The Origins of Modern Germany* (New York and London: W.W. Norton & Company, 1984).

Mary Fulbrook, *A Concise of Germany* (London: Cambridge University Press, 1993).

Oskar Halecki, *Geschichte Polens* (Frankfurt am Main: Verlag Heinrich Scheffler, 1963).

Charles Higounet, *Die Deutsche Ostsiedlung im Mittelalter* (Berlin: Siedler Vertrag, 1986).

Peter Hilsch, *Mittelalter - Grundkurs Geschichte 2* (Frankfurt am Mian: 1989).

Jürgen Mirow, *Geschichte des Deutschen Volkes - Von den Anfängen bis zur Gegenwart* (Gernsbach: Verlag Katz, 1990).

Helmut M. Müller, *Schlaglichter der deutschen Geschichte* (Bonn: Bundeszentrale für politische Bildung, 2009).

Lawrence D. Orton, *The Prague Slav Congress* (New York: 1978).

Walter Schlesinger (Hrsg.), *Die deutsche Ostsiedlung des Mittelalters als Problem der europäischen Geschichte* (Sigmaringen: Jan Thorbecke, 1975).

Georg Stadtmüller, *Geschichte Südosteuropas* (München und Wien: R. Oldenbourg Verlag, 1976).

Wolfgang Wippermann, *Der"Deutsche Drang nach Osten". Ideologie und Wirklichkeit eines politischen Schlagwortes* (Darmstadt: Wissenschaftliche Buchgesellschaft, 1981).

Klaus Zernack, *Preußen - Deutschland - Polen: Aufsätze zur Geschichte der deutschpolnischen Beziehungen* (Berlin: Duncker & Humblot, 1991).

專書論文

Reinhard Baumann, "Die Deutsche Siedlung im Osten - Kulturbringer zwischen Oder, Pregel und Peipussee", pp. 12-40,in: Hans-Ulrich Engel (Hrsg.), *Deutsche Unterwegs - von der mittelalterlichen Ostsiedlung bis zur Vertreibung im 20. Jahrhunderts* (München & Wien: 1983).

Helmut Beumann, "Kreuzzugsgedanke und Ostpolitik im hohen Mittelalter", pp. 120-136, in: Helmut Beumann (Hrsg.), *Heidenmission und Kreuzzugsgedanke in der deutschen Ostpolitik des Mittelalters* (Bad Homburg: 1963).

Antoni Cetnarowicz, "Die proöstereichische Orientierung bei den Polen in der zweiten Hälfte des 19. Jahrhunderts", pp. 68-76, in: Andreas Moritsch (Hrsg.), *Der Austroslavismus* (Wien & Köln & Weimar: Böhlau Verlag, 1996).

František Graus, "Die Problematik der deutschen Ostsiedlung ais tschechischer Sicht", pp. 31-52, in: Walter Schlesinger (Hrsg.), *Die deutsche Ostsiedlung des Mittelalters als Problem der europäischen Geschichte* (Sigmaringen: Jan Thorbecke, 1975).

Jan Kosim, "Der polnische Aufstand von 1830", pp. 29-41, in: Klaus Zernack (Hrsg.), *Zum Verständnis der polnischen Frage in Preußen und Deutschland 1772-1871* (Berlin: Colloquium Verlag, 1987).

Walter Schlesinger, "Die geschichtliche Stellung der mittelalterlichen deutschen Ostbewegung", pp. 17-30, in: Lolo Krusius-Ahrenberg & Günther Stökl & Walter Schlesinger & Reinhard Wittram, *Russland, Europa und der Deutsche Osten* (München: R. Oldenbourg Verlag, 1960).

Lech Trzeciakowski, "Polnische Frage in Ideologie und Politik", pp. 51-71, in: Klaus Zernack (Hrsg.), *Zum Verständnis der polnischen Frage in Preußen und Deutschland 1772-1871* (Berlin: Colloquium Verlag, 1987).

Hanna Vollrath, "Deutsche Geschichte im Mittelalter", pp. 92-93,in:Martin Vogt (Hrsg.), *Deutsche Geschichte. Von den Anfängen bis zur Gegenwart* (Stuttgart & Weimar: 1997).

期刊論文

Wolfgang Wippermann, "Die Ostsiedlung in der deutschen Historiographie und Publizistik: Probleme, Methoden und Grundlinien der Entwicklung bis zum Ersten Weltkrieg", pp. 41-69, Hrsg. vom Friedrich-Meinecke-Institut der Freien Universität Berlin, *Germania Slavica I* (Berlin: Duncker & Humblot, 1980).

Wolfgang Wippermann,"Das Bild der mittelalterlichen deutschen Ostsiedlung bei Marx und Engels", pp. 71-97, Hrsg. vom Friedrich-Meinecke-Institut der Freien Universität Berlin, *Germania Slavica I* (Berlin: Duncker & Humblot, 1980).

華文書目

洪鎌德

2014　《個人與社會：馬克思人性論與社群觀的析評》，臺北：五南圖書。

2018　《馬克思與時代批判》，臺北：五南圖書。

馬克思與愛爾蘭[1]

施正鋒
東華大學民族事務暨發展學系教授

1　發表於台灣歐盟研究協會主辦「馬克思誕生二百週年研討會」，臺北，台灣國際會館，2018/5/5。

第三章
馬克思與愛爾蘭

Alas! it is not about popes, but about potatoes, that the minds of this unhappy people are agitated. It is not from the spirit of zeal, but the spirit of whiskey, that these wretches act.

Edmund Burke (1813: 244)

Lastly, England today is seeing a repetition of what happened on a monstrous scale in Ancient Rome. Any nation that oppresses another forges its own chains. Thus, the position of the International Association on the Irish Question is very clear. Its first need is to encourage the social revolution in England. To this end the great blow must be struck in Ireland.

Karl Marx (1870/3/28; MEI, 1972: 163)

When Irish questions, or rather the Irish Question, for there is but one, has been forced on our attention, we have felt like a dreamer in a nightmare, oppressed by the consciousness that some great evil was rapidly advancing, that mere exertion on our part would avert it, but that we had not the power to will that exertion.

Nassau William Senior (1884: 98)

Our freedom must be had at all hazards. If the men of property will not help us they must fall; we will free ourselves by the aid of that large and respectable class of the community -the men of no property.

Wolfe Tone (Connolly, 2013: 57)

Although it is perfectly legitimate for a political scientist to analyze, and indeed to expose the flaws in Marx's theories of nationalism and national development, it is pointless to write them off as incoherent because of certain formal weaknesses.

Joseph A. Petrus (1971: 823）

壹、前言

　　一般認爲馬克思主義（Marxism）與民族主義（nationalism）相互競爭、甚或排斥，因爲馬克思主義的祖師爺馬克思（Karl Marx, 1818-83）與恩格斯（Friedrich Engels, 1820-95）在《共產黨宣言》（*Communist Manifesto*, 1848）

說「工人無祖國」[2]：

> 還有人責備共產黨人，說他們要取消國家、取消民族。工人沒有祖
> 國，我們無法剝奪他們所沒有的東西。因為無產階級首先必須取得政
> 治統治，上升為民族的階級，把自身組織成為民族，所以它本身還
> 是民族的，雖然完全不是資產階級所理解的那種意思。隨著資產階級
> 的發展，隨著貿易自由的實現和世界市場的建立，隨著工業生產以及
> 與之相適應的生活條件的趨於一致，民族的差異與彼此的對立日益消
> 失。

然而，他們後來對於民族主義的立場顯然有很大的修正，尤其是毫不掩飾對於愛爾蘭獨立運動的支持，建議英國跟愛爾蘭斷絕彼此的政治結合，雖然並不排除兩者或可自由地建立聯邦關係（MEI, 1972: 143, 280）。馬克思在1867年（11/30）寫信給恩格斯，斬釘截鐵地建議愛爾蘭必須：（一）由英國獨立、成立自治政府；（二）不能寄望英國、必須自己著手土地改革；（三）使用關稅來保護本身的工業、以防止英國產品的傾銷（MEI, 1972: 148）。

馬克思與恩格斯在1848年歐陸革命失敗後，被迫流亡英國，才開始真正有機會第一手了解當地勞動階級的情況，經過長期的觀察，終於覺悟到必須修正先前的看法；特別是恩格斯的前後伴侶瑪莉・伯恩斯（Mary Burns, 1823-63）、及莉齊・伯恩斯（Lizzie Burns, 1827-78）姊妹是曼徹斯特的愛爾蘭裔女工，鶼鰈情深、愛屋及烏[3]，讓他體會英國革命對歐洲革命的重要性，及愛爾蘭革命對英國革命的重要性（Cummins, 1980: 108-10）。如果這只是單純的

---

[2] 原文是：

The Communists are further reproached with desiring to abolish countries and nationality. The working men have no country. We cannot take from them what they have not got. Since the proletariat must first of all acquire political supremacy, must rise to be the leading class of the nation, must constitute itself the nation, it is so far, itself national, though not in the bourgeois sense of the word. National differences and antagonism between peoples are daily more and more vanishing, owing to the development of the bourgeoisie, to freedom of commerce, to the world market, to uniformity in the mode of production and in the conditions of life corresponding thereto.

[3] 恩格斯在曼徹斯特有兩個房子，一個在市中心、一個在勞動階級聚居的郊區，多年收留幾十名愛爾蘭運動者（Rodden, 2008: 615）。

歷史偶然（historical contingency），當然就沒有特別值得探討的地方。我們以為，馬克思與恩格斯在理論上的轉折，並非只是感情上的羈絆。

根據馬克思（Mark, 1844/8/7）的說法，革命是推翻既有統治力量，及舊狀態解體的政治行動，如果沒有革命，就不可能會有社會主義；然而，革命畢竟只是必要條件並非充分條件，一旦組織的行動開始，自己的目標以及精神浮現，就要把政治的殼拋棄[4]。Cummins（1980: 12-14）以為，馬克思主義起源於西歐，特別是馬克思對於德國哲學、法國社會主義及英國經濟的浸淫。他比喻道：「如果說一個嶄新的社會秩序孕育於社會革命的子宮，而政治革命則是社會革命的高潮；那麼，實力就是關鍵一刻的催生婆。」

原本，馬克思與恩格斯把社會革命寄望在資本主義的三個核心堡壘，也就是英國、法國以及德國，特別是在1848年歐洲革命烽火四起的前後。然而，儘管德國有犀利的哲學批判，卻缺乏行動，無法把理論轉換為群眾的利器；法國雖然有轟轟烈烈的大革命，中產階級對於雞啼的號召似乎卻步；他們最後寄望當時工業革命已臻成熟的英國，希望能一舉結合德國的哲學革命以及法國的政治革命，展開一場驚天動地的社會革命（Cummins, 1980: 14-17）。也因此，他們在1840年代、1850年代初期，認為愛爾蘭人的民族自決訴求是反動的。

然而，到了1850年代後期，馬克思與恩格斯原先不止對於法國以及德國的期待幻滅，對於英國勞動階級[5]也開始大失所望，漸漸轉而關注愛爾蘭這塊英國最早的殖民地。進入1860年代，他們發現英國勞動階級越來越像資產階級[6]，竟然企盼能跟資產階級平起平坐就好，想要把自己變成資產階級貴族及資產階級般的勞動階級[7]，因此決定策略上必須改弦更張，在1860年代末期、

4　原文是：

All revolution - the overthrow of the existing ruling power and the dissolution of the old order - is a political act. But without revolution, socialism cannot be made possible. It stands in need of this political act just as it stands in need of destruction and dissolution. But as soon as its organizing functions begin and its goal, its soul emerges, socialism throws its political mask aside.

5　proletariat，亦即工人或譯為無產階級。

6　bourgeoisie，亦即資本家或譯為布爾喬亞。

7　這是恩格斯（1858/10/7）跟馬克思的抱怨，原文是：

……the fact that the English proletariat is actually becoming more and more bourgeois, so that the ultimate aim of this most bourgeois of all nations would appear to be the possession, alongside the bourgeoisie, of a bourgeois aristocracy and a bourgeois proletariat.

1870年代初期，斷然把戰略焦點放到愛爾蘭，熱切相信愛爾蘭的獨立可以加速英國、甚至於整個歐洲的社會革命（Rodden, 2008: 609-611）。

儘管馬克思從未踏足愛爾蘭（Rodden, 2008: 519），他在1869年（12/10）寫信給恩格斯說，他長久以來以為愛爾蘭的自由必須決定於英國勞動階級的革命，然而經過一番研究，現在的想法剛好相反，深信除非英國擺脫愛爾蘭，否則，英國勞動階級將一事無成[8]，也就是「槓桿必須放在愛爾蘭」[9]（MEI, 1972: 284）。他在1870年（3/28）寫道[10]：「任何壓迫他人的民族是在鍛造本身的枷鎖」，看到此刻的英國正在重蹈古羅馬的覆轍，因此主張為了加速英國的社會革命，勢必在愛爾蘭予以決定性的重擊（MEI, 1972: 163）。

Rodden（2008: 611-612）指出，這樣的訴求有三個理論上的自我矛盾：愛爾蘭還停留在農業社會、違反歷史唯物論（historical materialism）的循序漸進發展，以及如何面對一向被視為反動的民族主義。Rodden（2008）的客氣理解是，兩人跟愛爾蘭有獨特的個人經驗[11]，因此對愛爾蘭人產生強烈的人道關懷，對於愛爾蘭農民情有獨鍾，才會有如此詭異乖離「科學社會主義」（scientific socialism）的見解，竟然主張將愛爾蘭當作槓桿的槓桿、甚至於頸

8　馬克思稍早（1869/12/10）寫信給好友Ludwig Kugelmann，也有類似的說法（MEI, 1972: 280）。

9　原文是：

For a long time I believed that it would be possible to overthrow the Irish regime by English working class ascendancy. I always expressed this point of view in the *New York Tribune*. Deeper study has now convinced me of the opposite. The English working class will never accomplish anything before it has got rid of Ireland. The lever must be applied in Ireland. That is why the Irish question is so important for the social movement in general.

10　馬克思（1859）早先就有類似的看法，把原屬於希臘的保護地愛奧尼亞群島（Ionian Islands）比為印度或是愛爾蘭，指出英國為了國內的自由，卻在外國奴役他人。

11　恩格斯在1842年（22歲）被父親派到英國曼徹斯特學習經營紡織廠，他在1843年為瑞士的刊物《瑞士共和黨人》（*Schweizerischer Republikaner*）寫了〈來自倫敦的信〉，報導愛爾蘭政治領導者Daniel O'Connell（1775-1847）連續四天萬人空巷的演講及遊行，主題是廢除愛爾蘭與英國的結合（Repeal），後被收在《愛爾蘭與愛爾蘭問題——馬克思與恩格斯選集》的第一篇。在這篇報導中，恩格斯除了描述愛爾蘭工人在英國的悲慘，譬如交不出房租、被二房東發現陳屍溝渠，還指控O'Connell是孬種的雙面政客，只會利用被壓迫的愛爾蘭人來幫自己的中產階級朋友進入國會，並不是真正的站在老百姓的立場（MEI, 1972: 419, note 1）；參閱恩格斯（Engels, 1845; MEI, 1972: 37-43）在《英國工人生活條件》（*Condition of the Working Class in England*）〈大城市〉（The Great Towns）這一章，有關於「小愛爾蘭」貧民窟的描寫，包括衛生條件惡劣、婦孺被貧窮的英國人收養等等。

動脈（pp. 614-15）。

不過，Zwick（1983: 18-19）提醒我們：馬克思在寫作的時候，不管是風格或是內容，一定會針對他訴求的對象，以及傳播的方式量身裁衣。所以，如果想要了解什麼是眞正的他，必須花一點心思去抽絲剝繭；譬如《共產黨宣言》的對象是歐洲社會主義的領導者，修辭的用意是煽風點火，相對地，《紐約論壇報》（New York Daily Tribune）的讀者是美國的自由派，用字遣詞當然不能虛張聲勢；換句話說，馬克思有他私下作爲人的一面（the man Marx），也有作爲理論家的公開一面（the theories of Marx），或許在特定的一刻是民族主義者、抽象思考之際是國際主義者，因此，儘管他或許有一些民族主義的傾向，如果指控馬克思崇拜民族國家，那是言過其實，也是不了解馬克思主義。

由於馬克思主義關心的是資本累積及其影響，重點是歷史唯物論框架下的階級，並未針對民族主義有完整的一套理論。那是可以理解的（Munck, 1986: 1-2, 9）；Poulantzas（2000: 93）甚至於直言，根本沒有所謂馬克思主義觀點的民族理論；Anderson（2010: 123-124）也認爲，馬克思與恩格斯其實並未有系統地分析愛爾蘭的民族主義。Golman也同樣地承認，兩人儘管對於愛爾蘭歷史有獨到的見解，並沒有通盤的研究（MEI, 1972: 20），而Greaves也認爲兩人沒有機會有系統地整理他們對於愛爾蘭的看法（MEI, 1972: 15）。

儘管如此，我們未嘗不可從馬克思與恩格斯比較新聞性或是宣傳性文字，爬梳一些關於民族主義，以及愛爾蘭的看法。蘇聯進步出版社（Progress Publishers）在1971年出版了一本馬克思與恩格斯有關愛爾蘭的文集[12]《愛爾蘭與愛爾蘭問題——馬克思與恩格斯選集》（Ireland and the Irish Question: A Collection of Writings by Karl Mark and Frederick Engels），並在次年於美國發行（Marx & Engels, 1972；簡稱MEI），蒐集兩人在1843-91年之間關於「愛爾蘭問題」（Irish Question）的各種文稿，包含個人的專書摘錄[13]、講稿、背景資料，以及彼此之間及兩人跟他人透過信函的討論。

我們在這裡有三項考察的重點：在馬克思的想法中，馬克思主義與民族主義的關係如何（或是階級與民族／族群的關係如何）？馬克思對於英國在愛

---

[12] 英國歷史學家C. Desmond Greaves幫忙寫序，蘇聯人L. I. Golman寫了不算短的介紹。本選集的優點是編者在書後有詳細的註解，提供讀者背景說明。

[13] 譬如馬克思在《資本論》（Capital, 1867）第一冊的第25章還特別舉愛爾蘭爲例，說明資本如何累積的一般法則（MEI, 1972: 99-116）。

爾蘭的殖民統治有何想法？他對於愛爾蘭的前途有何診斷以及具體的建議？最後，我們將以馬克思過世後的發展，來看馬克思主義的接班人如何看待民族主義，以及簡單回顧愛爾蘭後來的實際地位，看看跟馬克思的預測有什麼出入的地方。

貳、馬克思主義與民族主義

　　民族主義是一種信念，是指一群人想像彼此是一個福禍與共的共同體，而且相信大家的福祉必須有國家的庇蔭才能獲得保障。因此，希望能透過民族自決權（national right to self-determination）的實踐來獲致自己的國家，而這種國家稱為「民族國家」（nation-state）。這一套理念的哲學基礎是自由以及平等，原本是用來號召百姓掙脫專制王朝或是異族統治（施正鋒，2015；2017）。其實，民族運動不分左派，還是右派，大家都可以用，卻不免被野心者拿來當作侵略的號召。如果以希特勒歸謬法（reductio ad Hitlerum）來看，原來是自保的鹿群當然就會被視為嗜血的狼群（Zwick, 1983: 5）。

　　邏輯上，民族主義與馬克思主義有四種可能的關係（Connor, 1984; Szporluk, 1988）：水火不容（馬克思主義者無法接受民族主義）、相互包含（馬克思主義包含民族主義或是民族主義包含馬克思主義），及彼此有交集（兩者有相容、也有互斥的地方）。第一種觀點是把民族主義當作右派的專利，真正的馬克思主義的信徒當然不能接受歧路亡羊；第二種看法則是把民族主義當作馬克思主義的一個面向，也就是在不同的時空條件下，有時候不妨盜用民族主義的糖衣來包裝馬克思主義，沒有利用價值的時候就棄之如敝屣，或可稱民族式的馬克思主義（national Marxism）；第三種認為如果要達成民族解放，馬克思主義的思想也可以挪用來號召群眾，尤其是社會的弱勢群眾，這是帶有馬克思主義色彩的民族主義（Marxist nationalism）；第四種則是保持開放的態度，認為彼此有重疊處、甚至相互交織，也就是民族解放與階級鬥爭既可以相輔相成，也有可能牴觸之處。

　　對於馬克思的思想持正面評價的人來說，即使他有時候聽起來好像是民族主義者，其實是人道主義者、國際主義者、具有包容性；相對地，也有人認為他是如假包換的民族主義者、甚至於就是種族主義者。真真假假，儘管裹著國際主義的外衣，骨子裡頭是日耳曼民族至上（Zwick, 1983: 18-19）。針對馬克思對於民族運動的曖昧、不一致、混亂，甚至於搖擺不定，Zwick（1983: 15-

18）以為這些都是誤解，因為他既不是教條的空想家，也不是超然客觀的社會科學家，更對於現實的政治權力或是政黨鬥爭沒有興趣[14]。他所關注的是嚴謹的實證主義與戰術彈性之間如何取得平衡。因此，審度政治脈絡的變動並經過科學的評估，即使面對矛盾的歷史潮流，出於政治的必要性，當下立斷著手理論的修正，甚或拋棄思想的原則，不會拘泥於特定的意識形態觀點，當然也不是機會主義者。

　　Zwick（1983: 20）指出，那些對於馬克思的誤解，相當程度是根源於對國際主義（internationalism）與世界主義（cosmopolitanism）的混淆。對於世界主義的信徒來說，民族並非正面的政治力量，在革命的過程沒有角色，也就無法透過民族主義的途徑來獲致革命；相對地，國際主義者相信在不同的歷史傳統下，只要是在民族勞動階級的帶領下就可以達成革命目標，因此是可以接受民族以及國家。換句話說，起碼在過渡時期，馬克思主義是可以接受民族主義，而國家終究是勞動階級的民族國家。

　　馬克思與恩格斯的基本策略，是寄望藉著資產階級的民主化來弱化封建制度，甚或加以掃除；在這同時，必須強化勞動階級本身的政治權力，一旦時機成熟，就可以共產革命來達成社會主義的最終目標。對他們來說，身為社會最進步的階級，勞動階級必須是真正的民族主義者，一方面推動本身的利益，另一方面則要帶領整個社會前進；否則，如果依據統治階級所推動的民族主義，他們將會把本身的利益當作整個民族的利益（Ruaire, 2004）。Cummins（1980: 50）指出，馬克思與恩格斯認為在走向社會主義的道路上，萌芽中的勞動階級需要伴侶，特別是在那些封建制度還是徘徊不去的社會，自己原本在經濟上就是弱勢，如果又要面對外族的支配，為了避免多面作戰而疲於奔命，這時候，暫且與熟悉路況的民族運動者進行戰術性結盟是可以做個案考慮，沒有必要拒人於千里之外。

　　馬克思（Marx, 1871/5）在《法國內戰》（*The Civil War in France*）針對

---

[14] 儘管共產主義者同盟（Communist League, 1847-52），以及第一國際（International Working Men's Association, 1864-76）後來因為各國代表的內鬨而解體。不過，主要是因為立場不同、難免同籠，譬如馬克思面對俄羅斯的巴枯寧（Mikhail Bakunin）、法國的普魯東（Pierre-Joseph Proudhon）、以及德國的拉薩爾（Ferdinand Lassalle）等人的挑戰，只是他們剛好有不同的國籍罷了（Zwick, 1983: 22）。有關於第一國際的傾軋，見Cummins（1980: chap. 5）。

巴黎公社的考察，明白表示為民族主義跟國際主義是相容的[15]（Munck, 1986: 25）：

> 如果巴黎公社真的代表法國社會的所有健康成分，而且是真正的民族政府；那麼，它同時也是工人的政府，代表著勞工解放的無畏勝利，而且必須強調是國際主義。隨著已經將法國的兩個省分〔亞爾薩斯省、洛林〕併入德國的普魯士軍隊逼近，巴黎公社是將世界各地的工人併入法國。

然而，馬克思與恩格斯早在《共產黨宣言》就指出[16]：

> 如果不就內容，而就形式來說，無產階級與資產階級的鬥爭就是民族鬥爭。當然，每一個國家的無產階級必須先跟本國的資產階級好好談。
> ....
> 共產黨人同其他無產階級政黨不同的地方是：一、在各國無產階級的鬥爭中，他們強調並堅持所有無產階級的共同的利益，不分民族；二、在無產階級和資產階級鬥爭所經歷的各個階段，各地的無產階級始終代表整個運動的利益。

---

[15] 原文是：

If the Commune was thus the true representative of all the healthy elements of French society, and therefore the truly national government, it was, at the same time, as a working men's government, as the bold champion of the emancipation of labor, emphatically international. Within sight of that Prussian army, that had annexed to Germany two French provinces, the Commune annexed to France the working people all over the world.

[16] 原文是：

Though not in substance, yet in form, the struggle of the proletariat with the bourgeoisie is at first a national struggle. The proletariat of each country must, of course, first of all settle matters with its own bourgeoisie.
....
The Communists are distinguished from the other working-class parties by this only: 1. In the national struggles of the proletarians of the different countries, they point out and bring to the front the common interests of the entire proletariat, independently of all nationality. 2. In the various stages of development which the struggle of the working class against the bourgeoisie has to pass through, they always and everywhere represent the interests of the movement as a whole.

　　多年後，馬克思（1875/5）在〈哥達綱領批判〉（Critique of the Gotha Programme）提醒：工人必須在自己的國家以階級的方式組織起來，而國家就是他們立即要從事鬥爭的競技場，也就是有如在《共產黨宣言》裡頭所說，階級鬥爭在「形式上」是民族的鬥爭，而非「實質上」的民族鬥爭[17]，可以看出有所保留。

　　事實上，在馬克思及恩格斯的眼中，民族可以分為好、壞兩種。恩格斯在1849年（1/8）於《新萊茵報》（NeueRheinischeZeitung）引用黑格爾（Friedrich Hegel）的說法[18]，把那些被歷史鐵蹄無情踐踏的民族批評得體無完膚，描寫為頹敗的殘餘碎片（ruined, residual fragments of peoples），譬如在1640-1745年支持英國斯圖亞特王朝（Stuarts）的蘇格蘭人（Gaels）、在1792-1800年支持法國波旁王朝（Bourbons）的布列塔尼人（Bretons），以及支持西班牙卡洛斯親王（Don Carlos）的巴斯克人（Basques）。他毫不留情地抨擊這些民族老是充當狂熱的反革命旗手，嘲笑他們的存在只是為了抗議偉大的歷史革命，直到自己的民族特徵完全氣絕為止，一點也不掩飾其鄙夷；至於那些壓迫、奴役他們的民族，他則相當殘酷地認為才是歷史發展的主要推手[19]。

　　恩格斯（1849/1/8）在這篇文章以奧匈帝國裡頭倡議泛斯拉夫主義的南斯拉夫人為例，認為即使經過幾千年的發展，這些歷史的殘餘碎片仍然是相當蒙昧無知，還自以為能透過整個歐洲由東而西發展的逆轉來獲得救贖，也就

---

[17] 原文是：

It is altogether self-evident that, to be able to fight at all, the working class must organize itself at home as a class and that its own country is the immediate arena of its struggle--insofar as its class struggle is national, not in substance, but, as the Communist Manifesto says, "in form."

[18] 黑格爾（Hegel, 1894: 150）認為沒有國家的民族就沒有歷史，原文是：

In the existence of a nation the substantial aim is to be a state and preserve itself as such. A nation with no state formation, (a mere nation), has strictly speaking no history, like the nations which existed before the rise of states and others which still exist in a condition of savagery.

[19] 原文是：

There is no country in Europe which does not have in some corner or other one or several ruined fragments of peoples, the remnant of a former population that was suppressed and held in bondage by the nation which later became the main vehicle of historical development. These relics of a nation mercilessly trampled underfoot in the course of history, as Hegel says, these residual fragments of peoples always become fanatical standard-bearers of counter-revolution and remain so until their complete extirpation or loss of their national character, just as their whole existence in general is itself a protest against a great historical revolution.

是相信本身的解放必須靠跟俄羅斯糾結為一體[20]。馬克思（1867）在將近二十年後呼應，認為歐洲若非願意坐視莫斯科所帶頭的雪崩般亞洲型暴虐（Asiatic barbarism），再不然就要幫助波蘭復國，讓兩千萬英雄挺身對抗亞洲，以便自己在完成社會再生之前有喘息的機會[21]。可見，兩人視俄羅斯為歐洲進步的重大絆腳石，至於那些想要跟它結盟以對抗奧地利的南斯拉夫人，更是不屑一顧的歷史殘渣[22]；而挺身抗拒俄羅斯的波蘭，反而是值得支持的英雄。

　　因此，差別在於究竟民族力量是正當，還是不正當的。在諸如：德國、法國以及英國等資產階級相當先進的國家（或者加上波蘭、匈牙利），民族主義可以將國家發展到革命成熟的階段，因此是進步的；相對地，在資本主義落後的奧匈帝國、土耳其或是南斯拉夫，民族主義則是反動的。換句話說，馬克思眼中的民族自決是否具有正當性，端賴有沒有革命的潛力，只要有助於革命，資產階級的民族運動就可以容忍，甚至於要去推動（Zwick, 1983: 23-24）。Cummins（1980: 42-43）直言，馬克思與恩格斯之所以瞧不起南斯拉夫人，並不是因為異族壓迫的力道不夠，而是他們自己的社會革命條件不足，當然不值得人家支持。

　　事實上，在克里米亞戰爭（1853-56）之際，馬克思與恩格斯轉而支持

---

[20] 原文是：

Such, in Austria, are the pan-Slavish Southern Slavs, who are nothing but the residual fragment of peoples, resulting from an extremely confused thousand years of development. That this residual fragment, which is likewise extremely confused, sees its salvation only in a reversal of the whole European movement, which in its view ought to go not from west to east, but from east to west, and that for it the instrument of liberation and the bond of unity is the Russian knout - that is the most natural thing in the world.

[21] 原文是：

There is but one alternative for Europe. Either, under Muscovite direction, will burst around its head like an avalanche, or else it must re-establish Poland, thus putting twenty million heroes between itself and Asia and gaining a breathing spell for the accomplishment of its social regeneration.

[22] 恩格斯（Engels, 1849/2/14）相當冷酷地宣判，除了波蘭人、俄羅斯人以及土耳其統治下的斯拉夫人，其他斯拉夫人完全沒有前途，包括捷克人（含斯洛伐克人、摩拉維亞人）、斯洛維尼亞人以及克羅埃西亞人。因為，他們從來沒有自己的歷史，初步的文明是異族枷鎖所賦予的，既無能也沒有意願獲致任何形式的獨立，原文是：

Peoples which have never had a history of their own, which from the time when they achieved the first, most elementary stage of civilization already came under foreign sway, or which were forced to attain the first stage of civilization only by means of a foreign yoke, are not viable and will never be able to achieve any kind of independence.

土耳其在巴爾幹半島統治下的斯拉夫人獨立，立場明顯改變；同樣地，俄羅斯與土耳其在1877年開戰，馬克思判斷俄羅斯可能落敗，興沖沖地宣告歐洲歷史已經來到轉捩點，因為過去俄羅斯是不可撼動的反革命堡壘，此番勢必爆發革命。相較之下，當時法國第三共和國所面對的憲政危機是小巫見大巫（Munck, 1986: 17）。所以，不管是馬克思的「進步／具有革命性的vs.反動／反革命的民族主義」，或是恩格斯借自黑格爾的「有歷史vs.沒有歷史的民族」，已經悄悄地調整為「被支配者vs.支配者的族主義」（Munck, 1986: 16, 22）。

恩格斯在1872年（5/14）針對愛爾蘭分支是否能以獨立於英國分會（British Federal Council）的身分加入第一國際，認為儘管愛爾蘭人講英語，因為即使經過七百年的征服以及壓迫，他們卻是獨特的民族。因此，只要不平等的民族支配關係存在的一天，宛如俄羅斯之於波蘭，那麼，把愛爾蘭工人納入英國分會就是一種差辱，畢竟[23]（MEI, 1972: 302-303）：

> 要是一個征服民族的成員要求被征服者忘記他們獨特的民族性、壓抑
> 民族差異等等，那不是國際主義，而是要求他們臣服於枷鎖，也是試

---

[23] 原文是：

There was the fact of seven centuries of English Conquest and oppression of Ireland, and so long as that oppression existed, it was an insult to Irish working men to ask them to submit to a British Federal Council. The position of Ireland with regard to England was not that of an equal, it was that of Poland with regard to Russia.

....

If members of a conquering nation called upon the nation they had conquered and continued to hold down to forget their specific nationality and position, to "sink national differences" and so forth, that was not Internationalism, it was nothing else but preaching to them submission to the yoke, and attempting to justify and to perpetuate the dominion of the conqueror under the cloak of Internationalism. It was sanctioning the belief, only too common among the English working men, that they were superior beings compared to the Irish, and as much an aristocracy as the mean whites of the Slave States considered themselves to be with regard to the Negroes.

In a case like that of the Irish, true Internationalism must necessarily be based upon a distinctly national organization; the Irish, as well as other oppressed nationalities, could enter the Association only as equals with the members of the conquering nation, and under protest against the conquest. The Irish sections, therefore, not only were justified, but even under the necessity to state in the preamble to their rules that their first and most pressing duty, as Irishmen, was to establish their own national independence.

圖以國際主義的外衣合理化征服者的持續支配。這樣的作法等於鼓勵英國工人的想法，認爲自己跟貴族一樣比愛爾蘭人優秀，宛如美國蓄奴州的白人凡夫相信本身比黑人高尚。

諸如愛爾蘭的例子，眞正的國際主義必須根據明顯不同的民族組織。愛爾蘭人跟其他被壓迫的民族一樣，可以跟征服民族一起加入第一國際，同時表達對征服的抗議。因此，愛爾蘭分會的成立不只是有正當性，甚至於有義務在其章程的前言說，身爲愛爾蘭人最重要的責任是獲致自己的民族獨立。

馬克思（1882/2/7）過世前寫信給考茨基（Karl Kautsky）說，愛爾蘭人及波蘭人在成爲國際主義者之前，不僅有權利，更有義務作爲民族主義者；只有在成爲眞正的民族主義者之後，他們才能獲致最高的國際主義境界[24]（MEI, 1972: 332）。

參、馬克思眼中被英國殖民的愛爾蘭

馬克思對於愛爾蘭歷史的關注雖然不如恩格斯[25]，也不像恩格斯那麼豪氣，誇誇其談「如果沒有看過愛爾蘭人就無法了解他們，給我二十萬愛爾蘭

---

[24] 原文是：

I therefore hold the view that *two* nations in Europe do not only have the right but even the duty to be nationalistic before they become internationalists: the Irish and the Poles. They are most internationalists when they are genuinely nationalistic.

[25] 恩格斯分別在1856年、1869年，以及1870年走訪愛爾蘭（Murphy, 2015: 86）。他在1869年尾及1870年之間大量閱讀愛爾蘭的文獻，打算寫一本愛爾蘭史。不過，由於普法戰爭、巴黎公社，以及第一國際的內鬨，只寫了兩章就中斷。第一章〈自然條件〉比較完整、第二章〈古愛爾蘭〉並未完成，留下大綱、筆記，以及詳細的年表（MEI, 1972: 171-269, 449, note 178）。恩格斯在1870年（1/19）寫信給馬克思，分享他對愛爾蘭文獻的研讀，認爲在對照之下，凱爾特愛爾蘭語（Celtic-Irish）並不是那麼難（MEI, 1972: 286）。恩格斯在1856年首度前往愛爾蘭，寫了一封信給馬克思，描繪當地在1100-1850年之間經過英國鐵腕統治下變成廢墟。他說，英國公民的所謂自由是建立在對於殖民地的壓迫，抱怨根本看不到所謂的自治，這裡因此可以說是英國的第一個殖民地，連愛爾蘭人在自己的國家都覺得不自在，甚至於愛爾蘭人的特色只有在狗身上才看得到（MEI, 1982: 83-85）。

人，就可以推翻整個英國王室[26]」（MEI, 1972: 33），卻也用了不少心思去
理解愛爾蘭的歷史發展。馬克思（1864/10/21）在第一國際創會時的演講，兩
度提到愛爾蘭。他在1867年（12/16）向倫敦的日耳曼工人教育協會（German
Workers Educational Association）演講了一場〈愛爾蘭問題〉，除了簡要的演
講紀錄，還留下一些基本的背景資料（MEI, 1972, 140-142, 126-139）。馬克思
在這兩份文稿，將愛爾蘭的歷史發展分爲七期（MEI, 1972: 127-139）：

（一）宗教改革之前：英裔教宗亞得里安四世（Adrian IV）將愛爾蘭當
作禮物送給英國；英王亨利二世（Henry II, 1133-89）在1172年征服將近三分
之一的愛爾蘭。馬克思形容：「英國的征服方式宛如美國對付印第安人的戰
爭。」此後，不僅英國貴族與愛爾蘭酋長聯姻，普通殖民者也跟愛爾蘭老百姓
通婚。

（二）十六至十七世紀的殖民：英王伊麗莎白一世（Elizabeth I, 1533-
1603）決心消滅叛服不常的愛爾蘭人，移入忠誠的英國人來塡補[27]，終究只扶
植了一些英裔的地主貴族；在清剿的過程，英愛通婚的天主教後裔跟當地人並
肩作戰[28]。在詹姆士一世（James I, 1603-25）時期，新教投機客豪奪巧取政府
所沒收的土地；愛爾蘭人在1641年趁英國內戰在全島各地發動革命，克倫威爾
（Oliver Cromwell, 1599-1658）翦除查理一世（Charles I, 1600-49）後於1649年
登陸，燒殺擄掠，將不少愛爾蘭人賣到西印度群島爲奴，包含英裔愛爾蘭人。

（三）1660-1692年：斯圖爾特（Stuart）王朝的查理二世（Charles II,
1630-85）在1660年復辟（Restoration），開始拉攏愛爾蘭人，除了照拂天主教
會的利益，還招募了一支天主教徒兵團。皈依天主教的詹姆斯二世（James II,
1633-1701）兄終弟及，他讓天主教自由發展，並調動天主教徒兵團到英國馳
援。

（四）1692-1776年：信奉新教的威廉三世（William III, 1650-1702）在
1690年登陸愛爾蘭，擊敗在光榮革命（Glorious Revolution）被黜的詹姆斯二

---

[26] 原文是：

People who have nothing to lose, two-thirds of whom are clothed in rags, genuine proletarians and sans
culottes and, moreover, Irishmen, wild, headstrong, fanatical Gaels. One who has never seen Irishmen cannot
know them. Give me two hundred thousand Irishmen and I will overthrow the entire British monarchy.

[27] 仕紳以及生意人只要臣服，就可以獲得大片土地（MEI, 1972: 140）。

[28] 這些英國人是在宗教革命（Reformation）之前就前來愛爾蘭，他們被愛爾蘭妻子轉變爲愛爾蘭人
（Irishmen）（MEI, 1972: 140）。

世及他的愛爾蘭盟軍。英愛議會爲虎作倀[29]，在1698年立法打擊愛爾蘭的製造業；百姓反對那些住在倫敦的地主，議會開始有獨立的呼聲[30]。在安妮女王（Queen Anne, 1665-1714）時期，英愛議會通過一系列惡名昭彰的「懲戒法（Penal Code）」來打壓天主教徒、扶植新貴[31]，也讓愛爾蘭人更加倚賴教會，窮人變得懶散。

（五）1776-1801年：新來的英國人被愛爾蘭人吸納並皈依爲天主教徒，也就是英裔愛爾蘭人（English Irish）。這時候，除了北愛爾蘭（Ulster）外，其他地方的土地雖然屬於英國地主，沒有新的墾殖地出現。在美國獨立戰爭以及法國大革命後，英國的高壓統治逐漸放鬆，與英國的自由貿易也在1779年開放，愛爾蘭快速發展，甚至於超越英國。

（六）1801-1846年：英國國會及英愛議會，在1800年同步通過「統一法案（Act of Union）」[32]，英裔愛人接受收買[33]，不再對抗英國。不過，殖民地依然視合併爲非法之舉。此後，愛爾蘭的製造業因爲政治結合而逐漸萎縮[34]，土地紛紛被迫轉爲農地，老百姓若非不計代價（地租）變成佃農，就是活活餓死。大地主把土地租給投機客，經過四、五次層層轉租，地租高得嚇人（MEI, 1972: 141）。

（七）1846-1867年：愛爾蘭因爲馬鈴薯枯萎病而造成大饑荒[35]（Great Famine, 1845-47），超過百萬人死亡。之後，英國廢除「穀物法（Corn Law,

---

[29] 由新教徒所支配，聽命於英國行事。

[30] 馬克思認爲，這是英國在愛爾蘭這塊殖民地與英國民族（English Nation）的鬥爭；同時也是英愛殖民地（Anglo-Irish Colony）與愛爾蘭民族（Irish Nation）的鬥爭（MEI, 1972: 129）。

[31] 主要是透過教育、財產、宗教以及兵役措施，鼓勵天主教徒改信新教，譬如將天主教徒的財產轉移給新教徒（天主教徒不准立遺囑、不准繼承財產），天主教徒不可以當地主、服公職或是當兵，傳播天主教士重罪、幫新教徒洗禮爲天主教徒是叛國，以及驅逐主教（如果遁回將以高度叛國判以絞刑、剖腹及分屍）（MEI, 1972: 129-30, 140-41；參考Macdonald, 1985: 8; Joyce, 1909）。

[32] 英國的法案簡稱Union with Ireland Act 1800，愛爾蘭的簡稱是Act of Union (Ireland) 1800。在1801年，彼此結合爲大不列顛及愛爾蘭聯合王國（United Kingdom of Great Britain and Ireland）。

[33] 根據這個法案，愛爾蘭議會被解散，交換的條件是在英國下議院650席當中，愛爾蘭人可以獲得100席（Anderson, 2010: 116）。

[34] 後來移民美國參加南北戰爭，升到將軍的Thomas Francis Meagher曾經說：「愛爾蘭的工業完全被摧毀，只剩下棺材的製造」（MEI, 1972: 141）。

[35] 馬克思認爲馬鈴薯感染枯萎病是因爲土地過度使用，這是英國統治所造成的；隨著土地的耗盡，人口也跟著衰竭，愛爾蘭的身心障礙人數增加（MEI, 1972: 141）。

1815）」。愛爾蘭的穀物在英國不敵競爭而價格大跌，農民繳不出租金，只好外移利物浦、曼徹斯特、伯明罕或格拉斯哥[36]。政府接著祭出「土地抵押法（*Encumbered Estates Act, 1848*）」，先讓掮客趕走本土地主，再軟硬兼施驅離佃農[37]。

馬克思認為，「愛爾蘭青年」（Young Irelander）於1848年起義失敗，民族自信淪喪（MEI, 1982: 76）。他在1855年（3/16, 8/8）於《新奧得報》（*Neue Oder-Zeitung*）揭露愛爾蘭領袖Daniel O'Connell等人如何利用「愛爾蘭兵團」（Irish Brigade），在英國國會周旋於保守黨（Tories）及輝格黨（Whigs）間，換取人事的酬庸：英國人的基本做法是軟硬兼施，一面施小惠進行收買[38]，一面以「約制法」綏靖，而這些唯利是圖的愛爾蘭政客，只要教會的權力能獲得保障，當然就不會認真地去探討愛爾蘭的真正病灶，因此，不管是早先推動廢除愛爾蘭與英國的結合，還是保障佃戶的權利[39]，都只是用來討價還價的工具（MEI, 1982: 74-76, 79-82）。

肆、馬克思對愛爾蘭問題的病理分析

馬克思在1853年（2/9）寫給《紐約論壇報》的文章，指控英國首相巴麥尊子爵（Viscount Palmerston, 1855-58, 1859-65）在愛爾蘭所進行的「財產清理」（clearing estates）形同掠奪，不僅過程弊端重重，還暴力相向，教會及老百姓都遭殃（MEI, 1972: 53）。馬克思認為，相較於克倫威爾野蠻地仿效羅馬人移入殖民者來排擠愛爾蘭人，或俄羅斯人取代被趕走的波蘭人，當下的英國政府則是愚蠢地東施效顰，使用綿羊（9,600,000隻）[40]及豬牛來取代百

---

[36] 馬克思（1852/10/15）甚至於將英國政府以大飢荒來處理愛爾蘭的貧窮的方式，也就是以廢除「穀物法」著手所謂自由貿易，比喻為用砒來徹底消滅老鼠。

[37] 參考Fox（1974: 9），以及Black（1960）。

[38] 譬如在1829年立法（*Roman Catholic Relief Act*），進一步著手所謂的「天主教解放」（Catholic Emancipation）。

[39] 在鴨巴甸伯爵（Earl of Aberdeen, 1852-55）擔任首相時，聯合政府有立法保障佃權之議，算是亡羊補牢粗暴的「土地抵押法」（1848），也就是當地主打算終止租約之際，應該補償佃戶的貢獻，包括灌溉、排水、肥料或是農舍（MEI, 1982: 58, 67-69, 77-78）。

[40] 這個數字或許有誤（多一個位數），因為根據在1867年（11/26）的一份演講草稿，在1855-66年的十年，家畜總共增加約百萬（MEI, 1972: 121）。

萬當地人，把農地變成牧地，歷史上恐怕只有統治中國的蒙古人有過這樣的奇想（MEI, 1972: 147-148, 142）。就這樣，愛爾蘭變成英國的一個農業地區（MEI, 1972: 105, 123）、淪爲英國經濟的附屬品（Cummins, 1980: 106）。

馬克思在1853年（3/22）的文章〈強迫遷徙〉（Forced Emigration）細部分析到，在1847-52年之間，英國遷徙的人口總共有1,618,376人，其中愛爾蘭人就占了1,200,435人[41]（74%）。以利物浦爲例，高達90%的外來人口來自愛爾蘭（MEI, 1972: 54-55）。他回顧人類的歷史，除非透過奴隸制度來維持生產力，文明人只好著手強制遷徙，譬如希臘以及羅馬必須周期性地尋覓新的殖民地；同樣地，亞洲高原的野蠻人必須不斷進行侵略來遷徙過剩的人口，以維持生產力與人口之間的平衡。然而，現代的強制遷徙不像過去是人口製造生產壓力，而是肇因生產力給人口帶來壓力，以致於農村的人口不見了，通通湧向都市的製造業中心（MEI, 1972: 57-58）。

馬克思（1853/6/28）剖析在外地主如何不斷提高租金，壓榨愛爾蘭佃戶所投入的勞力以及資本：要是佃農同意付較高的租金，不啻付利息給地主、感謝自己在土地上所投入的心血，豈有此理；然而，他要是拒絕，就會被無情撤租，隨時有人願意取代。在如此不合理的制度下，即使佃農勤勞又懂一點生財之道，努力的成果免不了會被抽走，生活情況一代不如一代；相對地，要是佃農漫不經心，又會被歸咎是「原住凱爾特種族的錯」（aboriginal faults of the Celt race）。因此，愛爾蘭佃農註定只有當窮光蛋一途，不是冒著辛勤及投資的利潤被搜刮的風險，再不然就是心不在焉而困窮，對於這些「任人宰割的佃農」（tenants-at-will）而言，橫豎的結果都是一樣的（MEI, 1972: 59-61, 77）。

馬克思（1853/7/11）發現，英國地主每次只要傷害一名愛爾蘭佃農，他們壓迫的伎倆就會熟能生巧；事實上，後來的佃農本身只不過是用來傷害前一位佃農的工具，而被逼走的舊佃戶則是向新佃戶提高租金的手段，不斷循環炮製；他認爲，儘管貧窮的愛爾蘭佃農屬於這塊土地，土地的所有權卻屬於不在地的英國業主，這種關係宛如搶匪把手槍指著過客的錢包，愛爾蘭人一旦被土地抵押法委員會（Encumbered Estates Commission）的判決木槌擊倒，就只好摸著鼻子認命地接受被強制遷徙的命運（MEI, 1992: 62）。

---

[41] 在1851-66年之間，愛爾蘭人口減少了1,730,189人（MEI, 1972: 121）；另一個數字是在1845-66年之間，愛爾蘭移出人數有1,990,244人（MEI, 1972: 136）。

馬克思認爲在正常的情況下，政府並不應該介入地主與佃農之間的關係，然而，英國卻不時顚覆愛爾蘭的社會條件，先是沒收土地、接著透過立法來打壓工業、再使用武力加以禁錮，扶植了一個貪婪的世襲地主階級，聽任這群人決定愛爾蘭人如何在自己的土地上過活。愛爾蘭人如果尋求改革，卻又勢必面對血腥的刺刀相向，束手無策，終究難逃自己先天有缺陷的訕笑（MEI, 1972: 61）。總而言之，英國對改變愛爾蘭社會的三部曲如下：先是聽任大飢荒餓死百萬愛爾蘭人；接著移民又走了百萬小佃農人到美國及澳洲；最後一招是透過國會立法，讓拍賣官或是法警趕走殘餘的本土地主（MEI, 1982: 76）。

馬克思在1868年（4/16）寫信Ludwig Kugelmann指出，愛爾蘭的社會革命必須嚴肅地從根本開始，也就是土地所有權。其實，他先前在1867年（11/2），目睹英國強制驅離愛爾蘭佃農，硬生生剝奪其改善土地所做的投資，怒氣沖沖地寫信告訴恩格斯：他過去以爲愛爾蘭要跟英國分手是不可能的，現在則認爲是不可避免的，因爲從來沒有看過其他歐洲國家的外來統治者如此粗暴過。畢竟，俄羅斯人採取政治解決；而普魯士人則進行購買（MEI, 1972: 143-144）。

伍、馬克思對愛爾蘭的戰術考量

原本，馬克思與恩格斯認爲愛爾蘭的解放必須仰賴英國的政治改革運動，因此，兩人在1840-50年代建議愛爾蘭革命運動者，應該把重心放在內部的階級衝突，提醒他們一些地主是愛爾蘭人而非英國人，並鼓勵他們仿效英國工人，積極參與憲章運動[42]（Chartism, 1838-48）。恩格斯在1949年（1/9）興致勃勃地鼓勵愛爾蘭人與英國工人並肩作戰（MEI, 1972: 48-50），這也就是Cummins（1980: 108）所謂解放愛爾蘭的「以英國爲中心」（Anglocentric）途徑。

在1867年（9/13-23），馬克思與未來的女婿Paul Lafargue到曼徹斯特與恩格斯討論《資本論》出版事宜，碰上兩名愛爾蘭共和國兄弟會（Fenians或Irish Republican Brotherhood）領導者（Thomas Kelly以及Timothy Deasy）早先被捕（9/11），同志劫囚殺死一名戒護的英警，三名被捕的成員（William Allen、

---

[42] 也就是要求21歲普選、祕密投票、廢除國會議員參選的財產資格、國會議原有給職、各選區選民人數相等，以及每年改選（Wikipedia, 2018: Chartism）。

Michael Larkin及Michael O'Brien）在11月23日被吊死（Anderson, 2010: 126; Henderson, 1989），史稱「曼徹斯特烈士」（Manchester Martyrs）。恩格斯（11/24）寫了一封信給馬克思[43]，認為英國的作法有如禽獸，預言愛爾蘭分手的時機已經成熟：此後，愛爾蘭母親唱歌給搖籃中的嬰兒，這些英雄將成為原本欠缺的烈士，畢竟，文明的國家很少會把造反者的政治行為當作普通犯來處理（MEI, 1972: 145）。

馬克思在1869年（11/29）寫給Ludwig Kugelmann的信指出，一定要跟英國勞動階級曉以大義：支持愛爾蘭獨立並非因為同情愛爾蘭人，而是關心自己的利益，因為只要那些英國土地貴族在愛爾蘭保有牢固的前哨，英國勞動階級就無法加以推翻，也就不可能出現解放的條件；相對地，如果能讓愛爾蘭人獲得自主，有自己的議會，要推翻當地的英國土地貴族就易如反掌，因為這些外來的地主並非本土的傳統仕紳或民族代表，而是不知死活，被痛恨的壓迫者（mortally hated oppressors）；因此，英國工人階級的愛爾蘭政策必須與統治階層切割，支持廢除愛爾蘭與英國的結合，否則將一事無成。所以，為了自己的解放，就應該把槓桿放在愛爾蘭（the lever has to be applied here）（MEI, 1972: 281）（請見本章附錄一）。

同樣地，馬克思在1870年（3/5）寫給二女蘿拉夫婦（Laura & Paul Lafargue）的一封短信說明，他支持愛爾蘭獨立不是出於人道主義而是有其他的盤算：英國是地主制度以及資本主義的世界中心，為了加速歐洲的社會發展，必須想辦法給英國官方製造麻煩；由於愛爾蘭是英國的弱點，因此，英國只要失去愛爾蘭，整個帝國就會頓時化為烏有。那時候，原本沉睡的階級戰爭就會刻不容緩[44]（MEI, 1972: 290）。換句話說，他關心的不只是愛爾蘭的獨立，還關切英國及歐陸的社會革命，所以，那是面對新情勢所做的權宜性調整，希冀民族運動與工人運動做策略性的結盟（Munck, 1986: 18）。

---

[43] 第一國際在行刑前動員兩萬工人在倫敦要求免死，而馬克思則是陳情書的主筆者（Anderson, 2010: 126）。

[44] 原文是：

You understand at once that I am not only acted upon by feelings of humanity. There is something besides. To accelerate the social development in Europe, you must push on the catastrophe of official England. To do so, you must attack her in Ireland. That's her weakest point. Ireland lost, the British "Empire" is gone, and the class war in England, till now somnolent and chronic, will assume acute forms. But England is the metropolis of landlordism and capitalism all over the world.

　　馬克思進一步在1870年分別寫信給知己Ludwig Kugelmann（3/28）[45]，以及人在美國的Sigfrid Meyer與August Vogt（4/9），分享他對於英國在愛爾蘭殖民統治的看法（MEI, 1972: 160-161, 292-294）（請見本章附錄二）：儘管革命的倡議或許來自法國，英國才是真正能發動經濟革命的槓桿，其他國家根本不能相提並論；畢竟它是地主以及世界資本之都。至於愛爾蘭，則是英國貴族地主（landed aristocracy）及資本主義的堡壘（bulwark），這些人唯有透過在愛爾蘭的剝削，才能維持自己在英國的支配；要是英國召回駐紮在愛爾蘭的軍隊以及警察，立即就要面對當地農民的叛亂。因此，如果能推翻宰制愛爾蘭的這些貴族，就可以促成英國的勞動階級革命；要是愛爾蘭的地主階層崩盤了，英國的地主階層也就會隨著垮台。

　　問題是，儘管英國具備社會革命所需要的物質要件及道德力量，他們的勞動階層卻缺乏實踐的革命熱情。馬克思接著判斷，要推翻英國在愛爾蘭的貴族，相較之下比在本土簡單百倍以上。因為，土地向來是愛爾蘭自身的社會問題，對於絕大多數的愛爾蘭人來說，土地不僅攸關生死存亡，也是民族課題，因此比英國更具革命性、更容易撩撥；相對地，英國的資產階級跟貴族在愛爾蘭有共同的利益，他們透過強制驅離及強迫移民，將當地的人口降到最低，把農地變成生產廉價的肉品及羊毛的牧地（MEI, 1972: 161-162, 293）。

　　只不過，馬克思發現最糟糕的是，由於愛爾蘭不斷供給過剩的勞工到英國，讓英國勞動階級的工資以及生活條件一再下降，以至於在英國的勞動階級分裂為你死我活的兩個陣營，特別是英國勞工痛恨愛爾蘭勞工的競爭。英國勞工的本性踏實卻溫吞，他們自認為屬於統治的民族（ruling nation），高高在上，對於愛爾蘭工人充滿偏見，宛如美國南部貧窮的白人對於「黑鬼」的鄙夷，無形中把自己矮化為貴族，及資本家用來對付愛爾蘭的工具；相對地，已經充滿革命怒火的愛爾蘭工人則嗤之以鼻，認為這些人只不過是英國統治愛爾蘭的共犯、愚蠢的打手，你來我往、互不相讓[46]（MEI, 1972: 162, 293-94）。

---

[45] 這封密函是馬克思針對無政府主義者巴枯寧（Mikhail Bakunin）的一些指控，透過Ludwig Kugelmann，給德國社會民主工人黨（German Social-Democratic Workers' Party）的領導者傳閱（MEI, 1972: 446, note 163；參閱網路版的說明）。

[46] 馬克思指出，資產階級維持統治的祕方是透過媒體、論壇或是漫畫，無所不用其極地刻意強化雙方的人為敵視；也因此，儘管英國勞動階級相當有組織，卻渾然不知本身被操縱（MEI, 1972: 294）。

　　馬克思寫信給Sigfrid Meyer與August Vogt（1870/4/9）分析道，英國是宰制世界市場的強權，也是最重要的工人革命國家，更是唯一革命物質條件已經發展成熟的地方；而第一國際的要務是加緊英國的社會革命，唯一的途徑就是讓愛爾蘭獨立，突顯英國與愛爾蘭的衝突，讓大家願意公開支持愛爾蘭的獨立。為了達成這個崇高的目標，就必須先喚醒英國工人的意識，讓他們能夠充分理解到，對於愛爾蘭民族的解放的關心，絕對不是出於抽象的正義或人道的情操，而是解放自己的首要條件（MEI, 1972: 294）。換句話說，必須說服他們：兩者的命運緊密地連結在一起（Cummins, 1980: 109）。馬克思預言，一旦兩個國家的強制結合結束，社會革命立即會在愛爾蘭出現——儘管是以過時的〔民族主義〕方式——然後，英國再也沒有藉口在愛爾蘭駐紮一支龐大的軍隊，或許可以透過平等而自由的邦聯，最後達成完全獨立（MEI, 1972: 162-163）。

陸、後來愛爾蘭的實際發展

　　馬克思與恩格斯最早並不支持愛爾蘭的民族運動，後來相信愛爾蘭的獨立可以削弱英國的殖民主義，進而帶動歐陸的社會革命，因此支持他們的民族自決及民族解放；同時希望愛爾蘭的勞動階級與英國勞動階級攜手合作，共同推翻英國的帝國。終究，馬克思對於愛爾蘭的獨立運動感到失望，加上巴黎公社失敗（1871），以及第一國際解體（1876），他在1870年代將焦點放在東方的俄羅斯。當然，革命的論述又必須隨著時勢變動作調整（Munck, 1986: 19-22）。所以，即使馬克思可以支持愛爾蘭的民族自決，出發點是工具性的。

　　在「曼徹斯特烈士」就義後（1867），保守黨的迪斯雷利（Benjamin Disraeli, 1868, 1874-80），以及自由黨的格萊斯頓（William Ewart Gladstone, 1868-74, 1880-85, 1886, 1886-94）輪流出任英國首相，兩人扮演黑白雙簧，尤其是後者採取軟鞭牽豬的策略，愛爾蘭政治人物對於社會革命意興闌珊。

　　恩格斯在1882年（6/26）寫信給Eduard Bernstein（MEI, 1972: 334-35；參考Fox, 1974, pp. 14-15），注意到除了傳統的農民抗爭，以及由都會資產階級所發動的自由派民族運動，在美國南北戰爭後，愛爾蘭共和國兄弟會寄望美國伸出援手，要不成為美國的一部分或者在美國的保護下建立共和國。他認為，除非美國或是法國對英國發動戰爭，愛爾蘭的起義絕對不會有任何成功的機會；他判斷法國不可能動干戈，而儘管美國政客為了討好愛爾蘭裔選民花言巧

語，也不可能會爲了愛爾蘭出兵。話又回來，恩格斯判斷，果眞英國面對美國出手干預的威脅，除了獨立，應該會接受愛爾蘭人所開出來的任何條件（p. 336）。

馬克思在1883年3月14日過世，恩格斯在半年後（9/20）接受《紐約人民報》（*New Yorker Volkszeitung*）訪問時表示，短期內，愛爾蘭不可能出現眞正的社會主義運動，因爲那裡的百姓渴望變成擁有土地的農民，抵押的情況接著就會出現，然後摧毀一切的努力。然而，他並沒有悲觀地放棄愛爾蘭的農民，還是堅持必須協助他們擺脫地主，如此，才有可能由半封建的情況進入資本主義的條件（MEI, 1972: 342）。終究，馬克思以及恩格斯無緣親睹愛爾蘭後續發展[47]。畢竟，愛爾蘭的獨立並非決定於英國資本主義的崩盤；另外，他們也忽略北愛爾蘭的工業發展（Cummins, 1980: 116）。Rodden（2009: 253）認爲，馬克思以及恩格斯除了低估愛爾蘭人的民族主義，以及天主教信仰在背後所提供的力量，才會要愛爾蘭人削足適履。

Szporkluk（1988: 192）歸納得好：一開頭，馬克思與恩格斯對於民族以及民族主義現象的態度是負面的；然而在實務上，他們發現無法單單以階級的概念來加以打發、解碼或是涵蓋，只好一再對理論稍做修正；終究，兩人並未重新檢視自己的理論基礎，也未能提出通盤的理論。因此，從德國、愛爾蘭到俄羅斯，他們必須不斷地調整以包容民族主義，從正面來看是務實的工具性考量；從負面來看，卻是左支右絀、節節敗退。Zwick（1983: 35）說，馬克思主義者即使支持民族運動，並不用因此變成民族主義者，聽不出來究竟是誇耀、調侃，還是犬儒。

進入二十一世紀，Zwick（1983: 36-41）把馬克思及恩格斯的門徒，依照光譜分爲左、中、右三條路線[48]：（一）左派的蒲魯東主義（Proudhonist）採取世界主義的反民族主義立場，譬如猶太裔的波蘭人羅莎‧盧森堡（Rosa Luxemburg, 1871-1919），她堅持古典的馬克思主義，也就是勞動階級運動必須完全仰賴自己的團結，及階級意識的發展；（二）右派的奧地利馬克思主義（Austro-Marxism）的代表人物是奧地利社會民主黨人奧托‧鮑爾（Otto

---

[47] 由十九世紀末到一次大戰前後的發展，見Boyce（1988）、Curtis（1963）、McCaffrey（1968）、Macdonald（1985）、Mansergh（1975）、Morton（1980）、Smith（1999）以及Walsh（2002）；有關於北愛爾蘭的和平見施正鋒（2008），當代的愛爾蘭民主政治見施正鋒、謝若蘭（2009）。
[48] 見Luxemburg（1976）、Bauer（2000）、Lenin（1939），以及Löwy（1976）。

Bauer, 1881-1938），以奧匈帝國多民族的經驗，主張必須正視民族主義，特別是採取文化自治，因而往往被控偏離馬克思主義；（三）中間派的看法來自列寧（VladimirLenin, 1870-1924），他目睹少數民族被帝俄肆虐，認爲必須處理民族問題，甚至於主張民族運動有利用的價值。這是另一個課題了。

附錄一

Marx to Ludwig Kugelmann[49]

You will probably have seen in the *Volksstaat* the resolutions against Gladstone proposed by me on the question of the Irish amnesty. I have now attacked Gladstone - and it has attracted attention here - just as I had formerly attacked Palmerston. The demagogic refugees here love to fall upon the Continental despots from a safe distance. That sort of thing attracts me only when it is done *vultuinstantistyranni*.

Nevertheless, both my utterance on this Irish amnesty question and my further proposal in the General Council to discuss the attitude of the English working class to Ireland and to pass resolutions on it have of course other objects besides that of speaking out loudly and decidedly for the oppressed Irish against their oppressors.

I have become more and more convinced - and it is only a question of driving this conviction home to the English working class - that it can never do anything decisive here in England until it separates its policy with regard to Ireland most definitely from the policy of the ruling classes, until it not only makes common cause with the Irish but even takes the initiative in dissolving the Union established in 1801 and replacing it by a free federal relationship. And this must be done, not as a matter of sympathy with Ireland but as a demand made in the interests of the English proletariat. If not, the English people will remain tied to the leading-strings of the ruling classes, because it will have to join with them in a common front against Ireland. Every one of its movements in England itself is crippled by the strife with the Irish, who form a very important section of the working class in England. *The primary condition* of emancipation here - the overthrow of the English landed oligarchy - remains impossible because its position here cannot be stormed so long as it maintains its strongly entrenched outposts in Ireland. But, once affairs are in the hands of the Irish people itself, once it is made its own legislator and ruler, once it becomes autonomous, the abolition there of the landed aristocracy (to a large

---

[49] 1869/11/29 (MEI, 1972: 280-81).

extent the *same persons* as the English landlords) will be infinitely easier than here, because in Ireland it is not merely a simple economic question but at the same time a *national* question, for the landlords there are not, like those in England, the traditional dignitaries and representatives of the nation, but its mortally hated oppressors. And not only does England's internal social development remain crippled by her present relations with Ireland; but also her foreign policy, and in particular her policy with regard to Russia and the United States of America.

But since the English working class undoubtedly throws the decisive weight into the scale of social emancipation generally, the lever has to be applied here. As a matter of fact, the English republic under Cromwell met shipwreck in Ireland. *Non bis in idem*! The Irish have played a capital joke on the English government by electing the "convict felon" O'Donovan Rossa to Parliament. The government papers are already threatening a renewed suspension of the Habeas Corpus Act, a renewed system of terror. In fact England never has and never *can* - so long as the present relations last - rule Ireland otherwise than by the most abominable reign of terror and the most reprehensible corruption.

附錄二

Confidential Communication on Bakunin[50]

Although revolutionary *initiative* will probably come from France, England alone can serve as the lever for a serious economic revolution. It is the only country where there are no longer any peasants and where landed property is concentrated in a few hands. It is the only country where the capitalist form - that is, labor combined on a large scale under capitalist entrepreneurs - has taken over practically the whole of production. It is the only country *where the great majority of the population consists of wage laborers*. It is the only country where the class struggle and organization of the working class by the trade unions have attained a certain degree of maturity and universality. It is the only country where, thanks to its domination of the world market, ever revolution in economic relationships must directly affect the whole world. While on the one hand landlordism and capitalism have their classic seat in this country, the *material conditions* for their destruction are on the other hand the most mature here. The General Council is now in the *happy position of having its hand directly on this great lever of proletarian revolution*, what folly, we might almost say even what a crime, to let this lever fall into purely English hands!

The English have at their disposal all necessary *material* prerequisites for a social revolution. What they lack is the *spirit of generalization and revolutionary fervour*. Only the General Council can provide them with this, and thus accelerate a truly revolutionary movement here and, in consequence, *everywhere*. The great effect we have already had is attested by the most intelligent and most influential of the newspapers of the ruling classes, as, e.g., *Pall Mall Gazette*, *Saturday Review*, and *Fortnightly Review*, not to speak of the so-called radicals in the *Commons* and the *Lords* who a little while ago still exerted a big influence on the leaders of the English workers. They accuse us publicly of having poisoned and practically stifled the *English spirit* of the working class and of having pushed it to revolutionary socialism.

---

[50] 1870/3/28 (MEI, 1972: 160-63).

If England is the bulwark of landlordism and European capitalism, the only point where one can hit official England really hard is *Ireland*.

In the first place, Ireland is the *bulwark* of English landlordism. If it fell in Ireland, it would also fall in England. In Ireland this is a hundred times easier since t*he economic struggle there is concentrated exclusively on landed property*, since the struggle is at the same time national, and since the people there are more revolutionary and exasperated than in England. Landlordism in Ireland is maintained solely by the *English army*. The moment the *forced union* between the two countries ends, a social revolution will immediately break out in Ireland, though in outmoded forms. English landlordism would not only lose a great source of wealth, but also its *greatest moral force*, i.e., that of *representing the domination of England over Ireland*. On the other hand, by maintaining the power of their landlords in Ireland, the English proletariat makes them invulnerable in England itself.

In the second place, the English bourgeoisie has not only exploited the Irish misery to keep down the working class in England by *forced immigration* of poor Irishmen, but it has also divided the proletariat into two hostile camps. The revolutionary fire of the Celtic worker does not go well with the nature of the Anglo-Saxon worker, solid but slow. On the contrary, in all *the big industrial centres in England* there is a profound antagonism between the Irish and English proletarians. The average English worker hates the Irish worker as a competitor who lowers wages and the *standard of life*. He feels national and religious antipathies for him. He regards him practically in the same way the poor whites in the southern states of North America regard the black slaves. This antagonism between the proletarians in England is artificially nourished and kept alive by the bourgeoisie. It knows that this split is the true secret of maintaining its power.

This antagonism is reproduced also on the other side of the Atlantic. The Irish, driven from their native soil by the *bulls* and the sheep, reassemble in North America, where they constitute a conspicuous and ever-growing section of the population. Their only thought, their only passion, is hatred for England. The English and American governments (or the classes they represent) play on these passions in order to perpetuate the covert struggle between the United States and England. They thereby prevent a sincere and serious alliance between the working classes on both sides of the Atlantic, and, consequently, their emancipation.

Furthermore, Ireland is the only pretext the English Government has for maintaining a big standing army, which in case of necessity, as has happened before, can be loosed against the English workers after getting its military training in Ireland.

Lastly, England today is seeing a repetition of what happened on a gigantic scale in Ancient Rome. A nation that oppresses another forges its own chains.

Thus, the attitude of the International Association on the Irish Question is very clear. Its first need is to encourage the social revolution in England. To this end, a great blow must be struck in Ireland.

The General Council's resolution on the Irish amnesty serves only as an introduction to other resolutions which will affirm that, quite apart from international justice, it is a *precondition for the emancipation of the English working class* to transform the present *forced union* (i.e., the enslavement of Ireland) into an *equal and free confederation*, if possible, into complete separation, if need be.

參考書目

外文書目

Anderson, Kevin B.

2010　*Marx at the Margins: On Nationalism, Ethnicity, and Non-Western Societies.* Chicago: University of Chicago Press.

Bauer, Otto

2000　*The Question of Nationalities and Social Democracy.* Minneapolis: University of Minnesota Press (https://libcom.org/files/Otto%20Bauer%20-%20The%20Question%20of%20Nationalities%20and%20Social%20Democracy. pdf) (2018/3/22)

Black, R. D. Collison

1960　*Economic Thought and the Irish Question, 1818-1870.* Cambridge: Cambridge University Press.

Boyce, D. G.

1968　*The Irish Question and British Politics 1868-1986.* Houndmills: Macmillan Education.

Burke, Edmund

1813　*The Works of the Right Hon. Edmund,* Vol. 5. New York: Eastburn, Kirk, & Co.

Connolly, James

2013(1910)　*Labour in Irish History.* Dublin: Brocaire Book.

Connor, Walker

1984　*The National Question in Marxist-Leninist Theory and Strategy.* Princeton: Princeton University Press.

Cummins, Ian

1980　*Marx, Engels and National Movements.* New York: St. Martin's Press.

Curtis, L. P., Jr.

1963　*Coercion and Conciliation in Ireland 1880-1892: A Study in Conservative Unionism*. London: Oxford University Press.

Engels, Frederick

1845　*Condition of the Working Class in England* (https://www.marxists.org/archive/marx/works/download/pdf/condition-working-class-england.pdf) (2018/3/12)

1849/1/8　"The Magyar Struggle."*NeueRheinischeZeitung* (https://www.marxistsfr.org/archive/marx/works/1849/01/13.htm) (2018/3/12)

1849/2/14　"Democratic Pan-Slavism."*NeueRheinischeZeitung* (http://marxists.anu.edu.au/archive/marx/works/1849/02/15.htm) (2018/3/12)

1858/10/7　"Engels to Marx in London." (https://marxists.catbull.com/archive/marx/works/1858/letters/58_10_07.htm) (2018/3/12)

Fox, Ralph

1974 (1932)　*Marx, Engels and Lenin on the Irish Revolution*. Cork: Cork Workers Club (London: Modern Books) (http://michaelharrison.org.uk/wp-content/uploads/2013/12/Marx-Engels-and-Lenin-on-the-Irish-Revolution-Ralph-Fox-Cork-Workers-Club-1974.pdf) (2018/3/22)

Hegel, Friedrich

1894　*Philosophy of Mind*. Oxford: Clarendon Press (https://ia802303.us.archive.org/33/items/philosophymind00hegeuoft/philosophymind00hegeuoft_bw.pdf) (2018/3/15)

Henderson, W. O.

1989　*Marx and Engels and the English Workers: And Other Essays*. London: Frank Cass.

Joyce, P. W.

1909　"The Penal Code," *A Concise History of Ireland* (http://www.libraryireland.com/JoyceHistory/Penal.php) (2018/3/10)

Lenin, V. I.

1939　*Teachings of Karl Marx*. Calcutta: Burmon Publishing House (https://

ia801601.us.archive.org/0/items/in.ernet.dli.2015.52173/2015.52173.Teach-ings-Of-Karl-Marx.pdf) (2018/3/21)

Löwy, Michael

1976　"Marxists and the National Question."*New Left Review*, March-April, pp. 81-100.

Luxemburg, Rosa

1976　*The National Question: Selected Writings by Rosa Luxemburg*. New York: Monthly Review Press.

McCaffrey, Lawrence J.

1968　*The Irish Question, 1800-1922*. Lexington: University of Kentucky Press.

Macdonald, Hamish

1985　*The Irish Question*. Oxford: Basil Blackwell.

Mansergh, Nicholas

1975　*The Irish Question 1840-1921*, 3rd ed. Toronto: University of Toronto Press.

Mark, Karl

1844/8/7　"Critical Notes on the Article:'The King of Prussia and Social Reform.'"*Vorwarts* (https://www.marxists.org/archive/marx/works/1844/08/07.htm) (2018/3/15)

1852/10/15　"Pauperism and Free Trade: The Approaching Commercial Crisis." (http://marxengels.public-archive.net/en/ME0693en.html) (2018/3/11)

1859/1/6　"From The Question of the Ionian Islands." *New-York Daily Tribune* (https://www.marxists.org/archive/marx/works/1859/01/06.htm) (2018/3/11)

1864/10/21　"Inaugural Addressof the International Working Men's Association." (https://www.marxists.org/archive/marx/works/1864/10/27.htm) (2018/3/11)

1867/1/22　"Poland's European Mission." (https://www.marxists.org/archive/marx/works/1867/01/22a.htm) (2018/3/12)

1871/5　"The Paris Commune."*The Civil War in France* (https://www.marxists.org/archive/marx/works/1871/civil-war-france/ch05.htm)(2018/3/11)

1875/4　"Critique of the Gotha Programme." (https://www.marxists.org/archive/marx/works/download/Marx_Critque_of_the_Gotha_Programme.pdf)

(2018/3/14)

Marx, Karl, and Frederick Engels

1848 *Manifesto of the Communist Party* (https://www.marxists.org/archive/marx/works/download/pdf/Manifesto.pdf) (2018/3/7)

1972 *Ireland and the Irish Question: A Collection of Writings by Karl Mark and Frederick Engels*, ed. by R. Dixon. New York: International Publishers (https://www.marxists.org/archive/marx/works/subject/ireland/index.htm) (2018/3/10)

Morton, Grefell

1980 *Home Rule and the Irish Question*. Harlow: Longman.

Munck, Ronald

1986 *The Difficult Dialogue: Marxism and Nationalism*. London: Zed Books.

Murphy, Lily

2015 "Engels Visits Ireland."*Irish Marxist Review*, Vol. 4, No. 13, pp. 86-88 (file:///C:/Users/Genuine/Downloads/173-685-1-PB%20(1).pdf) (2018/3/21)

Petrus, Joseph A.

1971 "Marx and Engels on the National Question." *Journal of Politics*, Vol. 33, No. 3, pp. 797-824.

Poulantzas, Nicos

2000 (1980) *State, Power, Socialism*. London: Verso.

Rodden, John

2008 "'The Lever Must Be Applied in Ireland': Marx, Engels, and the Irish Question."*Review of Politics*, Vol. 70, No, 4, pp. 609-40.

2009 "Neither Popes Nor Potatoes: The Irish Question and the Marxist Answer."*Midwest Quarterlys*, Vol. 50, No, 3, pp. 232-54.

Ruairc, Liam

2004 "Marx, Engels, and Lenin on the Irish Question."*The Blanket*, August-September (http://indiamond6.ulib.iupui.edu:81/marxenglenlor921g.html) (2018/3/22)

Senior, Nassau William

1884　"Ireland." *Edinburgh Review*, Vol. 79, pp. 98-138.

Smith, Jeremy

1999　*Britain and Ireland: From Home Rule to Independence*. Harlow: Longman.

Szporluk, Roman

1988　*Communism and Nationalism: Karl Marx versus Friedrich List*. New York: Oxford University Press.

Walsh, Oonagh

2002　*Ireland's Independence, 1880-1923*. London: Routledge.

Wikipedia

2018　"Chartism." (https://en.wikipedia.org/wiki/Chartism) (2018/3/15)

Zwick, Peter

1983　*National Communism*. Boulder, Colo.: Westview Press.

華文書目

馬克思、恩格斯

1848　《共產黨宣言》（https://www.marxists.org/chinese/marx/01.htm）（2018/3/11）。

施正鋒

2008　〈北愛爾蘭的和平〉《台灣國際研究季刊》4卷4期，頁117-43。

2015　〈台灣民族主義的發展、現況、以及挑戰〉《台灣國際研究季刊》7卷3期，頁1-37。

2017　〈原住民族的自決權〉《台灣原住民族研究學報》11卷4期，頁1-32。

施正鋒、謝若蘭（編）

2009　《當代愛爾蘭民主政治》。臺北：台灣國際研究學會。

倫敦霧裡看清中國

謝宏仁
輔仁大學社會學系副教授

Karl Marx

第四章
倫敦霧裡看清中國

倫敦這個大城，整年之中有四分之一的時間籠罩在霧裡。濕冷的氣候，時間也變得慵懶，一整天彷彿要經過36個小時才會結束，特別對於那些窮苦的家庭而言，這是漫長、難捱，卻又無可奈何的時光。1849年8月，馬克思[1]被比利時政府驅逐之後，馬克思一家流亡到英國倫敦，在這個城市的前兩年，馬克思的夫人燕妮回憶，這是其家庭最為艱困的日子，貧窮二字已不足以形容，疾病接踵而至，精神上憂患亦困擾著這對夫妻；而人口的增加，嗷嗷待哺的景象，則是充滿煙味的擁擠房間裡日常生活之寫照[2]。

在倫敦，馬克思與由霍勒斯・格里利（Horace Greeley）於1841年創辦的《紐約論壇報》（又名《紐約每日論壇報》（New York Tribune），簡稱《論壇報》）維持了一段僱傭關係。在1851年時，歐洲特派記者查爾斯・達納（Charles Dana）寫信給流亡倫敦的馬克思，希望馬克思考慮作為該報的海外通訊員，並為《論壇報》撰文。馬氏欣然同意，也滿意於每篇1英鎊[3]的價碼，就此開始長達十年的合作關係。在這段歲月裡，馬克思共寄出了321篇稿件，其中竟有84篇被該報社的同仁或以不署名的社論之名義刊出，也就是說真正獲得稿酬只有237篇。為此，馬氏曾在1854年4月22日寫信給恩格斯表達其內心對該報之憤怒[4]。因為馬克思身體欠佳，當中不少文章由恩格斯捉刀代打，特別是與軍事相關的文章。經過一段不算短的時間，馬氏逐漸地不滿格里利在政治上採取保守姿態，雙方不合的情況日漸加劇。1861年，格里利終於請達納下逐客令。1862年3月，達納寫信給馬克思，聲稱美國內戰的大小消息已經占據報紙的所有篇幅，讓他不要再寄送文章。至此，雙方的合作正式宣告結束[5]。

本文以馬克思在1850年代居住於倫敦，且身為《論壇報》的歐洲通訊員[6]，並發表於該報紙的論文為主要範疇。這些短文悉數收錄於《馬克思恩格

---

[1] 卡爾・馬克思（Karl Marx）為社會（科）學界所熟稔者；弗里德里希・恩格斯（Friedrich Engels）則為馬克思革命夥伴、生活資料的提供者兼一生合作的同路人，本文直接使用中文姓氏表示之。

[2] 洪鎌德，《馬克思》，臺北：東大圖書公司，2015年二版。

[3] 這是最初的價格，相當於5美元，當時是非常低的收入，無法滿足其家庭之所需，馬克思認為他至少應該得到3英鎊的酬勞才是。在向該報社要求加薪之後，馬克思獲得了每篇稿費2英鎊的酬勞，前後持續了4年，請參照洪鎌德，《馬克思》，第136頁。

[4] 前揭書，第136頁。

[5] Jonathan Sperber〔喬納森・斯珀伯〕，《卡爾・馬克思：一個十九世紀的人》，北京：中信出版社，2014年。

[6] 不過，如東南亞馬克思學最重要的詮釋者洪鎌德教授所言：「馬克思並非是一個親自到實地去訪

斯全集》[7]。換句話說，馬克思在倫敦的這段時間裡，他要如何看清中國，引起筆者謝某的興趣，相信不少人也同感興趣。是故，筆者嘗試和他對話，期待能夠了解馬克思身處在經常濃霧瀰漫的倫敦，眼中所見的十九世紀中葉的中國，到底呈現出什麼模樣。首先，讓我們先檢視1853年6月14日，刊登於《紐約每日論壇報》的一篇社論，藉以了解馬克思是如何看待當時的中國。以下的分析先以〈中國革命和歐洲革命〉為本，並將討論細分為幾個部分，逐一檢視，再尋找該刊發行之後，馬克思在該報所發表的文章，並加以討論。〈中國革命和歐洲革命〉應該算是相對而言，較早（或者是最早）的評論，至少就《馬克思恩格斯全集》所收錄的文章算是較早的。

　　本文結構如下：首先，略述〈中國革命和歐洲革命〉一文的主旨，並分為三個小節：包括文化衝突、產業競爭，與中國南方官員貪污同英國霸權之間的關係；第二，整理《紐約每日論壇報》關於馬克思對中國的看法，討論四個主要議題，分別是：非法商品鴉片、戰爭為快速致富法、馬氏對中國小農經濟與家戶生產制的看法，英國霸權支持者《經濟學家》（經濟學人，Economist）等；第三，馬克思在字裡行間屢次抨擊帝國主義，指謫英國王室與政府的虛偽。表面上，英國王室高舉「自由貿易」之大纛，但經常（或總是）以武力為後盾，迫使他國不得不與之「貿易往來」，藉此大賣特賣合法或非法的商品。最後，總結本文的發現。

壹、中國革命和歐洲革命

　　馬克思在1853年6月所撰之〈中國革命和歐洲革命〉社論一文，其主旨是要告訴讀者，他認為自第一次鴉片戰爭結束後，英國用大炮轟醒了沉睡的巨人。在這塊遠東的大地上，已經延續十年的人民不斷起義，是年後，已匯集

問，查明事件，亦即跑新聞的地方記者，而是根據別人的報導，重新整理改寫，也就是對事件加以反思、分析和評論的駐外通訊員……政情分析的主要消息來源得靠倫敦《時報》（Times）及歐洲其他重要報紙的新聞報導。有關政治和經濟的評論則利用大英博物館閱覽室的資料」。另外，馬克思所撰之文稿每週寄出兩次，分別是週二與週五，從撰稿到出刊所耗之兩星期，也是當時輪船橫越大西洋必須花費的時間。請參照洪鎌德，《馬克思》，第135頁。吾人以為，這可能是馬克思看不清中國的主要原因之一，然而，筆者並不打算為此理由苛責馬克思這位時代巨擘。

[7]　馬克思、弗里德里希·恩格斯（Friedrich Engels），《馬克思恩格斯全集》（文字版PDF），中文第一版（1956-1983年出版），http://marxists.anu.edu.au/chinese/PDF/ME-old.htm

而成一個「強大的革命」（太平天國）[8]。姑且不論起義的原因爲何，其形式
——宗教的、民族的或是王朝的——如何表現出來，「推動這次大爆炸的毫無
疑問是英國的大炮[9]……」。簡言之，馬氏試圖將古老中國人民的起義連結到
歐洲（英國）工業革命。蓋前者的「革命」主要是因爲後者從海洋帶進來的新
奇事物，而大炮似乎是最重要者。除了前述主旨之外，該文大略引領我們進入
馬克思印象（或想像）中遠東這個龐大帝國，這個世界上最古老的帝國，因爲
年紀實在太大，因此舉步維艱、步履蹣跚，看似處於停滯的狀態，早已無法再
學習任何新的想法與技術，做任何事好像也都無法達致成功。馬克思如此寫
道：

> 滿清王朝的聲威一遇到不列顛〔Britain〕的槍炮，就掃地以盡。天朝
> 帝國萬世長存的迷信，野蠻的、閉關自守的、與文明世界隔絕的狀態
> 打破了，開始建立起聯繫……同時，中國的銀幣——它的血液——也
> 開始流向英屬東印度。
>
> 在1830年以前，當中國人在對外貿易上經常是出超的時候，白銀是不
> 斷地從印度、不列顛和美國向中國輸出的。可是從1833年起，特別是
> 1840年以來，由中國向印度輸出的白銀是這樣多，以致天朝帝國的銀
> 源有枯竭的危險。因此，皇帝下詔嚴禁鴉片貿易，結果引起了比他的
> 詔書更有力的反抗。除了這些直接的經濟後果之外，和私販鴉片有關
> 的貪污也從南方各省的國家官吏完全腐化……所有這些破壞性因素
> 〔像是外國工業品的輸入、1840年戰敗後的賠款、行政機關的腐化，
> 與更難負擔的稅捐等等〕，都同時影響著中國的財政、社會風尚、工
> 業和政治結構，而到1840年就在英國大炮的轟擊之下得到了充分的發
> 展；英國的大炮破壞了中國皇帝的威權，迫使天朝帝國與地上的世界
> 接觸……。
>
> 與外界完全隔絕曾是保存舊中國的首要條件，而當這種隔絕狀態在英
> 國的努力之下被暴力打破的時候，接踵而至的必然是解體的過程，正

8　卡〔爾〕・馬克思，〈中國革命和歐洲革命〉，《馬克思恩格斯全集》（文字版PDF），中文第一
　　版（1956-1983年出版），第9卷，（1853），第109-116頁，刊登於1853年6月14日《紐約每日論壇
　　報》，第3794號，https://www.marxists.org/chinese/PDF/Marx-Engles/ me09.pdf，第109頁。

9　馬克思，〈中國革命和歐洲革命〉，第110頁。

如小心保存在密閉棺木裡的木乃伊一接觸新鮮空氣，便必然要解體一
樣[10]。

對於上述這段話，必須給予掌聲鼓勵。一百六十年前，馬克思在資料不
甚充足的情形下，就能洞悉中國官方憂心於日漸枯竭的白銀供應量，這灼見令
人佩服。但本文覺得馬克思這篇社論可以再分為以下幾個彼此關聯的部分，加
以討論：第一，東西方「文化衝突」，這也包括了白種人（西方）優越主義，
馬氏似乎不能免俗；第二，英國在工業革命之後，在產業競爭上，看似打遍天
下無敵手，至少多數的英國商人對此相當有自信；第三，中國官員貪污問題，
以另種視角解釋。貪污看似相當負面，然而，這種行為對英國十九世紀建立全
球霸權卓有貢獻。這一點必須予以釐清；第四，檢視並討論馬克思在擔任《論
壇報》的歐洲通訊員這十年間，在該報上的其他的看法與觀點。最後，馬克思
在十九世紀中葉時，已經清楚地道出了英國（人）為求實踐重商主義的意識形
態，經常是表裡不一。

一、文化衝突

在東、西方歷史比較研究上，二者文化的差異經常被學者視為是前者在
十九世紀中葉（或之前）逐漸衰落，後者在總體國力日增月盛的主要原因（之
一）。以此文化視角來思索英格蘭發動「鴉片」戰爭，英國派出的大使喬治·
馬戛爾尼（George Macartney）晉見乾隆皇帝時，到底是否行磕頭禮（叩首
kow-tow）經常被看成是東、西文化衝突的導火線。然而，這種說法，讓人看
不清楚英國真實的欲求，亦即鴉片戰爭開打的真正理由為何。為何本文認為
磕頭與否根本無關緊要？然而，就這個議題而言，眾所周知的塞繆爾·杭廷頓
（Samuel P. Huntington）更將「文化（的）衝突」提高到更高層次的「文明的
衝突」[11]之外，並告訴吾人，世界秩序紊亂乃是源自於東、西方文明彼此間的
不理解，不過，最終西方文明將會為全球帶來新的秩序。這聽起來多少有些許
西方優越主義，不過，在此本文不打算追究種族偏見的問題。

或許發生得更早些，但十九世紀中葉時，馬克思試圖看清中國時，似乎

---

10 馬克思，〈中國革命和歐洲革命〉，第110-112頁。

11 Samuel P. Huntington（亨廷頓〔杭廷頓〕），《文明的衝突與世界秩序的重建》，北京：新華出版
　　社，1998年。

無意有意地流露出西方優越主義的心態。當然，我們知道馬克思在倫敦的日子過得並不輕鬆，經濟拮据，自己與家人的健康情形不佳，屢次度假養病，只得靠擔任《紐約每日論壇報》歐洲通訊員，為該報撰寫新聞稿，賺取微薄收入成為家庭的重要支撐力量。當然，還有來自朋友，像是恩格斯的接濟挹注。報紙的文章有時效性，於是，馬克思充其量只能到大英博物館蒐羅相關資料，就這樣，他所「看到」中國，腦中所浮現的模樣可能與實際情形存在不小差異。換句話說，身處於可能是世界上擁有最進步的政治與法律制度的，經濟上最繁榮富庶地區（之一）的倫敦，在沒有得到充分資料的情形下，馬克思對東方（中國）產生些許誤解。對馬氏而言，十九世紀中葉的中國，仍是一個未開化（uncivilized）的蠻荒國度，此種想法類似於英國大使馬戛爾尼，當他遇到完全不知道國際外交禮儀的乾隆皇帝時，竟被要求用世界上最古老的磕頭大禮向皇帝俯伏叩拜。

　　在上面的段落中，馬克思接著說：「天朝帝國萬世長存的迷信，野蠻的、閉關自守的、與文明世界隔絕的狀態打破了，開始建立起聯繫……與外界完全隔絕曾是保存舊中國的首要條件，而當這種隔絕狀態在英國的努力之下被暴力打破的時候，接踵而至的必然是解體的過程，正如小心保存在密閉棺木裡的木乃伊一接觸新鮮空氣，便必然要解體一樣[12]」。請容筆者略加揣測，馬克思這段對於中國的描寫，應該是他要同變遷最劇的英國加以比較，才有感而發的。具體而言，這樣的比較是建立在進步的、已發生工業革命的英國，來對照（想像中）不曾改變的、與停滯不前的中國。除此之外，馬氏也些許流露出其對中國鄙夷的態度，因為他用「木乃伊」來形容中國，而聲稱英國為中國帶來了「新鮮空氣」。當古老的、陳腐的、極度乾燥的中國自1840年呼吸了兩口「新鮮的」氧氣之後，才終於潤了潤許久不曾發聲的喉嚨，開始土崩瓦解的過程。

　　比費正清（John K. Fairbank）早了一百餘年，馬克思於1850年代在《紐約每日論壇報》對中國的描繪，其實可說隱含著西方哲學二分法的影子，縱使馬氏並未使用「傳統」二字來概括鴉片戰爭之前的中國，而使用「舊」中國來加以代表。不過，費氏與馬氏在使用的年份上有些許差異，前者使用1842年第一次鴉片戰爭結束時來分界，後者則選擇1840年這個時間點。我們這樣想，身為古典社會學三大家之一的馬克思，終其一生批判讓千萬勞工受盡剝削的資本主義，為社會（科）學三大派之衝突論寫下典範的一代哲人，卻可能因為倫敦

---

12 馬克思，〈中國革命和歐洲革命〉，第112頁。

濃霧的關係，難以明窺中國的眞實面目。這讓我們想起社會學另一大家之韋伯（Max Weber），他好像也不是很明白中國的眞正模樣。換句話說，社會學的三大家之中，事實上，至少就有兩個人並不十分了解中國，他們「想像的」中國與「眞實的」中國之間，存在一大段落差，而這落差似乎早已存在——十九世紀中葉至今，甚或更早以前——於知識界。然而，想要弭平這鴻溝的學者卻不太多。不過，本文暫且擱置這些疑問，而掉頭回到馬克思的話語之中。

我們再看一次馬克思上述那段話，其實是前後矛盾的。一方面，他認爲清帝國是閉關自守，而且打從很早以前開始，就以天朝自居，不與外界往來，直到鴉片戰爭之後，英國人才用大炮敲開中國的大門，清帝國才開始與文明的世界交往。簡言之，馬克思認爲，在1840年之前，中國是不與外界接觸的。當然，他所認定的「閉關自守」其實可能只是個形容詞而已，用來對照西方（英國）的「開放包容」。筆者猜想，馬克思所指的是對待外國人與外貿的心態吧！然而，另一方面，馬克思使用這個形容詞之後，卻又立刻回到了現實。他說，在1830年以前，中國透過外貿從印度、英國與美國那裡賺取許多白銀；換句話說，在1840年鴉片大量輸入之前，中國在外貿上的表現相當突出的。明顯得很，這是一段自相矛盾的說法。換言之，馬克思想用中國的顢頇、守舊與停滯不前，來突顯英國的開明與進步；但同時，他又不得不承認中國在外貿上是居於優勢位置的。

接下來，我們再看看馬克思擔任《論壇報》歐洲通訊員時，有那些言論、說法可以被歸類在「文化衝突」（或者再加上西方優越主義吧！？）這個類別。另外，因爲馬克思在倫敦生活的期間，經濟狀況、家庭狀況與身體狀況等等均欠佳，因此經常延遲交稿，不少的文章是由好友兼戰友的恩格斯捉刀。從以下幾個例子可以看出馬克思（與恩格斯）在不少議題上，試圖採用文化面向的視角來看待問題：例如，當馬克思在批評不列顛軍隊在土耳其時，因爲制度上的不健全，使得軍隊醫院裡的傷病員處於非常悲慘的境況，他提到「這些駭人聽聞、卑鄙齷齪的事件的禍首不是殘酷無情的野蠻人，而是那些出身名門受教育的英國紳士們，是那些心腸軟的、以慈悲爲懷和篤信宗教的人[13]」。此文之主要目的並非意圖指摘「野蠻人」之不是，並且，或許馬克思在這段話裡，

---

13 卡〔爾〕·馬克思，〈不列顛軍隊〉，《馬克思恩格斯全集》（文字版PDF），中文第一版（1956-1983年出版），第11卷，（1855），第186-190頁，刊登於1855年4月14日《紐約每日論壇報》，第4364號，https://www.marxists.org/chinese/PDF/Marx-Engles/ me11.pdf，第187頁。

應該夾雜著嘲諷英國人的心態。但不容否認，在幾乎從未試圖證明爲何「野蠻人」爲眞的情形下，他還是稱呼所有非西方人爲同一類的「野蠻人」。無可否認，這種說法不可能不帶種族主義、西方優越主義。我們接著看恩格斯代筆的文章。

　　在比較波斯和中國兩者因應英國侵略而爲的抵抗，恩格斯如是道：「在波斯，歐洲式的軍事制度被移植到亞洲式的野蠻制度上；在中國，這個世界上最古老國家的腐朽的半文明制度，正用自己的方法與歐洲人進行鬥爭[14]」。姑且不論二者在英國入侵之後，學習西方軍事制度的結果，光是從上述幾句話，就可看出恩格斯——同其好友馬克思一樣——對於非西方世界，特別是中國，抱持極負面的印象。並且，恩格斯亦認爲西方爲東方（中國）帶來的曙光，無論先前那裡到底何等幽暗，恩格斯下了這樣的結論，他說：「中國的南方人在反對外國人的鬥爭中所表現的那種狂熱態度本身，顯然表明他們已覺悟到古老的中國遇到極大的危險；過不了多少年，我們就會看到世界上最古老的帝國做垂死的掙扎，同時我們也會看到整個亞洲新紀元的曙光[15]」。我們不完全清楚恩格斯的思維邏輯如何推演，因爲在文章中並未出現這樣的論述。但可推知，恩格斯所言可以類比於馬克思的木乃伊呼吸到新鮮空氣時，重新活過來的感覺；恩格斯則說，英國的入侵（反而）爲亞洲帶來曙光。上述論點，似乎在傳遞這樣的信念：文化面向的「解釋」好像從來都不需要證據。

　　即使時至今日，學者依然喜歡用「文化衝突」這個理由（或藉口），試圖解釋英國爲何發動鴉片戰爭。也許，我們應該花點時間加以重整思緒，以避免日後再有學者藉此來說明該戰爭是無法避免的。且看看下面兩個例子吧！第一，Travis Hanes III與Frank Sanello在《鴉片戰爭：一個帝國的沉迷和另一個帝國的墮落》一書中，用整整一章來解釋清朝舊禮節導致清朝後來的悲劇。相較於英國這個現代與文明的國家，清朝皇家禮俗顯得顢頇不堪。因此，「鴉片戰爭是無可避免的收場[16]」。Alain Peyrefitte的著作《停滯的帝國：一次高傲的相

---

[14] 弗里德里希‧恩格斯，〈波斯和中國〉，《馬克思恩格斯全集》（文字版PDF），中文第一版（1956-1983年出版），第12卷，（5032），第228-234頁，刊登於1857年6月5日《紐約每日論壇報》，第4364號，https://www.marxists.org/chinese/PDF/Marx-Engles/ me12.pdf，第228頁。

[15] 恩格斯，〈波斯和中國〉，第234頁。

[16] Travis Hanes III and Frank Sanello，周輝榮譯，《鴉片戰爭：一個帝國的沉迷和另一個帝國的墮落》，北京：三聯書店，2005年，第13頁。

遇，兩百年霸權的消長》，則是另一顯例。他在書中主要論點之一，圍繞在馬戛爾尼晉見乾隆皇帝發生的諸事，導致無法避免戰爭[17]。本文認為，這論點被過分誇大，不少學者接受西方哲學二分法的「啓蒙」，例如：現代／傳統、進步／落後（停滯或甚至是倒退）、資本／封建等，並將這些形容詞套用於西方／東方這個框架裡。一旦落入這個框架（窠臼）之中，接下來能做的就是盡其所能的尋找符合的「證據」來支持其說法。殊不知，許多歷史事實被刻意地忽略了。綰合前述論點，本文認為眞正的理由，並不在文化衝突這個議題上。蓋因不同文化間必定有差異，但差異不必然以衝突收場。稍後，我們將更詳細說明鴉片戰爭。

二、產業的競爭

　　前述的議題——文化衝突或文明衝突——看似並未有太大的說服力，但我們卻經常碰到類似的論點。實際上，產業的競爭才是各國政府所關切的，因為這攸關一國財富的累積，當然，也關係到一國總體的國力展現。

　　在前述話語當中，馬克思提到了在1830年以前，中國在對外貿易上經常是出口大於進口，印度、英國、與美國則因為進口大於出口，讓白銀不斷流往清廷的府庫裡。此話言下之意——或者弦外之音——是中國在1830年之後，貿易收支就開始處於逆差的情況了。在這裡，馬克思應該是對的，然而，故事就這樣結束了嗎？事實上，1880年代發生了變化，這是馬克思所沒有看見的，當然也無法看見。

　　在工業革命之後，英國的官員與商人對其生產力和總體國力相當有自信，這倒不讓人意外，1840年代末期，時為而立之年的馬克思，對這個國家的強大，應該印象相當深刻。關於中國與西方在產業競爭的議題上，一個普遍接受的論點是：十八世紀末的英國，生產力突飛猛進，工業產品在全球市場上獨領風騷，所向披靡。工業革命為英國帶來的好處，用「顯而易見」來形容並不為過。換句話說，發生於1780年代的工業革命（Industrial Revolution）讓英國得以用資本主義式的（capitalist）大規模（工廠）生產，大幅減低成本，減少依賴勞動力與水力，物美價廉的產品挾其優勢向全球市場銷售，並且世界市場對

---

[17] Alain Peyrefitte，王國卿、毛鳳支、谷折、薛建成、夏春麗、鈕靜籟譯，《停滯的帝國：一次高傲的相遇，兩百年霸權的消長》，（*L'Emprie immobile ou le choc des mondes*），臺北：野人出版，2015年。

英國產品需求殷切，只要是英國生產的商品，都能在世界市場中獲得青睞，中國自無例外。在鴉片戰爭之後，中國似乎也難逃這樣的命運。在外國的競爭下，即使不是苟延殘喘，也是生存不易[18]。然而，這裡，我們要注意的是，這個被普遍接受的看法，在十九世紀西方知識界早已流行起來，如果筆者沒有猜錯的話。

　　馬克思曾經說過：「從1840年起……中國紡織業在外國的這種競爭之下受到很大的痛苦，結果就使社會生活受到了相當的破壞[19]」。這種說法，乍聽之下似乎有理，好像無須再度檢驗，但事實上，為數不少的學者們也就信以為真，絲毫不加懷疑，全盤接受這樣的說法。當然，學者們的「確信」可能與「中國無論如何都是鴉片戰爭的受害者」的這種論述氛圍有關。然而，在此暫不追究這樣的說法，而先回到馬克思上述這段話，他的說法，事實上與歷史事實存在極大的落差。Gary G. Hamilton與Wei-An Chang（張維安）對中國十九世紀中葉之後的棉紡織業有以下的看法，他們說：

> 從1850年到1930年代，當經濟大蕭條與日本的侵略無可挽回地摧毀了中國的日常生活，中國的手工棉紡織業不只是在西方列強的猛攻與日本進口紡織品之下存活了下來，甚至還處於繁榮景況。事實上，這是中國手工業生產的全盛時期。中國手工製作的紡織品不只供應了大部分國內的棉衣市場，而且還變成了蒸蒸日上的出口產品……在1870年到1925年之間，中國土布〔native cloth〕成長了八十倍，數百萬的家戶忙於將棉紗製成衣服，此外，幾千家小型工廠從事著織布、染布與製衣的工作[20]。

---

[18] 抱持這個普遍接受的看法之學者不在少數，本文認為此乃受到西方知識體系的影響，使得學者（暫時）忘卻他們先前習得之批判精神。當然，這也是本書的宗旨之一，這種負面的影響必須予以打破。相關書籍可說是汗牛充棟。以下，本文僅舉三筆書目，請參照：李隆生，《清代的國際貿易：白銀流入、貨幣危機和晚清工業化》，臺北：秀威資訊科技，2010年；許介鱗，《英國史綱》，臺北：三民書局，2014年二版；王敏，《從土貨到國貨：近代消費行為政治化與民族主義思潮》，北京：知識產權出版社，2013年。

[19] 馬克思，〈中國革命和歐洲革命〉，第111頁。

[20] Kang Chao, Kang Chao, *The Development of Cotton Textile Production in China*, (Cambridge, MA: East Asian Research Center, Harvard University Press, 1977), p. 169-217; Xinwu Xu, "The Struggle of the Handicraft Cotton Industry against Machine Textiles in China," *Modern China*, Vol. 14, No. 1, 1992. pp.

馬克思認為，在1830年之前，中國在外貿上——馬克思所比較的，應該是英國的紡織業——居於領先的位置。但在1833年之後，特別是1840年起，中國開始不如英國，之後也是如此，這是馬克思的基本看法。然而，若從Hamilton與張維安的研究來看，中國手工棉紡織業一直到1930年代都存活下來，而且某些時期還算興盛，兩個研究之間落差頗大。

在這個論點上，趙岡與陳鍾毅的研究或許可以幫助我們解釋上述研究結論之間的差異。他們認為，南京布的出口量在1800年以前是直線上升的，1800年到1830年之間出口量還算穩定，來到中國購買布匹者，除東印度公司之外，還有美國、荷蘭、瑞典、法國、丹麥，再加上西班牙等國的船隻都來到廣州載運布匹。在1800年前後，美國船隻占大多數，貨物多半運送到美國本土。然而，從十九世紀初之後，這局面發生了變化，英國蘭開夏新式紡織廠生產的布匹品質日益提高，美國境內新式紡織廠的創設亦如雨後春筍。在1816-1829年之間，布價由1碼3角降到8分，如此一來，中國土布海外銷售量大減，至1831-1833年之間，平均外銷總值只達11萬兩銀子；與此同時，歐美棉貨開始大量輸入中國，致使從1830年起，中國對外貿易首次出現逆差。所以，馬克思所說，1830年以後，中國對外貿易開始大不如前，就這點來說，馬克思是正確的。

然而，故事尚未結束，中國土布業從1880年代起，發生新的變化。中國土布出口數量逐年增加，到了1920年代初期已臻高峰，每年竟賺入400萬兩銀幣[21]。就後來的發展而言，Hamilton與張維安的說法是可信的。但總而言之，中國棉紡織業在1840年之後，並未如馬克思所言，被西方工廠生產的商品擊垮。只是，不少學者仍然選擇相信馬克思的說法。

然而，上述這個普遍為人們所接受的論點——中國紡織業在1840年之後即受到無情的打擊——乃似是而非。但這種看法隱身在當今中國知識分子的思維之中，難以抹去。這令我們直接聯想到卜正民（Timothy Brook）曾告訴我們

31-49, cited in Gary G. Hamilton and Wei-An Chang, "The Importance of Commerce in the Organization of Chinas' Late Imperial Economy," in Giovanni Arrighi, Takeshi Hamashita, and Mark Selden eds. *The Resurgence of East Asia: 500, 150, and 50 Year Perspectives*, (London and New York: Routledge, 2003), pp. 173-273, p. 199.

[21] 趙岡、陳鍾毅，《中國棉業史》，臺北：聯經出版社，1977年，第104-106頁。特別是表五～一土布出口量，1786-1936（年平均量），第104-105頁。關於中國土布的強大生命力，該書之第8章有詳細之說明，其中，二位作者認為中國手工紡織業的堅強生命力與家庭生產制有關，手工紡織業不只在過去排斥了手工業工廠，後來亦頑強地抵抗了擁有先進設備與優越生產的的新式棉紡織工業。

關於中國近（現）代歷史書寫所產生的問題。我們稍微回顧卜正民的說法，他認爲中國的史學家從西方資本主義的論述中，套用一些不合適的概念來理解自身的歷史，這個結果源自於他們在世界體系裡扮演著邊陲知識分子，肇因於鴉片戰爭之後一連串的挫敗[22]。具體而言，自十九世紀中葉以後，中國的知識分子，只能在（西方）資本主義／（東方、中國）封建主義，或者資本主義的「有」與「無」（或沒有）來理解中國自身的過去，也就是一段漫長的、沒有資本主義的過去。在這種思維下，一談到與西方列強之間的產業競爭，學者們或者說中國（甚至華人）的知識分子腦海中所浮現的便是發生在英國的工業革命、工廠制度、大規模生產，強大的生產力所生產的商品，在全球市場上極度搶手，因爲物美價廉而供不應求，不可能有生產過剩的問題。就像馬克思所說，1830年代，中國紡織業已經死氣沉沉，毫無生機可言。以下，我們看看其他的學者怎麼看待工業革命後的英國的產業競爭力。

趙穗生教授[23]2015年在《當代中國期刊》（*Journal of Contemporary China*）裡所寫的〈重思中國的世界秩序：朝代更迭與中國的崛起〉[24]一文當中提出若干問題，並以不同的觀點分析。趙穗生試圖證明正如中國的國家主席習近平所認爲，中國一直以來均採取敦親睦鄰的外交政策，一如標題，他劈頭便問：中國的和平崛起是否是因爲愛好和平的傳統使然？對此，不同於趙穗生，吾人對此說法持保留態度。然而，對本文而言，吾人認爲更重要的問題——也就是關於產業競爭之議題——更適合我們加以討論。當然，本文不能將趙穗生的觀點無限上綱，認爲他的論點足以代表當代中國知識分子對鴉片戰爭的普遍看法。不過，本文認爲，稍加探索並無不可。我們先看看趙穗生的論述：

> 當英國在十八世紀末〔工業革命之後〕開始主宰世界經濟，他們發現
> 廣州公行〔一口通商〕所帶來的貿易限制日漸無法忍受。假使外國商

---

[22] 卜正民（Timothy Brook），〈資本主義與中國的近（現）代歷史書寫〉，Timothy Brook與Gregory Blue編，《中國歷史資本主義：漢學知識的系譜學》，臺北：巨流圖書，2004年，第148頁。

[23] 趙穗生（Suisheng Zhao）是美國丹佛大學（Denver University）約瑟夫一克貝爾國際研究院（Josef Korbel School of International Studies）政治與外交政策教授，是該校中美關係中心主任，也是期刊 *Journal of Contemporary China*的主編。

[24] Suisheng Zhao, "Rethinking the Chinese world order: the imperial cycle and the rise of China,"*Journal of Contemporary China,* Vol. 24, No. 96, (2015), pp. 961-982, p. 961, 962.

人不能直接貿易往來，無法詢價，也無法與中國商人議價，只能接受，這就與自由貿易的原則相牴觸。英國購買大量商品，卻幾乎看不到中國購買他們的商品，這貿易的鴻溝只能用白銀填補。然而，白銀是貴金屬。英國渴望找到一種能大量生產，也冀望能打開中國市場，大量銷售這樣產品，來平衡貿易收支。於是，他們找到鴉片煙。對英國來說，不管貿易的商品是鴉片、棉花、縫紉針，還是其他，只要有需求，就能幫助他們解決貿易收支平衡的問題。[25]

即使並非總是，但我們經常能夠發現，清朝時期的中國被界定爲一個既封建且傳統、頑固、專制、氣度狹窄的社會，似乎一無是處，就像馬克思試圖說服我們的那樣。但這些應該不成問題，關鍵在學者認爲英國爲求「開放」市場，如此才能使英國工廠廠主、商人毫不受限地銷售他們在新式工廠所生產之物美價廉的產品。要記得，這種論述瀰漫在學術界，可說是根深蒂固。

接著回頭看趙穗生所敘述的。他指出：英國在十八世紀末開始主宰世界經濟，他們發現廣州公行所帶來的貿易限制逐漸令人無法忍受。筆者認爲，他所持的觀點是，在工業革命後的幾十年開始，英國便主領世界經濟的脈動。但令人覺得稀奇的是，倘若英國有能耐來主宰全世界的經濟，那麼應該也能夠在廣東省既存的「公行」體系下，在廣東省、乃至中國南方找到更好的機會開拓市場才對吧？那麼，爲何除了鴉片[26]之外，他們很難將商品行銷到中國？英國商人不是對自己的產品極具信心，沒有必要擔心生產過剩，而導致滯銷？中國巨大的市場，不正好是英國工業革命後，新的生產制度、組織管理、行銷與通路建立的試驗場嗎？當時，整個歐洲都曉得中國市場可觀的吸引力，英國官員非常清楚地知道，中國市場的規模，並且，英國人對本國工廠生產的產品極具信心。南京條約簽訂時的英方代表對中國市場的看法可見一斑，如下：

事實上，亨利・璞鼎查爵士——1842年英國簽訂南京條約的代表——

---

25 Zhao, "Rethinking the Chinese world order," p. 978.

26 當然，鴉片爲清廷所禁止，販賣與吸食都是違法行爲，就像在歐洲一樣。然而，學術界普遍不去追究販毒者——英國東印度公司——所應負的責任，反過頭來幾乎一面倒地指責無能的、打了敗戰的滿清政府。無論從道德面、法律面來看，這種論述令人匪夷所思。本文稍後會再略述鴉片「貿易」的問題。

預測了「即使整個蘭開夏的產出，也無法滿足中國單單一個省份的需求」[27]。這個預測符合了整個歐洲〔對中國龐大市場〕之確信，也回應了馬克思所說的：「低廉的商品價格是資產階級的重型武器，用來摧毀所有中國的城牆，與強迫〔中國這些〕野蠻人停止〔他們〕極度過時的對外國人之憎惡[28]」。

在這裡，馬克思稱中國人為「野蠻人」，與過去中國稱其他民族為「（蠻）夷」並無太大差異，這或許是西方在十九世紀中葉以前，漸漸開始培養出優越感。不過，這裡的重點是，中國那麼大，光要應付一個省份的消費者，就已足以讓蘭開夏（Lancashire）的機器不停地運轉，更何況是全中國的總需求呢？既然英國人對自己的工業產品如此有信心，並且相信中國人對英國工業產品需求的殷切，加上工業產品具有很大的競爭力，還有中國當時，並不知道用高關稅來保護幼稚產業的手段，英國商品可以在關稅不高的情形下進口到中國來。那麼，何以英國商人不拼命銷售工業商品，而選擇鴉片這種非法，卻有超高毛利的「商品」呢？難道只是為了告訴中國人什麼是「自由貿易」？既然中國人學習意願低落，逼使英國人只好用戰爭為手段，好銷售其非法的商品？難道中國人沒有選擇不貿易的自由嗎？歷史告訴中國人，當時的情勢確實沒有不與英國人進行這檔非法貿易的自由。

實際上，「理性的」英國人應該早已計算過──至少粗略地──打一場仗可以獲得更多利益，而不是大老遠地從不列顛的港口將蘭開夏或曼徹斯特（Manchester）那裡工廠所生產的工業品轉運到廣州。就成本考量來說，在母國與殖民地（印度、孟加拉等）種植罌粟，再讓印度人充當廉價勞工摘取花朵，進行加工和包裝，趁著中國尚未大量（合法）引進種植以前，其驚人的利潤，相較海上掠奪、奴隸貿易還要上算；甚至比起後者的「豬仔貿易」，獲利更豐！簡而言之，英國的貿易赤字其實可以透過出口更多產品到中國來彌補，

[27] Kang Chao, *The Development of Cotton Textile Production in China*, (Cambridge, MA: East Asian Research Center, Harvard University Press, 1977), p. 168, cited in Hamilton and Chang, "The Importance of Commerce in the Organization of Chinas' Late Imperial Economy," p. 199.

[28] Karl Marx, *Basic Writing on Politics and Philosophy*, (New York: Anchor Book, 1959), p. 11, cited in Hamilton and Chang, "The Importance of Commerce in the Organization of Chinas' Late Imperial Economy," p. 199.

而當時廣東公行體系並未規範英國銷售產品的上限。但趙穗生認為，英國人要的是「自由貿易」，如此進步的國家卻被委屈，只能在廣州一個港埠通商，此舉嚴重違背「自由貿易」的準則[29]。很明顯，趙穗生所責備的是外貿上或者在人民心態上「閉關自守」的滿清，殊不知「開放」究竟可以帶來多少好處。

　　本文認為，上述「心境」乃是產業競爭的問題。假若英國能找到鴉片以外的商品，在中國成功開闢市場，亦即中國人願意消費，更重要的是，其工業產品加上運輸成本要能保有競爭優勢，物有所值，如此，相信不願意進行非法鴉片的英國商人，應該都會樂意為之才是。然而，在1854年9月時，馬克思注意到英國工廠確實也有生產過剩的問題，即使先前英國對本國的工業產品信心滿滿，但在1855年時，從曼徹斯特及其郊區的印花工廠開始，不少企業破產了，一些老商號也不能倖免。接著是海運公司，與那些跟加州、澳大利亞從事買賣的人，然後是那些與中國通商的洋行，最後則是那些與印度做生意的商人[30]。英國商人為何仍苦惱生產過剩的問題呢？這裡，請容本文做點臆測，或許當時，英國王室苦於白銀外流，國力漸失，除了繼續販賣鴉片這項非法勾當之外，似乎別無他途。就這點，馬克思頗有洞見地宣稱：「中國人不能同時既購買商品又購買毒品……擴大對華貿易，就是擴大鴉片貿易；而增加鴉片貿易和發展合法貿易是不相容[31]……」。當然就長期而言，英國仍然應該逐步發展合法貿易；然而，就短期來看，馬克思毋寧是對的，英國王室怎肯放棄已到嘴邊、毛利如此高的鴉片這塊肥肉呢？

　　世界上首先進行「工業革命」的大不列顛帝國，其銷路最好的商品竟然不是自傲之「現代」工廠的製品，反倒是鴉片這項殖民地種植的農產品，對「工業革命」──人類歷史上最偉大成就──而言，鴉片買賣難道不帶點諷刺的意味嗎？馬克思在前述〈中國革命與歐洲革命〉一文中為中國人民感嘆：「歷史的發展，好像是首先要麻醉這個國家的人民，然後才有可能把他們從歷來的麻

[29] 請參考謝宏仁，《發展研究之風雲再起：中國一帶一路對西方及其知識體系的挑戰》，第四章，〈自由〉貿易與不「貿易」的自由〉，臺北：五南圖書，2018年，第133-172頁。

[30] 卡〔爾〕·馬克思，〈英國的危機〉，《馬克思恩格斯全集》（文字版PDF），中文第一版（1956-1983出版），第11卷，1855年，第114-117頁，刊登於1855年3月24日《紐約每日論壇報》，第4364號，https://www.marxists.org/chinese/PDF/Marx-Engles/ me11.pdf，第116頁。

[31] 卡〔爾〕·馬克思，〈鴉片貿易史〉，《馬克思恩格斯全集》（文字版PDF），中文第一版（1956-1983出版），第12卷，1858年，第584-587頁，刊登於1858年9月20日《紐約每日論壇報》，第5433號，https://www.marxists.org/chinese/PDF/Marx-Engles/ me12.pdf，第585頁。

木狀態中喚醒似的[32]」。不過，與馬克思的想法相左，本文認為並非「歷史的發展」，而是「不列顛的鴉片商」想要先麻醉清廷的子女，加之英國王室也不會真想要這個古老的龐大帝國太快甦醒過來。

看起來，好人與壞人都可能讓歷史轉個方向。

三、中國貪污與英國霸權之建立

一提到「貪污」，幾乎每個人的直覺反應就是：在一個社會裡，如此嚴重的問題務必要剗除淨盡。可是1830、1840年代的英國人——無論是在不列顛，還在中國的廣東省——心裡想的卻是：貪污這個中國陳年的社會問題，對於英國王室累積財富有莫大的助益。

馬克思在1853年撰寫的〈中國革命和歐洲革命〉一文，提到中國官員的貪污而使鴉片走私成為可能。十九世紀中葉時，貪污問題已被馬克思認為是中國國力走下坡的主因（之一），這種看法，時至今日，依然常被提及、討論。在此，筆者謝某認為有必要介紹一位身兼數職——作家、翻譯家與學者——且在倫敦大學教授中國歷史與文學的Julia Lovell（藍詩玲）的說法，因為她就像馬克思——同樣強調中國貪污的官員，也是中國在鴉片戰爭中失利的原因。中國應該承擔部分責任。在所蒐集的龐大史料中，她證明鴉片的銷售量之所以會如此讓英國商人滿意，主因之一是中國的官員貪污猖獗。她認為，假若沒有這些官員，英國商人將是無利可圖，因此，不能再將鴉片戰爭視為「（英國）侵略」的象徵，對她而言，中國也應該為鴉片戰爭負一部分的責任才對[33]。筆者認為，藍氏在建議我們考慮清廷官員貪污的問題時，她或許是對的，但我們是否也能同理類推，來說明哥倫比亞與美國之間毒品「貿易」的關係呢？如果沒有美國不肖警察、官員（或許為數不多，但總有幾個）的熱心幫忙，從哥倫比

---

[32] 馬克思，〈中國革命和歐洲革命〉，第110頁。

[33] 藍詩玲（Julia Lovell），《鴉片戰爭：毒品、夢想與中國建構》（*The Opium War: Drug, Dreams and the Making of [Modern] China*），新北：八旗文化，2016年。此版本的譯者為潘勛，本文認為，在翻譯本書之副標題時，只譯出「中國建構」，而遺漏「現代（modern）」一詞，是不小的疏失。按照原文，應該翻譯成「現代中國〔之〕建構」。「現代」一詞應當譯出，方符合作者之原意，而這也是英文版標題原來就有的字。必須提醒讀者，我們不能忽略一個重點，那就是：一般而言，西方（特別是英國）人認為鴉片戰爭轟醒了沉睡的東方帝國及其子民，是英國人將所謂的「現代性」帶到中國。筆者認為，作者Lovell將「現代」（modern）一詞加在副標題上有其特殊意義，可惜為譯者所遺。

亞運至美國本土的古柯鹼將很難能夠送到亟須施打毒品的消費者手上。我們能如此宣稱嗎？想必美國政府絕不同意。本文對「貪污」問題看法不同，因為英國人早在幾個世紀以前，就已經了解「全球生產、在地行銷」此項賺（大）錢的準則了。

　　具體而言，生產可以在全世界中找到最有利的、成本相對較低的地方來生產，例如在印度種植罌粟。若要行銷某商品或勞務時，則需了解當地的語言、通路，因此，僱用當地人似乎有所必要。當鴉片走私到廣州時，為將毒品送到消費者手上，此時，中國官員與商人剛好派上用場，因為他們知道消費者在哪裡，而且吸食名為「福壽膏」的鴉片煙時，保證不會有官員前來關心。既然鴉片是非法的，所以，非得賄賂官員不可。若要開闢中國市場，則必須建立通路。然而，對外國人而言，這相對困難，因為要了解當地的「消費型態」，才能建立在地的行銷通路。由於語言隔閡，要賣出不法商品鴉片談何容易！所以，對英國人而言，賄賂當地的官員是極為「理性」的選擇，況且，若從重商主義者的角度來看，其實，應該要「感謝」這些收受賄賂的清朝官員才對，沒有他們幫忙建立（非法的）銷售通路，工業革命後的英國還真的很難賺回購買中國茶葉而付出的白銀，也無從解決其貿易逆差的問題，蓋後者使英國難以維持世界霸主的地位。簡言之，套句俗語「飲水思源」或者台灣俚語「吃果籽拜樹頭」，英國王室應該感謝中國貪污的官員與走私的商人才對，沒有這些人的「戮力協助」，毒品鴉片就不可能到達消費者手中。可是，我們看到的是，今日英國的學者在尋找應該為鴉片戰爭來負責的人時，竟然歸罪於英國王室的恩人們——收受賄賂的中國官員與掌握通路的廣州商人們。再套用一句俚語來，這可說是「過河拆橋」吧！但也許因為筆者不常使用而有「誤用」之嫌。

　　既然我們看到「貪污」的另一面，也就是「賄賂」，藍詩玲責怪前者，她卻忘記對後者指責兩三句。言歸正傳，中國官員的貪污與英國霸權的建立，二者之間的關係，要如何得知？馬克思慧眼獨具，他建議我們，可以從英國—印度—中國之間的緊密關係加以觀察。當然，這與鴉片「貿易」絕對脫不了干係，但其關係為何呢？馬克思在討論鴉片這項「買賣」時，他確實責備了英國人。在十九世紀中葉時，能察覺鴉片煙與不列顛霸權二者之間的關係，實屬不易。馬克思如此說：「在印度的不列顛當局的收入當中，整整有七分之一是來自向中國人出售鴉片，而印度對不列顛工業品的需求在很大程度上，又取決於印度的鴉片生產。不錯，中國人不願意戒吸鴉片大概同德國人不願戒吸煙草一

樣³⁴」。從這幾句話中，我們嗅出馬克思稍微調侃中國吸鴉片的人。然而本文寧可相信，害怕中國人戒毒的，其實應該是英國人才對，因為賣鴉片的利潤遠比賣棉紗的利潤高出許多。相信馬克思很清楚，因為他的確譴責販賣鴉片這種不道德的行為。但這裡，更重要的是，馬克思看出中國、印度，與英國之間的關係，主要建立在毒品鴉片的貿易結構上。為什麼如此說呢？如果沒有鴉片，又是怎樣的情形呢？

　　首先，工業革命後的英國，憧憬著能在中國這個全球最大的市場賺取龐大的利潤，但事實上，這並不容易。就像馬克思所言，「閉關自守」的中國在貿易上總是出超，正是因為鴉片──這並非工廠生產的商品──英國才得以扭轉貿易逆差的景況；第二，如果沒有鴉片，印度許多農民可能就要失業。換句話說，種植鴉片提供印度農民大量的就業機會；第三，沒有鴉片，印度將難以償付自英國輸入工業品的帳單。換句話說，因為中國購買許多印度生產的鴉片，白銀源源流入印度，使得印度能買得起英國工廠所生產的商品，加速了英國工業化的進程，包括軍火、軍事設備與軍用產品等等，使大英帝國在十九世紀成為世界霸權。也因此，若我們說英國的全球霸權有一部分（甚至是一大部分）是因為鴉片貿易的結果，也不算誇張；第四，或許我們可以這樣說，保障鴉片買賣提供英國一個藉口來發動戰爭──當然，其他的藉口亦無不可──在揮舞「自由貿易」的大纛、旗幟之下，任何商品只要有銷路，都要允許自由販賣。於是，不願進行買賣的一方就被冠上「閉關自守」、「憎恨外人」，或者再加上「與世隔絕」等負面、消極的字眼。反過來，販賣毒品者除了將「貿易」帳由紅翻黑之外，其政府更經常將「自由貿易」掛在嘴邊，藉此來突顯其他非西方世界的「傳統」、「古舊」，與「落後」的心態或制度。倘若我們想要了解全球的歷史，那麼，我們似乎不得不探究霸權之興衰，並且，更重要的是，同時也該提醒自己不能總是用過度美化的語詞來描繪其所作所為，鴉片的買賣也許就是最適當的例子，貪污與英國的霸權之間的關係匪淺，鴉片正是串連二者之物。

　　行文至此，讓我們看看，馬克思在《論壇報》所撰寫的文章裡頭，他還談過哪些重要的議題。

---

³⁴ 馬克思，〈中國革命和歐洲革命〉，第110頁。

貳、《論壇報》上的其他議題

除了上述議題之外，馬克思在擔任《論壇報》歐洲記者的期間，報上還有其他值得吾人一探的論點，在這些想法中應該還隱藏重要的研究議題，包括：對非法商品鴉片的看法、快速致富法戰爭、（中國）小農經濟與家庭手工業、（不列顛）帝國主義的支持者《經濟學家》等。當然，馬克思的想法、論點可能是在資料不十分充足的情形下所撰寫，故此，本文也不宜在此過度推測。

一、非法商品：鴉片

十八世紀初期，亦如歐洲那般，清廷下詔禁止鴉片販賣與吸食，明顯地，在中國——就像在英國那樣——除了當作藥材使用之外，吸食鴉片煙是非法的，爲官方所禁止。鴉片爲非法商品，不能出現於合法貿易。此時我們不禁懷疑，大清律例嚴禁鴉片，但鴉片煙爲何危害中國？中國的知識分子爲十九世紀中期以來的恥辱所縈繞，「歷史失憶」也許就是讓人們習慣用來指摘哥倫比亞毒販，卻刻意遺忘誰是首先非法在中國從事毒品走私者。具體地說，大家知道人類史上最著名的毒梟Pablo Emilio Escobar Gaviria（1949-1993），然而從來都不願意承認英國東印度公司（EIC）才是歷史上最大的毒販，並且所賣的大宗商品正是鴉片煙。華人向來不大重視這個議題，或許，他們心裡得了嚴重的歷史失憶症，亟待治癒。在英國人之中不乏高道德標準者，但這些人通常無力改變什麼事情。William T. Rowe（羅威廉）指出，早在雍正朝代，1729年時，就已禁止販售與使用鴉片，該禁令直到十九世紀初都還持續著。英國人知道這買賣並不道德，其傳教士經常大力加以譴責。例如蘇格蘭長老會的會友Alexander Matheson（亞歷山大·馬地臣），也是一位著名的商人，他因不願意在中國販賣鴉片，而辭去他在怡和洋行的職務。但即使這樣的一個好人，也難以改變英國女王的心意和中國的命運。在鴉片戰爭開戰時，鴉片貿易占英國年稅收的百分之十，這比例絕非誇大[35]。

馬克思的確注意到這個問題，他心裡應該想著：英國的紳士們，看似優雅地——古今皆然——與友人喝著下午茶。主人家裡有不少來自印度的茶葉，但桌上泡的這一壺來自福建省武夷山區，是高檔貨，瓷器是景德鎮製品，蔗糖

---

[35] William T. Rowe, *China's Last Empire: The Great Qing*, (Cambridge, Mass.: The Belknap Press of Harvard University Press, 2009).

則產自中美洲的殖民地，他們談論的話題是：三艘滿載印度鴉片的貨輪已到達廣州，應該不會有太多阻礙，清廷應該不會傻到英國的海軍再次炮轟廣州城吧！？

陽光下，豪邸的庭院裡，噴泉旁的白楊樹下，紳士們心裡想著白花花的銀兩將會源源不絕地入袋，同時為自己卓越累積財富的能力感到驕傲。他們繼續喝著武夷茶，談笑風生，夾雜著幾句讚美景德瓷的簡單中文。

二、快速致富法：戰爭（英法聯軍）

這裡，我們主要以第二次鴉片戰爭（1856-1860，一般稱為「英法聯軍」之戰事）為例，分析馬克思在《論壇報》發表的幾篇文章，試圖連結這些線索，指出是「戰爭」而非「貿易」才是西方列強（特別是英國與法國）真正所想要的。而且，若真想發動一場戰事，任何芝麻小事都足以成為戰爭的「理由」或藉口。在戰爭期間，1858年6月23日清廷與英、法、美、俄四國簽訂的《天津條約》當中，清政府允諾開放更多通商口岸，像是牛莊、登州等，另外允許公使駐京，與長江內河航行權等[36]。

關於航行權的問題，馬克思這樣寫道：「即使天津條約規定允許英國公使立即前往北京，中國政府反抗英國艦隊強行駛入白河，是否就破壞了這個用海盜式的戰爭逼迫中國政府接受的條約呢？據歐洲大陸傳來的郵電傳來的消息，中國當局反對的不是英國外交使節前往北京，而是英國軍艦沿白河上駛……即使中國人應該讓英國的和平公使前往北京，那麼中國人抵抗英國人的武裝遠征隊，毫無疑問地就是有理的[37]」。關於這次衝突，馬克思提到「白河衝突並非偶然發生的，相反地，是由額爾金勛爵預先準備好的[38]……」。從上述的例子看來，能夠成為開戰的時間與地點，未必會是重大難解的問題。過去部分學者將亞羅船號、西林教案視為戰爭的導火線，或許他們應該多花點時間在西方列

---

[36] 第二次鴉片戰爭期間，鴉片成為了合法商品，然而，鴉片合法化的條文並未出現在《天津條約》之中。咸豐八年（1858）時，中英、中美分別在上海簽訂《通商稅則善後條約》，鴉片正式上稅成為合法貿易商品。

[37] 卡〔爾〕・馬克思，〈新的對華戰爭〉，《馬克思恩格斯全集》（文字版PDF），中文第一版（1956-1983年出版），第13卷，1859年，第568-585頁，刊登於1859年9月27日、10月1、10、18日《紐約每日論壇報》，第5750、5754、5761和5768號，https://www.marxists.org/chinese/PDF/Marx-Engles/ me13.pdf，第570頁。

[38] 馬克思，〈新的對華戰爭〉，第582頁。

強各國政府（機密）檔案，或許真正的原因就藏在某個角落裡！總而言之，看起來，開戰的理由並不一定要合情、合理或合法，只要戰爭一途是最容易達到目標的方式就可以了。那麼，法國為何要加入這場戰事呢？這裡，請容許筆者先行揣測。

第二次鴉片戰爭，英國與法國聯手攻打（侵略）中國，但英國與法國當時已歷經戰爭，在全球爭奪殖民地時彼此也常是競爭對手。事實上，1850年代中期英、法進口大量糧食，其中大部分來自美國。換句話說，英法兩國連生產於美洲的糧食進口也能成為競爭對手。當時，馬克思認為，法國當時的資本不多，但發行過多的債券，倫敦的官方刊物《經濟學家》指出，這可能造成貶值與財務狀況紊亂，巴黎可能陷入災難[39]。只是在國際政治上，沒有永遠的朋友，也沒有永遠的敵人，當兩國在對付中國之時，他們忘卻歷史上的不愉快，競爭很快地轉為合作。本文猜想，法國極有可能因為國內資本不足，才選擇與英國聯手，靠戰爭的賠款來賺錢。歷史教會人民很多事，包括了利用戰爭奪取資源，打擊對手，當然，官方能運用有利於自己的語言來表述軍事行動，讓人看不清楚侵略的事實。除了英法聯軍在中國的行動之外，事實上，列強之間的競爭合作關係，不僅限於軍事行動而已，事實上，俄國趁著兩次鴉片戰爭從中國得到的利益，比出兵的英國還要多，英國官方對於坐收「漁翁之利」的俄國感到相當不滿。馬克思確實也留意到這個多次利用中國危難來壯大自己的俄國[40]。

綜合前述，戰爭是累積資本的重要方法之一，然而，知識界甫談到資本主義，便幾乎毫不猶豫，將之與「自由」、「平等」、「均富」加以聯結，這頗令人意外。

三、小農經濟與家庭手工業

就生產制度而論，也許這是近（現）代中國與西方最大的不同。簡單說，

---

[39] 卡〔爾〕·馬克思，〈貿易和財政狀況〉，《馬克思恩格斯全集》（文字版PDF），中文第一版（1956-1983年出版），第11卷，1855年，第604-606頁，刊登於1855年9月28《新奧得報》，第453號，https://www.marxists.org/chinese/PDF/Marx-Engles/ me11.pdf，第605-606頁。

[40] 卡〔爾〕·馬克思，〈中國和英國的條約〉，《馬克思恩格斯全集》（文字版PDF），中文第一版（1956-1983年出版），第12卷，1858年，第621-626頁，刊登於1858年10月15《紐約每日論壇報》，第5455號，https://www.marxists.org/chinese/PDF/Marx-Engles/ me12.pdf。

馬克思認為中國以小農經濟、家庭手工業為主，市場規模不可能太大，所以，像這樣的經濟體，不可能與大規模交易同時並存。然而這是馬氏的想法，本文認為，相信這個論點的中國知識分子不在少數。然而，小農經濟與家庭手工業真的只能應付（或供給）當地市場嗎？假若如此，那麼，交易規模或許真不是很大。然而，成千上萬的家庭作坊，散落在明清時期中國最富庶的長江三角洲[41]，這是絲、棉紡織產業相異於西方以大規模生產為其特徵之一的工廠制，或許在這樣的對照之下，要強調西方資本主義大規模生產方式的優越，非得使用中國的（小規模）家戶生產制來突顯西方在生產方式上的「強勢」或「領先」不可。

　　英國在1858年時官方與媒體仍然認為：1842年8月29日由亨利‧璞鼎查爵士簽署的〔條約〕……從商務的觀點看來，是不成功的；現在甚至英國自由貿易派的著名機關刊物、倫敦的《經濟學家》也承認這一點，因為英國商品在中國銷路欠佳，馬克思認為，這主要肇因於中國的小農經濟體與家戶手工生產制。他說道：「人們過高估計了天朝老百姓的需求和購買力。在以小農經濟和家庭手工業為核心的當前中國社會經濟制度下，談不上什麼大宗進口外國貨[42]。」我們熟知，馬克思注重生產關係，所以他注意到中國小農經濟、家庭手工業，這種有別於西方工廠制的生產方式。但在十九世紀中葉之時，身為人道主義者的馬克思，他或許應該更偏好家庭手工業，家庭所有成員為了製成某物品而共同努力。在這種工作情境中，相較英格蘭工廠裡頭的工人，其「異化」的程度應該會較低才是。不過，在這篇文章中，馬克思信持中國不可能進口大宗外國貨，其原因無他，乃是小農經濟與家庭手工作坊。馬氏對小農經濟無法形成一個巨大市場[43]，從而對英國商品無法產生大量需求的看法，讓我們

[41] 黃宗智，《長江三角洲小農家庭與鄉村發展（1350-1988）》，（香港：牛津大學出版社，1994）。
[42] 馬克思，〈英中條約〉，《馬克思恩格斯全集》（文字版PDF），中文第一版（1956-1983年出版），第12卷，1858年，第600-605頁，刊登於1858年10月5日《紐約每日論壇報》，第4364號，https://www.marxists.org/chinese/PDF/Marx-Engles/me12.pdf，第605頁。
[43] 本文發現馬克思在《紐約論壇報》的另一個矛盾點。他在較早的文章〈中國革命和歐洲革命〉中提到「這時〔1853〕，如果有一個大市場（粗體為筆者所加）突然縮小，那麼危機的來臨是必然加速，而目前中國的起義〔太平天國〕對英國正是會起這樣的影響」（馬克思，1853〈中國革命和歐洲革命〉，第112頁。一方面，馬克思認為中國因為人民起義之後，可能影響購買意願，影響到英國工業產品的輸出；但另一方面，他在試圖找出英國生產過剩的原因時，馬氏給我們的答案卻是中國無論如何也不可能大量輸入英國工廠製的商品，明顯地，馬克思發表在《論壇報》的文章之間，其觀點彼此矛盾。

想到黃宗智對於最富庶的長江三角洲的千萬小農們的貧苦生活，想必，馬、黃二人應該會認同彼此的說法才對。

　　然而，馬氏的說法——黃宗智亦如此——忽略了中國巨大的國內市場在宋朝即已形成，從消費面——這是馬氏討論較少的部分——觀之，貨物的遠距離運送，當然不可能由小農們為之，而是各地區手中握有龐大資產的商賈才能完成。在中國的國內市場，若要了解江南地區的經濟——特別是宋室南渡後——就必須提到宋朝經濟的繁盛富裕。當時，國內市場[44]由三個商業圈組成，亦即華北圈、華南圈與蜀圈（今四川省）。相較之下，由於交通不便，蜀圈較為獨立，但因較遠離戰火，四川省會成都在北宋（960-1127）時期成為重要的貿易中心。其藥品、絲綢與養蠶吸引各地富商巨賈遠道而來。人類史上最早的紙幣——交子，便在四川出現。

　　其次，在南宋時期，整個政治經濟中心轉移到華南圈這個區域。位於江南地區的杭州，不僅是南宋的國都，也是當時的政經中心，並朝貢系統的中心。在當時中國大陸乃至世界，二百五十萬的人口數是最多的。在宋朝時海外貿易發達，海關稅收為國家財政的重要來源；到了南宋，紙幣在中國各地廣為流通。如此的財政系統反映出宋朝經濟的富足[45]。在宋元兩朝的經營下，明清兩朝時期江南地區是最富裕的地區。城鎮星羅棋布，為數可觀，顯示區域人口增加，出產豐富，江南地區成為稅賦的重心[46]。在此，筆者所看見的是：小

---

[44] 國家市場的形成，區域的專業化，與區域之間的貿易流通，其例證請參考Laurence J.C. Ma, *Commercial Development and Urban Change in Sung China 960-1127* (Ann Arbor, Mich.: Michigan Geographical Publication, 1971); G. William Skinner, *The City in Late Imperial China,* (Stanford, Calif.: Stanford University Press, 1997)；錢杭、承載，《十七世紀江南社會生活》，臺北：南天書局，1998年；和程民生，《宋代地域經濟》，臺北：雲龍出版社，1995年。

[45] 請參考斯波義信，《宋代商業史研究》，臺北：稻香出版社，1997年；Mark Elvin, *The Pattern of the Chinese Past: A Social and Economic Interpretation* (Stanford, Calif.: Stanford University Press, 1973)；陳高華、陳尚勝，《中國海外交通史》，臺北：文津出版社，1997年。

[46] 韋慶遠認為，江南地區提供最多的稅收，是因南宋時土地分為官田與私田兩種，其中江南地區大多為官田，特別是在蘇州府與宋江府。官田的租稅遠高於私田，但官田與私田的劃分並不明確。但作者提供何以在江南地區，官田比例遠高於私田的幾個理由，例如南宋就是因國都南遷，政經中心轉移，江南富裕的經濟，土地營收的增加，較高的土地價格，土地因財富被兼併較嚴重（而這不是資本主義下才看得到的壟斷嗎？）加上明朝起先定都於南京，從從江南地區挹注較多稅收給中央政府。更重要的是，江南較為富裕，故此，收得的稅賦也較多。顯見江南地區有足夠的收入能拿來課稅，不然南宋以後諸朝代，豈不使人民無從謀生，而自掘墳墓嗎？請參照韋慶遠，《明清史辨析》，北京：中國社會科學出版社，1989年，第157頁。

農經濟與家庭手工制可以與大規模的貨物流通並存，大資本家（Arrighi在中國所見，即使他認為中國仍無資本主義）藉由民生必需品的專賣（monopolize）——像是鹽、絲、棉、茶等——收購與流通，同樣可以累積巨額利潤，這正是在中國看到的情形。

　　總之，馬克思看到的小農經濟與家庭手工業是正確的，然而，這是生產面的視角。如果當時馬氏能留意到消費面的話，那麼，他將會看清中國的不同模樣，可惜他身處的倫敦長年籠罩在濃霧之中。

四、帝國支持者：《經濟學家》

　　在今天的學術界，《經濟學家》在全球的發行量可謂難望項背。無論在政治、經濟、社會與文化方面的議題，該刊物所持之論點，其影響力不可謂不大，甚至可說是現今少數足以左右全球知識分子的主流媒體。不過，這份刊物的影響力，並非只在當代的一、二十年而已，如果把時間倒推回一百六十年前，也許就可以用不同的視角，來觀察當年英國與中國的關係了。當時倫敦的官方刊物《經濟學家》，或許不像今日所發表的文章那樣「客觀」。雖然馬克思在投報撰文時，主旨並非在批評該刊物，然而從字裡行間，也許可以看出他對這份刊物的想法。

　　馬克思在《論壇報》上頭至少兩次提到《經濟學家》的政治立場，或者對特定事件的評論，這兩篇文章都刊登在1858年10月，其一是〈英中條約〉，發表在5日（5446號）；其二則是〈中國和英國的條約〉，在15日發表（5455號）。我們先看馬克思的說法：前者旨在尋找為何第一次鴉片戰爭後——也就是1842年——所簽訂的條約，若從商業利益的角度來看，其實是失敗的，一直到該文撰寫時的1858年時亦復如此。當時，倫敦的《經濟學家》同樣承認這個看法。此刊為英國自由貿易派的知名機關刊物，馬氏說：「這家雜誌當今是不久以前發生的入侵中國事件的**最積極贊助者**（粗體為本文所加）之一，現在〔1858年〕它覺得自己應該「抑制一下」某些方面人士所抱的樂觀期望[47]（筆者按：指過度期待中國市場對英格蘭工業產品的需求）」。第二篇文章則毫無保留地將該期刊的貪婪描寫得淋漓盡致，馬克思說道：「《經濟學家》（經濟學人）雜誌以及一般寫作金融論文的作者們，都興致勃勃地計算著中國白

---

[47] 馬克思，〈英中條約〉，第600頁。

銀〔第二次鴉片戰爭賠款〕和英格蘭銀行金銀儲備狀況將發生多麼良好的影響[48]」。

　　明顯地，上述兩篇文章有所關聯，貫串二者的是「商業」利益，但此商業利益是在使用武力迫使（起初）不願意貿易者——具體而言，中國沒有「不貿易」的自由，只能被迫接受「自由」貿易[49]——接受（英國）的要求。這裡，筆者想起在1920年代流行於中、南美洲的西方馬克思主義（西馬）——有別於經典的、教條的馬克思主義，西馬強調意識、意識形態，與文化等社會之上層建築對於社會改造的推動力，也就是葛蘭西（Antonio Gramsci）所宣稱的「文化霸權」，其支持者樂於進行文化批判，挖掘媒體背後隱藏的宰制力量[50]。然而，文化霸權未必直到1920年代之後才告出現，其實早在十九世紀中葉，就已經有例證可以說明文化霸權。前篇文章提到《經濟學家》一刊爲支持侵略中國最力者之一。可想而知，該刊物必定抱持著中國——世界上最古老的、停滯的帝國——應該用英軍的大炮將之轟醒，唯有如此，才能讓這個行動緩慢的龐大帝國向前緩步而行。英國王室、政府，及其軍隊得到了《經濟學家》上頭所載文章（官方論述），將其侵略行爲正當化，使之具有「合法性」。當然，這看起來倒不太像西馬學者所言改造社會的推動力，如果我們將其應用在國際關係的領域上。然而，不列顛王室看似非常了解運用其文化霸權來合理化其軍事行動。第二篇文章，或許可這麼說，該刊物十分明瞭人們的貪念，於是藉由突顯戰爭可以獲得實質利益，讓人們忽視或忘卻被侵略者所遭受之苦難。

　　總而言之，今日許多華人認同《經濟學家》的許多觀點，然而，多數讀者似乎難以想像在一百六十年前，該刊物卻是最支持鴉片戰爭的媒體。在歷史中，總有不少讓人意外的眞實故事。

[48] 卡〔爾〕·馬克思（Karl Marx），〈中國與英國的條約〉，《馬克思恩格斯全集》（文字版PDF），中文第一版（1956-1983年出版），第12卷，1858年，第621-626頁，刊登於1858年9月15日《紐約每日論壇報》，第5455號，https://www.marxists.org/chinese/PDF/Marx-Engles/ me12.pdf，第622頁。

[49] 請參考謝宏仁，《發展研究之風雲再起：中國一帶一路對西方及其知識體系的挑戰》，第四章，〈自由〉貿易與不「貿易」的自由〉，臺北：五南圖書，2018年，第133-172頁。

[50] 洪鎌德，《全球化下的國際關係新論》，新北：揚智文化，2011年，第59頁。

參、表裡不一的重商主義者：英國王室與商人

　　現在，讓我們花點時間瞧瞧馬克思在《論壇報》是如何看穿虛偽的英國紳士了。或許，可以這麼說，這部分最能讓我們看出馬氏可說是十九世紀的人道主義者，即使充其量只能利用《論壇報》上的數言間接證明而已。不過，在此之前，本文先簡述重商主義——英國人信守的意識形態。

　　重商主義的支持者如此堅信：若要衡量一國的財富，必須透過與其他國家的貿易所累積的貴重金屬來決定。由於全世界的總體財富並非無限，當各國累積財富的過程中，一國獲利，則意味著他國受害，這是零和賽局（zero-sum game）。在國家之間——或者王國（帝國）與朝代之間——進行貿易時，輸出之總金額必須大於輸入之總金額，也就是出口多於進口，才能讓貴金屬留在國內，增加該國國力。並且，為了累積財富，要窮盡一切手段（包括武力的使用）。是故，西方強權設定的貿易目標是要勝過他國。在重商主義的意識驅使之下所採取各種手段中，鴉片戰爭可說只是其中的一個「產物」而已。然而，英國人不僅是重商主義者——經常用軍事力量作為後盾——在貿易上獲利甚多，並且，這些「紳士」們還頗好面子！竭盡所能地擦油抹粉，美化其侵略與掠奪的行為。我們接著來看馬克思在《論壇報》上是怎麼說的。

　　就「表裡不一」之重商主義者的議題而言，本文找到三篇相關的論文。前兩篇刊登於1858年9月，日期分別是20日與25日，第三篇則發表在1859年10月。第一篇標題為〈鴉片貿易史〉，第二篇標題仍為〈鴉片貿易史〉，第三篇則是〈新的對華戰爭〉。馬克思對於虛偽的英國紳士之側寫，本文依刊登的順序列出，首先，第一篇文章有兩段，值得我們留意：

> 大約在1798年，〔英國〕東印度公司不再是鴉片的直接出口商，可是它卻成了鴉片的生產者。在印度，建立了鴉片生產的壟斷組織，同時東印度公司自己的輪船被偽善地禁止經營這種毒品的買賣，而該公司發給中國做買賣的私人船隻的執照卻附有條件，規定這些輪船不得載運非東印度公司生產的鴉片，否則要處以罰金[51]。

從這段話，我們得知當時東印度公司已經壟斷鴉片的生產，但不由公司的船隻

---

[51] 馬克思，〈鴉片貿易史〉，《論壇報》，第5433號，第586頁。

運送，而是發給執照給中國的船隻，並禁止這些船舶運送東印度公司以外所生產的鴉片，意思是：這些取得執照的中國船隻只能載送該公司生產的鴉片。這樣，一方面確保利潤都進東印度公司的口袋；另一方面避開走私毒品的污名。簡單說，套句俗話，「裡子（財富）、面子（紳士）」兼顧。馬克思在這篇文章中，有一句話似乎可用來總結這樣的情形，他說：「半野蠻人〔中國人〕維護道德原則，而文明人〔英國人〕卻以發財的原則來對抗[52]」。

　　接著，在第二篇標題同樣是〈鴉片貿易史〉的文章中，馬克思直接用「偽善」二字來「踢爆」英國政府，他說：

> 我們不能不特別指出裝出一副基督教的偽善面孔、利用文明來投機的英國政府所具有的一個明顯的內部矛盾。作爲帝國政府，它假裝同鴉片走私貿易毫無關係，甚至還訂立禁止這種貿易的條約。可是作爲印度政府，它卻強迫孟加拉省種植鴉片……它嚴密地壟斷了這種毒藥的全部生產，借助大批官方偵探來監視一切……鴉片的調製適合於中國鴉片吸食者的口味，把鴉片裝入爲便於偷運而特製的箱子……然後又轉給走私商人，由他們運往中國。英國政府在每箱鴉片上所花的費用將近250盧比，而在加爾各答市場上的賣價是每箱1,210到1,600盧比。可是，這個政府並不滿足於這種實際上的共謀行爲，它直到現在〔1858〕還直接跟那些從事於毒害整個帝國的冒險營業的商人與船主們合伙，分享利潤和分擔虧損〔虧損似不常發生！〕[53]。

英國政府表面上頒布法令禁止從事鴉片貿易，以使走私非法商品進入中國並無牽連，但指使印度殖民政府要孟加拉省種植鴉片，並且加工成適合中國人的口

---

52 馬克思，〈鴉片貿易史〉，《論壇報》，第5433號，第587頁。

53 卡〔爾〕‧馬克思，〈鴉片貿易史〉，《馬克思恩格斯全集》（文字版PDF），中文第一版（1956-1983年出版），第12卷，1858年，第584-587頁，刊登於1858年9月25日《紐約每日論壇報》，https://www.marxists.org/chinese/PDF/Marx-Engles/ me12.pdf，第5438號，第590-591頁。此外，不只是英國，美國也同樣在鴉片貿易上得到不少利益。當今，美國不少名校，其過去在創立的過程中，許多資助者的財富與鴉片有關。十九世紀中葉以來，鴉片讓中國的知識分子情何以堪，自二十世紀秒以來，成千上萬的中國知識分子進入這些與鴉片有關的名校就讀，又讓人情何以堪？關於美國如何從鴉片貿易得利，請參照James Bradley, *The China Mirage: The Hidden History of American Disaster in Asia*, (New York: Little, Brown and Company, 2015).

味，再由商人走私運至中國。產銷過程中的利潤最高達540%，該政府直到該文刊登的1858年時，仍然貪得無厭地繼續與走私商人與船主謀串如此龐大的利潤，是年，也是英國迫使清廷接受鴉片爲合法商品。在此，我們看到英國王室難以塡滿它對金銀的渴望，這種飢渴可說是永遠無法滿足的欲求。

　　第三篇文章相關段落相對簡短，但以下這段話，與前述的說法相呼應，亦即發動戰爭的「理由」無須合理，重要的是，眞正的理由必須被隱藏遮蓋，並且它（們）通常與實質的經濟利益有關，馬克思寫道：

> 既然英國人曾爲鴉片走私的利益而發動了第一次對華戰爭，爲保護一個海盜的划艇而進行了第二次對華戰爭，那麼，現在要想達到一個高潮，只需馬上發動一次旨在以公使常駐北京這件麻煩事情來和中國爲難的戰爭就是了[54]。

該文篇刊登在1858年10月，也就是第二次鴉片戰爭期間，與第一次因走私鴉片的利益受阻，可能中斷其（潛在）利益，使得英國政府決定訴諸戰爭。然而，英軍必須包裝對華戰爭的「理由」，使其看起來與經濟利益無關，這「理由」一定要夠冠冕堂皇，絕不能顯露出貪念，這似乎是個動武的基本原則。是故，馬克思才提到要發動第三次的戰爭同樣不難，只需要利用公使駐京這檔事來爲難清廷即可。簡單來說，爲能得到某種好處——且最終總能轉化成經濟上的利益——英國的紳士們不難找到藉口來合理化其巧取豪奪的行爲。

　　事實上，正像馬克思那樣吧！我們似乎亦不難找到英國政府、王室的行爲其實是表裡不一的。然而，筆者認爲，重商主義者可能還得爲自己不怎麼良善的行爲擦脂抹粉吧！爲使後代能夠更樂意地面對自己的歷史、自己的過去。這裡，且讓我們看看英國在1850年代之前，是如何完成其重商主義信仰。我們得先看看英國王室與海盜之間的親密關係：日本學者竹田いさみ（Isami Takeda）認爲，爲何英國霸權能夠成形，乃因皇后伊莉沙白一世（Queen Elizabeth I, 1533-1603，在位1558-1603）與海盜之間有相當密切的關係。海盜頭目Francis Drake贏得皇后最高的「崇敬」，是他在1577-1580年間環球航行，

54 卡〔爾〕·馬克思，〈新的對華戰爭〉，《馬克思恩格斯全集》（文字版PDF），中文第一版（1956-1983年出版），第13卷，1858年，第568-585頁，刊登於1859年10月1日《紐約每日論壇報》，https://www.marxists.org/chinese/PDF/Marx-Engles/me13.pdf，第585頁。

這就說明他有本事劫掠西班牙和葡萄牙的船隻。為何皇后偏愛Drake呢？原因無他，利益而已。但他到底上繳多少錢給皇后呢？有估計說，「他上繳60萬英鎊給英國，其中最少30萬，也就是百分之五十進了皇后的口袋。60萬英鎊〔在當時〕差不多等於英國政府三年的財政預算[55]」。

事實上，伊莉莎白一世女王信託Drake為首的海盜集團，成為大英帝國的戰爭機器，他環繞地球航行，並且他在1582年，如願成為普利茅斯（Plymouth）的市長之後，成為國家英雄。在這之後，女王託付他各樣任務，像是「掠奪加勒比海」（1585年9月至1586年7月）、「伏擊西班牙的加地斯並搶劫隸屬西班牙國王的船隻」（1587年4至7月）、「擊破西班牙無敵艦隊」（1588年7至8月），和「擔任伊伯利亞半島遠征軍指揮官」等等[56]。這顯示不列顛皇家與海盜集團的掛鉤，但要記得，掠奪侵攻不過是英格蘭國家財富三個主要來源當中的一個而已。第二個主要收入來源則是奴隸貿易（直到1807年才禁止）和中國苦力（「豬」買賣），亦成為英國政府與王室獲利甚豐的勾當[57]。換句話說，這兩個主要收入來源，以今日的眼光來看，似乎都不是「合法」的行為，但或許這不是研究歷史者所該做的思維實驗，因為當時有其特定之社會脈絡。那麼，第三個英國國家收入的主要來源是什麼呢？那當然就是透過東印度公司販賣禁藥鴉片到中國賺取白銀。

綜上所述，我們看到英國，作為重商主義的一個極致表現者，為求快速累積財富，在零和遊戲中能取得致勝先機，各種不符合道德的行為都被輕描淡寫的一語帶過。

肆、結論

時間回到一百六十年前。霧霾讓一切變得迷濛。

倫敦——馬克思在1849年遭到法國政府驅逐之後，與妻兒遷居的城市——是個著名的霧都，氤氳濕冷，空氣的味道有點刺鼻。在遠方，泰晤士河兩岸的船塢，停滿不久之前從印度返航的商船，它們載著中國的茶葉，然而數量似乎

---

[55]　竹田いさみ（Isami Takeda），《盜匪、商人、探險家、英雄？大航海時代的英國海盜》，臺北：東販，2012年，第19頁。

[56]　竹田いさみ（Isami Takeda），《盜匪、商人、探險家、英雄？》，第42-43頁。

[57]　Hanes III and Sanello，《鴉片戰爭：一個帝國的沉迷》，第183頁。

沒有以前那麼多。

在倫敦這段期間，應該是馬克思與家人生活過得最困頓的時候，然而，他卻熱衷於參與社會主義運動；同時，他也開始建構社會經濟活動的宏大理論。當然，1840、1850年代在東方發生的幾個天大事件——像是鴉片戰爭與太平天國等等——想必能成為馬氏建構理論的實證資料，重要性自不在話下。那麼，我們又該如何得知馬克思對於中國的「了解」呢？這就必須先知道他在避居倫敦時如何謀生了。

論及馬氏在倫敦的經濟來源，除了其好友兼戰友恩格斯長期的經濟援助外，馬克思還擔任《紐約每日論壇報》歐洲通訊員，為該報撰稿成了他收入的主要來源，每篇文章可為馬克思賺取1英鎊的收入。本文即匯整《論壇報》上馬克思發表的文章，藉此觀察這位十九世紀以來歐洲乃至全球最重要的思想家（之一），對於中國所持的觀點、看法，以及對中國的評價等等。

本文認為，當代社會（科）學源自西方世界，無論是對世界歷史、個別國家歷史的了解，向來我們習慣於用西方人的視角來看自己的過去，一般人也好，知識分子也好，全球知名學者——像是韋伯、費正清、華勒斯坦，或是馬克思——也好，似乎全都不自覺地透過西方知識體系來理解西方，乃至非西方社會，抑或東方社會（特別是中國）。然而，我們似乎很少質疑知名學者這種觀察其他社會的角度，質疑他們選擇觀察這個世界的視角是否偏頗了？走筆至此，西方人的視角，似乎讓人愈來愈看不透事情的真相。馬克思雖然為人們留下重要學術遺產，然而，他為《論壇報》所撰寫的文章，也留下尚待眾人釐清的觀點。

鴉片戰爭經常被人們視為中國由盛而衰的轉折點。很明顯，馬克思亦持此看法，認為一百六十年前的沉睡中國，被英國用大炮轟醒了，中國為封建主義、閉關自守、滿足現狀、鄙視外貿等傳統思維限圍，難敵開放外向、積極進取、擁抱世界等現代性指引下的資本主義，與走向全球霸權的位置大不列顛。然而，事實上，鴉片戰爭這個世界史的重要「轉折點」，很可能也是許多人日後持偏頗的歷史觀與世界觀的「起點」。不過，馬克思在《論壇報》上發表之文章，並非只有這次戰爭，此時，馬克思年方弱冠，剛剛才確定其博士論文而已。因此，他在該報上所發表幾篇關於鴉片戰爭的文章，皆為1856年英法聯軍所發動的第二次鴉片戰爭。

當時，英國海軍新式艦艇正駛出倫敦港，預備前往遠東支援對華戰爭，為了彰顯皇家海軍的光榮，也為了獲得巨額的賠款。泰晤士河畔成百上千參加歡

送行列的倫敦市民，嘴裡歡呼著，心裡也嘀咕著，在不久的將來，英軍的捷報會由《經濟學家》〔經濟學人〕傳播給這個城市的人民，皇家海軍會教訓那些從不學習新事物的──或充其量願意學習但也難以學會的──中國人，讓他們知道英國人乃是高一等的。

在前往大英博物館的幾條街道上，膚色黝黑的馬克思，望向天際，遙想著這些年才剛剛出現曙光的東方，那裡有一個古老帝國……其子民們日子得過且過……

太陽早已升起，濃霧尚未散去。

第五章

左翼環境思潮的光與影：
馬克思主義的生態定位[1]

黃之棟
空中大學公共行政學系副教授

1 本文曾在2018年5月5日馬克思誕辰兩百週年之際，於台灣歐洲聯盟研究協會舉辦之「張維邦教授講座系列：馬克思誕生二百週年研討會」中宣讀，並由紀舜傑教授評論。紀教授的評論讓我們獲益甚多，於此特表感謝。

第五章
左翼環境思潮的光與影：馬克思主義的生態定位

壹、緒論

　　自二次世界大戰以來，環境議題一直在當代政治社會理論中占有重要的地位。之所以如此，主要是因為戰後歐美各國經濟快速復甦，各種物質生活滿足之後，人們也開始重視生存、經濟成長以外的價值。自此，環境意識也隨之興起（Dunlap & Van Liere, 1978; Dunlop, Van Liere, Mertig & Jones, 2000; Hayward, 1995）。意識轉變的另一個側面，也反映出了各種環境問題的日益突出。換言之，隨著汙染加劇、棲地與物種消失乃至自然與人為（built）環境的破壞，最終導致人們的健康受損，這使得各國都逐漸意識到工業或經濟高速發展的後遺症。也就是說，各種發展的結果讓我們面臨了嚴峻的「生態挑戰」（法蘭茨・布呂格邁耶爾，2000）。

　　在這樣的背景之下，自然（nature）、環境（environment）、生態（ecology）[2]等詞彙，就順著這波潮流成為當代社會的「關鍵字」。其中，以上述這些概念為主要關注範疇的環保理論或環境思潮，也隨之興起。這些又被稱為「綠色」（green）思潮的各式理論，存在了一些共通特徵[3]。基本上，多數論者都肯認自然或環境有其內在價值，人類只是整體自然的一個組成部分而已（Vincent, 2003: 182-183）。就如Eckersley（1992: 2）所言，這樣的看法是當代環境理論家的一大貢獻，因為它揭開了當代政治理論的「盲點」（blind spots）。換句話說，過往以「人類」為主題的討論很多，對於「非人世界」（nonhuman world）的論述卻很少。問題是，人類作為地球上的一個物種，所有的生活與生存都有賴於生態體系的長遠維繫，因此綠色理論特別強調人類個體、集體乃至總體和自然之間的關係。

　　總之，環境理論大致有著四個共通特徵：首先，人與自然間存在了某種連結，人不可能獨立於自然而存在；其次，綠色理論多從整體的角度來思考問題，因此主張人只是自然的組成分子而已；再次，論者特別關注和自然相關的議題；最後，論者也多對現代工業文明存在了一定的焦慮（Vincent, 2003:

---

[2]　必須特別說明的是，這些概念各有其演進的歷史，當代我們對他們的認識，也未必與過去相同。由於本文主旨並非概念的脈絡分析，因此以下不對這些概念進行細部區分。

[3]　有關生態主義等綠色思潮的起源、發展、影響等議題，業師洪鎌德（2004）教授在其《當代主義》一書第九章中有完整的說明，還請參閱。就新馬關懷環保和生態永續經營的理論，業師在其新著《馬克思與時代批判》（洪鎌德，2018：243-247）中亦有詳盡的說明，亦請一併參照。

184）。換言之，經濟與工業的過度發展可能對自然帶來損傷，一旦人類與自然的關係崩壞，損及的不只是人類而已，換來的可能是整個體系的崩潰。由此就可以看出，當代環境思潮與過去政治社會理論的不同之處，在於它所關懷的面向不只是一個人或單一物種（即人類），還含括了人類以外的「非人」世界。或者，可以更簡單地說，正因為意識到我們只有一個地球，這一個唯一的世界就成了討論的核心（Singer, 2004）。

　　當然，在這個總體的認識下，還存在了眾多支流。特別是，大家都意識到了人們個別與集體的行動其實會對自然產生偌大的影響，並可能最終危及人類生存。因此，環境理論討論的對象看似是「自然」，其實「人」也是論者關注的範疇之一（Vincent, 2003）。事實上，不少環境理論其實都是在探索人與自然的關係，而不僅止於對自然的討論。

　　在當代環境思潮之中，左翼（left-wing）理論扮演了重要的角色。在所謂的「左翼」光譜下，存在了具有強烈革命色彩的馬克思列寧主義（官方或教條的馬克思主義）、毛（澤東）主義、托洛斯基主義（Trotskyism）、共產主義，以及具有改革色彩的社會民主、工會運動（trade union activism）和各種無政府的派別（Barry, 2007: 154）。在這廣闊的光譜之下，馬克思主義的生態觀更是占據了舉足輕重的地位，並衍生出了生態馬克思主義（Eco-Marxism）、生態社會主義（Eco-Socialism）（Barry, 1999）或是筆者過去所提出的綠色馬克思主義（黃瑞祺、黃之棟，2005b）與「馬克思主義的生態學」（黃之棟，2003）等不同流派。

　　面對形形色色的各式理論與思潮，在馬克思誕辰兩百週年的今天，確實有必要對各自的意涵做一梳理。特別是，隨著時間的演進，過去所謂的環境問題或生態問題，其實質內容早已出現轉變。也就是說，雖然論辯的各方都用著類似的詞語在進行討論，但這些用語背後所代表的意涵卻可能已經有了截然不同的意義。為了達到這個目的，本文首先梳理當代環境理論的兩大分支，即自然中心主義與人類中心主義的意涵。其次，作者嘗試點出馬克思理論的特殊之處，以及這些特點如何招來各方的批判。面對這些問題，本文一方面嘗試以馬克思的觀點來回應這些批判；另一方面我們也試圖以此來重新錨定馬克思在環境思潮中的學說位置。在爬梳了這些根本的問題之後，本文轉而分析當代馬克思環境理論的啟發，以及可能的限制。文末，作者提出「後馬」時代，馬克思理論如何「落地」的問題。

貳、兩大陣營的對壘：自然中心主義vs.人類中心主義

　　環境理論大致可以被粗分爲兩大陣營：自然（生態）中心主義（ecocentric；又被稱爲「非人類中心主義」）與人類中心主義（anthropocentric）（Hayward, 1995, 2001; Pepper, 1993; Vincent, 2003；瑞尼爾·格倫德曼，2015）。其中，自然中主義陣營大致以「深度生態學」（Deep Ecology或譯爲「深層生態學」或「深生態學」）（Keller, 2009; Naess, 1973; Sessions, 1995）和蓋婭（Gaia）（Lovelock, 2000）理論最爲人所知。首先，深度生態學之所以「深」，主要是相對於主流環境主義（淺生態學）而來。就概念上來看，深度生態學強調非人類中心和整體主義，強調我們必須關注整個自然界，而非僅著眼在人類的利益。至於視角上，深度生態學則認爲要從社會、文化等各個面向出發，著眼在環境危機的根源面，而非僅在個別的徵兆（如：汙染、資源耗竭）上打轉。最後，就實踐上來看，深度生態學主張人們要從深層的人類文明秩序上著手重建，而不是在既有價值和社會制度上改變（陳劍瀾，2005）。事實上，深度生態學的觀點與蓋婭理論，基本上是相互呼應的。因爲後者是從科學的角度出發，嘗試把整個地球都當成一個巨型的有機體來看待。總之，這個陣營在思索相關主題時，是以所謂一元論（monistic）的角度出發，主張把自然和人都一併納入相同的框架來思考。

　　在這樣的脈絡中，論者主張自然本身就具備了「內在價值」（intrinsic value）。換言之，這派學者認爲之所以要保護各種生物、物種、非生物或整個自然，不是因爲這些事物對人們的生存與發展有其（潛在）價值使然，而是因爲它們本身就是目的。換言之，不管人們承不承認它們的價值，都應該對之予以保護，因爲它們本身就是有價值的。更簡單地說，我們之所以要保護環境，不是因爲環境的浩劫最終也可能導致人類的浩劫，而是自然本身就是我們之所以應該對其保護的理由。除了價值理論之外，自然中心主義者也強調我們不應該從道德，而是要以本體論與心理學的角度出發。換言之，道德不只是人們生態感受力（ecological sensibility）上的心理變遷而已。從這些論點，大致就可以看出自然中心主義具有某種激進的色彩（Vincent, 2003: 183）。深度生態學的學者把所有不採取上述看法的論點，統稱爲淺生態學。

　　相對於自然中心主義的派別，是所謂人類中心主義（對深度生態學而言，此說就是所謂的淺生態學）。不同於自然中心主義，人類中心論者認爲人類是

一切價值的判準。也正因爲如此，所謂自然的價值只能放在人類設定的價值框架中來理解。既然人類是判斷價值最終且唯一的來源，所謂自然的價值也就只剩下工具性意義。更簡單來說，世間並不存在所謂的自然價值，而是人類認爲自然有保護或保存的價值，自然才因此取得價值。對此，Vincent（2003: 183-184）又把進一步把人類中心的論點細分爲兩大派別：深度人類中心（deep anthropocentrism）與柔性人類中心（pliantanthropocentrism）。

全然的人類中心主義（即，深度人類中心主義）對自然採取的是較爲冷漠的態度，也因此我們較難將之歸類到綠色理論之列。至於柔性的立場，雖然主張相關判準是從人類利益的角度出發，但此派學者基本上還是認爲人與自然之間存在了某種相互依存的共生關係。不過，由於是從人類本位的立場出發，因此後者基本上沒有去挑戰人與自然間既有的規範架構，只是把傳統的討論（如：正義、自由、平等、公民權利等）注入環境的因子而已。換句話說，論者嘗試在這些討論中加入自然的元素，強調人與自然的關係建構。從這裡可以發現，柔性人類中心的論點在立論上沒有挑戰既有價值觀，在方法上往往又強調要在現存體制內進行改革，因此又常被認爲是「改革主義者」（reformist）（Vincent, 2003: 183-184）。

從上述的辯論之中，我們可以進一步看見，除了概念與立場上的區別之外，兩者之間的爭論其實是一種不對稱的辯論。更簡單來說，既然環境思潮是以自然、環境、生態爲主要關注核心，採取自然中心主義似乎是想當然耳的選擇。反倒是採取人類中心觀點的學者，必須提出更多的自我辯護，才能證成自己的選擇。也正因爲如此Hayward（1997）才會指出，人類中心主義在環境思潮中其實經常是一個遭到誤解的概念。歸根究底，當代很多的環境問題其實都肇因於人們個別或集體的行爲。既然人本身就是問題的根源，我們卻又拿人的標準來作爲事物的尺度，這無疑是自相矛盾的；同樣的，有非常多的環境主義者傾向把社會的進步與發展，視爲是環境的對立面。換言之，論者認爲如果我們要掃除貧困或是重新分配財富，就必須加強對自然資源的使用；反過來說，亦然。採取進步主義的論者，基本上也把強調環境保護的想法，當成是中產階級或是白人的意識形態。也就是說，即便眼前已經有衣不蔽體且三餐不繼的窮人，但這些有錢有閒的階級，卻還是寧願選擇去保護動物，而不願意將資源用在救助這群窮苦人身上（Merchant, 1992: 133）。正因爲兩者之間的關係膠著難解，這也使得馬克思主義在當代環境思潮中的定位相當難以判斷，更引發了不少爭議。

參、馬克思理論的相對位置

　　從上述的分析，就可看出馬克思主義的尷尬。對此，著名的生態馬克思主義者Foster（2000: 135; 2002b: 71）就曾指出，雖然爲數眾多的左翼學者都認爲馬克思的理論襲產，確實能對當代棘手的環境問題提供洞見。但論者卻還是對馬克思多所躊躇。主要的原因在於，論者認爲馬克思的學說基本還是帶有強烈的「普羅米修斯主義」（Prometheanism），這也連帶使得馬克思的環境論述，在整體學說體系中一直處於相當邊緣的地位。如眾所知，所謂普羅米修斯精神，本身就帶有濃厚的人類中心色彩；這種精神也很容易就會讓人聯想到工業主義。簡單來說，在普羅米修斯堅定不屈的精神背後，預設了某種對於進步的追求。這種進步主義，在當代社會中具體展現在追求工業、經濟成長之上。問題是，這種不計成本且沒有明天、追求成長的信念，正好被環境主義者認爲是當代環境危機的元兇。由此可知，馬克思主義的理論定位基本不會落在自然中心主義的陣營。

　　但反過來看，即便不屬於自然中心主義，馬克思主義的生態論述卻也未必就落在人類中心之列。對此，又可以就前述深度與柔性人類中心主義，來分別加以檢視。先就前者來看，由於馬克思本人的思想確實受到他所處的那個年代所影響，他也確實提到要以科學技術來擺脫自然對人的支配。這也因此延伸出後續關於「自然的支配」（domination of nature）或「自然的駕馭」（mastery of nature）的論辯（Ted Benton, 1992; Leiss, 1994; Schmidt, 1971; Tolman, 1981; Zimmerman, 1979；瑞尼爾・格倫德曼，2015）。但在此同時，就如Merchant（1992: 135）所言，即便馬克思強調人類要致力擺脫生活必需品（如：食物、衣物、房舍、燃料等）的限制，但他的理論確實還是意識到了人與自然關係的重要性。這種人與自然之間的生態聯繫，反映在他的論著中。

　　當然，上述這些關於人與自然之間相互關係的看法，在馬克思整體思想脈絡中究竟占有何種地位，以及究竟是處於核心還是邊緣，論者對此可能有著截然不同的判斷。但另一方面，我們從當代左翼理論家致力嘗試，希望能從馬克思的論述中進一步汲取出環境論述與環境因子的努力，就已經可以確認當代的馬克思主義其實已經盡力在創造自己與環境議題的關聯（Burkett, 2005; Burkett & Foster, 2006; J. B. Foster & Burkett, 2000; Grundmann, 1991; Layfield, 2008）。既然馬克思的理論也可能是生態關聯的，那麼它就不可能落在深度人類中心的範疇。

　　同樣的，馬克思主義似乎也不是全然「柔性的」論述。如前所述，所謂柔性的人類中心主義強調體制內的改革，因此又被稱爲改革主義。但馬克思主義的一大特點，就在於它強調要對資本主義進行全面的分析與批判，進而達成整體性的變革。由於後世的理論基本上也承襲了類似的變革精神，就這點來看馬克思主義的生態學說，當然也不可能屬於柔性人類中心的改革主義一方。既然馬克思主義既不是自然中心主義，也不屬於人類中心主義，如何才能對馬克思主義妥適的定位，其實是一個棘手的難題，也有待於我們進一步的分析。

一、對於自然的理解

　　要回答前述定位的問題，相當程度必須解決論者對某些關鍵詞的理解。簡單來說，如果自然是環境主義的關鍵字，那眞正的問題可能在於：論者所說的「自然」到底是不是同樣的意義；還是說，不同的學者只是用了相同的詞彙，實際上卻是在不同的自然觀下，進行著沒有交集的辯論。若如此，也難怪理論交織時會出現錯走的狀況了。對此，Vincent（2003: 192）就曾經清楚的指出，眞正的關鍵其實在於誰（who）或是什麼東西（what）定義了自然。更進一步來說，如果自然本身就是一個被爭辯的概念（contested concept），那此處眞正的問題其實在於，我們究竟應該怎麼對人類個別或集體的行動進行定位（Ginn & Demeritt, 2009）。

　　不過，要回答這個問題並不這麼簡單。正如著名的馬克思主義研究者Raymond Williams（1976: 184）所言，「自然」（nature）在英文中大概是最複雜難解的一個詞了。也因爲如此，有必要對它進一步的分析。此處大致可以從兩個角度出發：概念與歷史這兩個視角（Vincent, 2003）。先就概念來看，William曾經指出了三種不同的意義。自然的第一種意義，被用來指涉某種事物的本質，或是它的基本特徵。在中文中，這種用法較不明顯。但大體類似於天性、天賦等與生俱來的意義。至於第二種意義，則是用來指稱引導人類或自然界運行的內在力量或規則。比方說，我們用「自然法則」（natural laws）來指稱那些與人類意志無關或人所無法阻擋的規律。在這個意義下，一般會把與人力無關的事物歸類在自然的項下。比方說，自然災害等非人力所能控制的事件或自然定律等等。最後，自然最常見的意義，是指人類或其行動以外的事物，也就是非人造物、外在物質世界的概念。換言之，一旦某個東西是「人造的」，那它就不再是「自然的」了。

　　整體來說，自然中心主義與人類中心主義的論戰，是在後兩類用法上發生

了衝突。具體來說，自然中心主義者希望把人與自然分開理解，並希望盡可能把人排除在自然之外。比方說，地球至上（Earth First!）協會的David Foreman就曾經說過：「人類」是生命世界的癌症（轉引自陳劍瀾，2005：38）。這種理解會面臨到兩個難點。首先，在科技高度發達的今天，地球上全然未受到人類影響的範疇，其實已經非常有限。就像Empson所言：

> 世上幾乎再沒有一個未受人類社會觸碰過的生態空間。由最深海的汙染，到最高山的冰雪融化，所有能夠在地球上想像得到的生態系統，都已經被損害或摧毀。（馬丁‧恩普森，2018：6）

其次，嚴格來說，人類其實也是自然界的一分子。那麼，人類的行為其實也是再自然也不過的行為了。但這麼一來，我們也可以把人們破壞棲地、滅絕生物的作為視為是自然的規律（如不適者淘汰）或行為。換言之，人類所有的作為也都變成自然的一部分了（Vincent, 2003）。當然，把人類與自然對立起來，進行分斷地理解，這對概念釐清其實沒有幫助。

　　除了概念本身之外，還可以從歷史的觀點來進行討論。可以確定的是，不同文明與不同世代之間會有迥異的世界觀。世界觀的差別牽動了人們對自然的理解。從歷史的角度檢視，我們發現自然曾被理解為機械的、浪漫的、野蠻的、天賦的、進化的、合一的，各種看法不一而足，每個時代也都會有不同的解釋[4]。事實上，論者對自然、環境的看法不同，恰恰也是當代環境思潮歧異的來源（Dobson, 2000: 170-171）。對此，Ginn與Demeritt（2009）就曾經指出馬克思在這個議題上的貢獻，因為馬克思是第一個以建構論的角度來理解自然的人。換句話說，自然是社會創造（produced）或建構（constructed）出來的東西。或者進一步來說，人類通過勞動等過程，使自然成為第二層次，也就是帶有社會意義的自然。

　　從另一方面來看，恩格斯也在這個議題上帶來了重要的貢獻。在他撰寫英國工人階級狀況的年代，他筆下的環境或生態問題指的是人口大量移居都市所帶來的擁擠與貧困，以及由此所衍生出來的環衛（環境衛生）、公衛（公共衛生）等問題。換言之，恩格斯雖然已經注意到了環境議題，但當時的焦點還是放在「（工）人」與周邊的環境的身上。也因為如此，不少的評論者認為當中

---

[4] 有關西方對自然的不同理解，Vincent（2003: 188-189）曾做出簡要的分析。此處不再贅述。

瀰漫了濃厚的「人類中心主義」。

　　事實上，在二次世界大戰之後，隨著《寂靜的春天》（Carson, 2002）的出版，我們對自然、環境等議題的看法有了相當的轉變。自此之後，人們所關心的主題，轉換到因工業高速發展所帶來的公害、污染，以及隨之而來對動植物、棲地、生態系統所帶的影響與危害，以及由此引發的進一步討論。這時，我們已經可以看到環境理論超越了人類中心主義的想法，開始把視角放在環境、生態、或是自然之上。不過，隨著科學、學院，以及科層體制的分工日漸嚴密，所謂的環境議題也被進一步分成空（氣）、水、廢（棄物）、毒（物）、土（壤）等不同的界質，並在政府單位和不同學術典範下處置。當然，有時不同的界質也會相互轉換。比方說，空氣與汙水在經過處理之後成為固體，隨後進行掩埋等等。但大體來說，環境問題被切割為不同的議題，並在不同的機關或規範予以個別處理。

　　時至今日，問題又有了進一步開展。隨著全球暖化的出現，世人看待議題的尺度（scale）也隨之轉變。當代學界基本上不再把環境問題視為單一的主題，而是一個相互連動的整體。換言之，暖化的問題不再只是空氣中二氧化碳的濃度而已，它也牽涉到全球氣候的轉變，極端氣候（如密集降雨帶來的土壤沖刷）也都在在使得災難的頻率與範圍加劇。全球，也就是Singer（2004）把地球當成一個整體的觀念逐漸浮現。「一個地球」（one earth）或是蓋婭（Gaia）（Lovelock, 2000）的概念逐漸形成，隨之而來的則是我們對「風險社會」（Beck, 1992）的討論。以及Latour（2017）所提出的人類世（Anthropocene）、氣候域（climate regime）。總之，自然的概念本身就是多義的；不同的時代，也會有不同的理解與自然觀。

二、馬克思主義中人與自然的關係

　　由上面的分析出發，就會發現馬克思的理論與其他環境思潮最大的不同，在於他從一開始，就把人類拉進了自然的討論之中。在這種自然觀下，人與自然被放在相同的脈絡下，是以一種人與自然（人—自然）的關係模式，來理解兩者的關聯，而不是一開始就採取分斷的方式，假定兩者可以或應該被分開探討。馬克思之所以採取這種理解模式，其實來自他對歷史與人性的觀察。質言之，人類個人及其社會其實無法自外於他所身處的自然世界；因此，人與自然必然會發生某種關聯。這種關係在恩格斯著名的〈在馬克思墓前的講話〉中就有一段經典的描述：

人們首先必須吃、喝、住、穿，然後才能從事政治、科學、藝術、宗教等等。《馬恩選集》卷3：776）

換言之，不同於其他環境主義者把人與自然分開來討論，在馬克思的理解中，人類維持生計與生存的基本需求，其實是自然的一部分（也就是前述第二種和第三種自然的意義）。既然人一定得和自然發生某種關係才得以生存，這也意味著我們的作為，必然也會對自然界產生一定的影響：

> 勞動過程的簡單要素是：有目的的活動或勞動本身，勞動對象和勞動資料。土地（在經濟學上也包括水）最初以食物，現成的生活資料供給人類，它未經人的協助，就作為人類勞動的一般對象而存在。所有那些通過勞動只是同土地脫離直接聯繫的東西，都是天然存在的勞動對象。……一切原料都是勞動對象，但並非任何勞動對象都是原料。勞動對象只有在它已經通過勞動而發生變化的情況下，才是原料。（《資本論》卷1：208-209）

由於我們不能硬要人們不吃不喝，因此當代所有的生態討論都必須認清一項事實，也就是：產生影響本身不是問題，問題在於當代的社會制度（資本主義）已經對自然產生了不可逆轉的影響。也就是說，我們不應該只把焦點放在人對自然的影響之上，而是應該注意到人們為何會把自然當成客體或一種商品來看待：

> 這是第一次大自然純粹地成為了人類的客體，成了純粹的實用問題，不再被視為自身的一種力量。而對大自然的一些自主定律的理論性發現，只不過是把大自然從屬於人類需要的一種花招，不論是作為一種消費對象，或是作為一種生產工具。（《馬恩全集》卷46：393）

從這裡也可以進一步看到馬克思觀點的獨到之處。就像生態研究者Merchant（1992: 137）所言，馬克思與恩格斯最大的貢獻，在於兩人從歷史的觀點重新檢視了人與自然的關係。換句話說，當代環境主義者因為看到自然的衰敗與人類的破壞，因此就把矛頭不加區別地指向「人類」這個總體的概念。但馬克思提醒我們，我們與自然的關係其實不是本當如此，也不是不得不然的選項。換

言之，當今人與自然關係的破壞，可能來自於當代資本主義的影響。這種生產方式使得土地與自然都遭到了破壞：

> 資本主義生產使它匯集在各大中心的城市人口越來越占優勢，這樣一來，它一方面聚集著社會的歷史動力，另一方面又破壞（攪亂）著人和土地之間的物質變換，也就是使人以衣食形式消費掉的土地的組成部分不能回歸土地，從而破壞土地持久肥力的永恆的自然條件。……勞動生產力的提高和勞動量的增大是以勞動力本身的破壞和衰退為代價的。此外，資本主義農業的任何進步，都不僅是掠奪勞動者的技巧的進步，而且是掠奪土地的技巧的進步，在一定時期內提高土地肥力的任何進步，同時也是破壞土地肥力持久源泉的進步。……因此，資本主義生產發展了社會生產過程的技術和結合，只是由於它同時破壞了一切財富的源泉——土地和工人。（《資本論》卷1：579-580）

一旦把視角拉大到歷史的長河之中就會看見，人類與自然的關係其實存在了各種不同的態樣。資本主義只是當中的一個選項而已。在這種制度之下，各種危機（包含生態危機）是一種必然：

> 資本主義生產的發展，使投入工業企業的資本有不斷增長的必要，而競爭使資本主義生產方式的內在規律作為外在的強制規律，支配著每一個資本家。競爭迫使他不斷擴大自己的資本來維持自己的資本，而他擴大資本只能靠累進的積累。（《馬恩選集》卷2：240）

在確認了資本主義是造成當代生態危機的主因之後，下一步必須思考的，是人與自然之間究竟應該呈現何種關係。在馬克思的理解中，他把自然當成是人「無機的身體」。在這種理解下，他一方面像前面的分析那般，強調人必須透過勞動持續與自然發生關係，以便維持生計；但另一方面，人終究不可能完全脫離自然，因為他還是自然的一部分：

> 在實踐上，人的普遍性正表現在把整個自然界——首先作為人的直接的生活資料，其次作為人的生命活動的材料、對象和工具——變成人的無機的身體。自然界，就它本身不是人的身體而言，是人的無機的

身體。人靠自然界**生活**。這就是說，**自然界是人爲了不致死亡而必須與之不斷交往的、人的身體**。所謂人的肉體生活和精神生活同自然界相聯繫，也就等於說自然界同自身相聯繫，因爲人是自然界的一部分。（《馬恩全集》卷42：95）

正因爲馬克思把勞動視爲必然。這也才引發了論者對於馬克思是否過分強調人類勞動對自然的改造，以及馬克思究竟有沒有強調人類必須去支配自然的爭論（也就是前面所說自然的支配、自然駕馭等爭論）。就某種程度而言，支配自然與保護自然之間，未必存在衝突。簡單來說，人類文明發展至今，我們已經認識到毫無節制地去支配自然，可能會帶來毀滅性的後果（如：福島核災）。但完全不了解自然的規律，或是不對自然進行某種支配，也未必是人類之福。因此，當下需要的可能不是如某些環保主義者（如：深度生態學學者）那般，強調自然崇拜或某種感傷主義；而是要在更大程度上了解自然的運行規律，和人與自然間的關係。唯有如此，人們才能更有效地控制自己的需求，把我們對自然的利用與自身所處的條件，給予妥適的安排（瑞尼爾・格倫德曼，2015：16-19）。

　　對於人們必須更了解自然，才能更進一步更順應自然的想法，馬克思曾經用了一個昆蟲的比喻，來形容這樣的關係：

……蜘蛛的活動與織工的活動相似，蜜蜂建築蜂房的本領使人間的許多建築師感到慚愧。但是，最蹩腳的建築師從一開始就比最靈巧的蜜蜂高明的地方，是他在用蜂蠟建築蜂房以前，已經在自己的頭腦中把它建成了。勞動過程結束時得到的結果，在這個過程開始時就已經在勞動者的表象中存在著，即已經觀念地存在著。他不僅使自然物發生形式變化，同時他還**在自然物中實現自己的目的**，這個目的是他所知道的，是作爲規律決定著他的活動的方式和方法的，他必須**使他的意志服從這個目的**。（《資本論》卷1：208）

這樣的分析，在恩格斯的分析中，更是明顯。對此，恩格斯解釋道，人與自然界之間雖然存在了某種支配與統治的關係，但這種關係其實不是單方面的，而是人們必須更清楚地去認識自然的規律：

因此我們必須時時記住：我們統治自然界，決不像征服者統治異民族
一樣，決不像站在自然界以外的人一樣，——相反的，我們同我們的
肉、血和頭腦一起都是屬於自然界，存在於自然界中；我們對自然界
的整個支配，僅僅是因爲我們勝於其他一切動物，能夠認識和正確運
用自然規律而已。事實上，我們一天天地學會正確理解自然規律，並
認識我們對自然的慣常行程的干涉之較近或較遠的影響。……人們又
愈會不僅感覺到而且還認識到自身和自然界的一致，而從希臘古典時
代崩潰以後，在歐洲所發生並在基督教義中最高度形成的那種把精神
和物質、人類和自然、靈魂和肉體對立起來的荒謬的、反自然的觀
點，也就愈不可能存在了。（恩格斯，1963，第3分冊：146）

當然，即便認識到了自然的規律，也很難保證人們就一定會順應而行。對
此，恩格斯就曾提出嚴正的警告。他指出，如果不能正確認識並按照這些規律
來運行，那我們就必須隨時準備接受自然的報復：

可是我們不要過於得意我們對自然界的勝利。對於我們的每一次勝
利，自然界都報復了我們。每一次的這種勝利，第一步我們確實達到
預期的結果，但第二步和第三步卻有了完全不同的意想不到的結果，
常常正好把那第一個結果的意義又取消了。（恩格斯，1963，第3分
冊：145-146）

恩格斯「自然的報復」觀念，背後其實有著歷史的基礎。也就是說，這不單只
是概念的演繹而已，其實也是他研讀歷史後的心得。人類史上就曾經多次發生
人爲的生態危機：

美索不達米亞、希臘、小亞細亞，以及其他各地的居民，爲了想得到
耕地把森林都砍完了，但是他們卻想不到這些地方今天竟因此成爲荒
蕪不毛之地，因爲他們把森林砍完之後，水分積聚和貯存的中心也不
存在了。阿爾卑斯山的義大利人，因爲要十分細心地培養該山北坡上
的松林，而把南坡上的森林都砍光了，他們預料不到因此卻把他們區
域裡的高山畜牧業的基礎給摧毀了；他們更預料不到這樣就使山泉在
一年中大部分時間都枯竭了，而且在雨季又使洪水傾瀉到盆地上去。

（恩格斯，1963，第3分冊：146）

　　通過上面的分析，我們已經快速通過引用原典，來對馬克思主義的自然觀（更正確地說，是人與自然的關係）進行了梳理。由此，可以確定馬克思主義與當代生態思潮確實存在了一定的聯繫。只不過，我們不能簡單以自然中心或人類中心來予以分類。但正因爲馬克思主義介於兩者的中間，也無怪它必須面對來自兩方的批評。以上的分析，基本上是概念與哲學層次的討論。就很大程度來說，當代環境主義者其實也多認識到了馬克思的啓發。但兩者之間卻還是存在了不少的緊張。就很大的程度而言，問題出在論者對當代環境問題的來源的理解，以及理論層次的歧異。以下本文轉而檢討馬克思主義與當代環境思潮間的緊張，以及歧異所在。

肆、馬克思主義與環境主義的關聯與歧異

　　對於馬克思主義與環境之間的關聯究竟爲何的問題，不同的學者乃至派別之間存在了迥異的看法。對此，不少學者認爲所謂傳統或是經典的馬克思主義（classical Marxism），並沒有深刻處理或積極納入環境議題的相關討論（Barry, 1999; 2007; Benton, 1989; 1992; 1996; Merchant, 1992）。雖然像Foster（1997; 2000; 2002a）、Burkett（2003, 2005）等人積極地爲馬克思辯護。但持平而論，就像Empson（2018: 7）所言，當年的馬克思與恩格斯確實沒有料到環境問題會發展到今天這般的嚴峻。由於受到兩人身處時代的限制，環境確實不是他們的主要關注。由於當代學者希望在馬克思的襲產中讀出他的生態意義，這也難怪兩者之間會有內在的緊張。

一、內在論理的緊張關係

　　如果非要以古觀今，不可否認早期的馬克思主義或社會主義思潮多少都帶有某種反生態（anti-ecological）的意涵。之所以如此，主要是因爲當代以生態視角出發的環境討論，大多從「自然的極限（限制）」（natural limits）的角度出發。正因爲自然的極限強調自然會對人類的發展構成人力所無法改變（unalterable）的外在限制，不少馬克思主義者把這種看法視爲是一種保守的意識形態。也就是說，馬克思主義者把生態思潮視爲是論者假借環保之名，來掩蓋當代社會不平等的事實。換言之，既然「自然」已經形成了人力所難以逆

轉的外在框架，社會中的各式不平等似乎也就成了「自然而然」且無法（甚至是無須）改變的現象（Barry, 2007: 155）。總之，如果我們把自然當成本當如此的既成事實時，改變與進步就成了人們「逆天」的行為。就這層意義上，環境思潮確實有著某種保守的因子於其中。也因為如此，馬克思主義與環境主義一直存在著緊張。

誠如Barry（2007: 155-158）所言，這種緊張的關係主要體現在三個層次。首先，不少馬克思主義者把環境思潮視為反啟蒙（anti-enlightenment）與反工業（anti-industrial）的意識形態。具體來說，環境主義與馬克思主義之間的第一層衝突，體現在論者對當代社會環境問題的根源，有著截然不同的看法。就環境主義者來看，當下一切問題的根本，主要來自工業主義（industrialism）；但就馬克思主義者而言，一切問題的根源還是來自資本主義，以及資本主義生產方式所衍生的一連串問題使然（Dobson, 2000: 165-169）。對於這個問題，論者產生了理論上的激辯。

就環境主義而言，他們認為如果我們去觀察當代資本主義和過去號稱是社會主義的國家，就會發現後者在生態環境上遭受的苦難，比之前者其實是有過之而無不及（Agyeman & Ogneva-Himmelberger, 2009）。也正因為如此，環境主義者主張生態與環境其實是一個超越過去左右（beyond the left and right）光譜的新興思潮。對環境論者而言，不管是資本主義還是社會主義國家，其實都落在工業主義這個「超級意識形態」（super-ideology）的假設之下。這種意識形態一貫主張透過大量生產來滿足不斷增長的人口以及相應而來的需求（Dobson, 2000: 165-169）。

反觀所謂的左翼陣營，則是把焦點放在資本主義的生產方式。換言之，論者雖然同樣認為工業主義會帶來資源的匱乏和環境的浩劫，但卻主張工業主義只是表象。真正的問題是出在資本主義透過工業生產來創造利潤，而非滿足人民的需求（need）。質言之，在人們的需求滿足之後，資本主義為使資本能夠繼續累積，就必須開拓新的市場，同時也創造出更多的慾求（wants）。由於各種原物料不可能無中生有，最終都必須從自然界而來，並在消耗之後回到自然。這也使得資本主義的生產方式，注定了人們對自然的剝削。從這個角度來看，馬克思主義論者認為，環境主義把工業主義當成主要問題來源的看法，其實是搞錯了對象。這也連帶使得論者對後續的處理方式產生了歧異。質言之，針對某些特定的議題強調減量、減排，除了自我感覺良好之外，實質的意義其實極其有限。當資本主義強調要透過不斷刺激欲求來增加積累的時候，這類減

量其實只是杯水車薪，對整體而言無關痛癢。當我們回到馬克思對資本主義形構的批判之際，就可以想像論者在下一步，會指出貧困與分配才是問題的核心（Dobson, 2000: 165-169）。

當我們把焦點放在貧困之上時，就會延伸出第二層次的緊張，也就是環境主義中的反普勞階級傾向（Barry, 2007: 155-158）。換言之，理論表象的背後，其實隱含了階級的對立與衝突。這種潛在的對立，從近代環境正義（environmental justice）運動大爲興盛，也可以看出端倪（Bullard, 2000; Taylor, 2000）。倘若從環境運動的發展歷程來看，就會發現過去所謂的環境保護其實相當程度是從賞鳥、保護棲地、設置國家公園等議題開始，逐步開展而成。從這些被選定的主題，我們又看到前述自然中心主義的影子。由於過去環境議題關懷的面向一直是以「非人」議題爲核心，就很大的程度來看，當中確實帶有資產階級有錢有閒的意識形態（bourgeois ideology）。

以美國這樣一個高度貧富不均的社會爲例，即便大家都知道社會中還有相當多窮困的民眾正在挨餓受凍，但環保運動卻選擇性地把關懷的對象放在花鳥、景觀等主題；而不把人類（窮人）納入保障的範圍。就國際的範疇亦是如此，雖然南北國家的收入差距極大，但多數的資源卻被用在保護環境，而不是救助飢民。這也難怪左翼環境主義論者會認爲，環境主義看似是在保護環境，實際上卻是在保護有錢人的生活方式。也因爲如此，論者才強調需要發展出一套「窮人的環境主義」（environmentalism of the poor），來扭轉這種意識形態（Guha & Alier, 2013; Martinez-Alier, 2003; Nixon, 2011）。

最後，上述這兩個層次的緊張，在科學技術等議題上同樣產生了激烈的交鋒（Barry, 2007: 155-158）。如眾所知，馬克思對於科學技術抱持了某種的樂觀主義。也就是說，他認爲一旦超越了當前資本主義生產關係的限制，就能跨越前述自然的限制。但另一方面，不管是過去馬爾薩斯的人口論，還是後來增長的極限（Limits to Growth）（Meadows, Meadows, Randers & Behrens, 1972）、人口炸彈（The population Bomb）（Ehrlich, 1971）等不同的論點，基本上也都聲稱自己的立論背後有著科學的依據。當兩種不同的看法，都聲稱自己有科學根據的時候，這些看似科學的論據，就產生了直接的碰撞。

對很多馬克思主義者而言，生態學或環境主義的危害可能更勝於資本主義的政治經濟學。這是因爲，這些強調「自然保護」的思潮，不但帶有前述反工業、反現代的傾向，更希望以各種方式促使人們能夠回到前近代、田園生活（agrarian）。當然，「反古」與「復古」的背後，多少隱含了對過去社會秩

序的嚮往與渴望（Barry, 2007: 155-158）。這些當然都是馬克思主義論者，所難以認同的。換言之，相對於強調不斷進步與超越的馬克思主義（至少我們要超越現在的資本主義），環境主義反而要大家反璞（古）歸眞。總之，具有普羅米修斯主義傾向的馬克思主義與嚮往回歸田園詩歌時代的環境主義，在分析上確實有相當的歧異。

二、對當代環境危機的解釋：與主流經濟學的對壘

除了上述內在論理上的差別之外，馬克思主義與當代環境思潮另一項不同點，在於兩者對當代環境的根源，有著截然不同的認識。這個差異值得多一點篇幅來討論。如上所述，馬克思主義認爲當代生態或環境危機之所以發生，主要源自於經濟肇因。換言之，資本主義是所有問題的根源。這時會產生兩種分析模式，一種是把環境危機放在資本主義底下檢視。如此一來，相關問題就成了資本主義底下（within）的某種經濟危機（Barry, 2007: 158-160）；或者更進一步來說，環境危機可能發展到一種無以復加的地步，這使得它本身成爲資本主義危機的一部分。

當我們把環境危機看成是資本主義危機的一部分來分析時，我們很自然而然的會把環境問題，當成某種生產成本增加與利潤減少的問題來看待。也就是說，由於大量生產、大量消費、大量廢棄的關係，物資逐漸耗竭，環境也因之衰敗。如此一來，各種原物料的價格必然上漲，各國也必須採取必要措施（如：課徵空汙稅、進行排放管制、要求對已經產生的汙染予以必要的整治等等），來維持生態與人民的最底線的健康。對此，（環境）經濟學家提出「外部性」（externality）的概念，希望以經濟學的方式來解決環境問題。

外部性的概念簡單來說，是因爲經濟學家認爲環境問題的主要來源，是因爲過去我們把空氣、水等等資源都當成是不具稀少性或不用付出相對代價，即可獲得的「免費財」（free goods）來看待。由於這些寶貴的資源被認爲是免費的，人們當然會傾向毫無節制地去利用這些資源，並把使用過的資源任意廢棄或排出。一旦汙染與廢棄物回到環境之中，就會使得這些生產者、使用人以外的其他人或是社會大眾乃至整個地球，都必須共同去承擔汙染的後果。換言之，「免費」造成了汙染。

面對外部性，最簡單的方法就是把這些原本被無償使用的資源有償化。也就是把這些免費財標上一個價格，並由生產者或使用人透過付費來將外部性內部化。由於這些資源現在變成有償使用，根據經濟學的原理，當財貨的價格

愈高，生產者若想維持和原本相同的利潤，就必須節省使用資源；換言之，一旦空氣和水等資源要收費或已經變貴的時候，一個理性的人就會自覺地減排、減量。當然，這就達到了環保的目的。就實務上來看，各種牌照的交易制度（如：碳排放交易（emissions trading）），基本都是在這樣理念下設計出來的政策工具。就目前各國乃至國際間的發展態勢來看，經濟學的分析與採取經濟手段的管制方法，在實務界扮演重要的角色，甚至可以說是占據了主流通說的地位。對此，論者甚至還發展出「自由市場的環境主義」（Free Market Environmentalism）（Anderson & Leal, 2001）這類較為極端的流派。

　　不過，仔細分析上述採取經濟學視角的理論，就會發現他們背後預含的假設其實是：追求完全無（零）汙染既不可能，也沒有必要；既然如此，我們要做的其實是去找出一個汙染的均衡點（equilibrium）。這也是為什麼經濟學家致力在尋找所謂的「最適汙染點」（the most desirable level of pollution）（Hussen, 2004: 65）。換言之，論者其實打從一開始，就假定汙染是「必要之惡」。汙染在某種程度上，甚至被當成社會經濟活躍或工業進步的指標。既然如此，汙染既無須也無法完全根除。正因為這樣，我們只需設法把這些問題，控制在一定的基準下即可。比方說，在全球暖化的論戰中，不少論者就是採取這樣的論調，主張不應該對二氧化碳進行管制。原因是，二氧化碳排放的背後其實意味著人民的生計（如：畜牧的牛羊）、經濟的發展（各種工業），甚至它本身就意味著「生命」（綠色植物需要二氧化碳來行光合作用）。總體來說，上述的這類經濟論點採取的是某種被動控制的觀點；也就是希望以最經濟的方式，把各種汙染調控在「有點毒，但又不夠毒」的可接受範圍之內。

　　從這裡就可以看出，在經濟與發展優先的假設之下，經濟學家一方面假設了汙染的必要性，因此相當程度容忍了汙染的發生；另一方面，他們其實也不真的希望去「解決」汙染的問題，因為這麼做的成本可能過高，反而會妨礙經濟的發展。就像過去馬克思所說的那樣：

　　資產階級在它已經取得了統治的地方把一切封建的、宗法的和田園詩般的關係都破壞了。它無情地斬斷了把人們束縛於天然尊長的形形色色的封建羈絆，它使人和人之間除了赤裸裸的利害關係，除了冷酷無情的「現金交易」，就再也沒有任何別的聯繫了。……總而言之，它用公開的、無恥的、直接的、露骨的剝削代替了由宗教幻想和政治幻想掩蓋著的剝削。（《馬恩選集》卷1：274-275）

　　從另一個角度來看，由於環境問題會導致生產成本的堆高與利潤的下降，資本家當然也必須有所因應。此時，最理想的狀態是生產者改變製程，消費者妥適挑選，善用資源並減少廢棄。如果最後還是有廢棄物產出，也要經過適當的處理來達到最終處置。但在實際的生活中，對資本家而言更簡便的方式其實是將汙染移轉至他處（displacing）（Barry, 2007: 158）。這點我們從某些國家開始嚴加管制，汙染產業就開始外移的現象，大致看出端倪。問題是，一旦汙染被移轉他處，原本應該被內部化的外部性，其實還是繼續存在或是會以其他形式續存。總之，問題可能被改變或移轉至他處，但真正的問題卻還是沒能解決。

> 資本主義生產方式使我們的工人每夜都被圈在裡邊的這些傳染病發源
> 地、極惡劣的洞穴和地窟，並不是在被消滅，而只是在……被遷移！
> （《馬恩選集》卷3：196）

當然，汙染的問題不可能總是以遷移的方式來解決。一旦沒法再找到可以移轉的地方，或是問題已經到了無以復加的地步，更嚴重的後果可能就會一夕爆發，甚至撼動整個體系賴以維繫的根基。換言之，馬克思主義把環境的問題視爲是「資本主義的危機」（ecological crisis of capitalism），而不只是資本主義底下，體制本身就可以處理的問題（Barry, 2007: 158-160）。這裡也體現出馬克思主義與其他環境經濟學最大的不同，更延伸出O'Connor（1991; 1998）著名的雙重矛盾論。

　　對O'Connor而言，資本主義的第一重矛盾（First contradiction of capitalism）在於它有過度生產，以及爲了累積資本而不得不壓低勞工薪資的傾向。由於這些勞工同時也是產品的主要消費者，因此資本主義體制下的經濟危機不可能根除，而會反覆出現。與此類似的，資本主義的第二重矛盾在於它也會不斷透過剝削勞工與環境來增加生產。一旦這種剝削觸及到外在環境的臨界，就會導致整個制度的崩潰。當然，一旦整個制度受到搖撼，這時就開啓了後資本主義時代的新的可能。

　　總之，馬克思主義與當代環境經濟學理論最大的差異，在於論者是否把環境問題當成資本主義底下的問題，還是這些問題本身就是資本主義的問題。如果是前者，基本上我們可以透過資本的論理，也就是經濟學的角度解決。反之，如果我們認爲問題是來自資本主義自己的身上，一旦超越了自然設下的極

限，整個體制就可能因而崩解。

伍、討論：我們到底還需不需要馬克思？

在馬克思誕辰兩百週年的今天，每個馬克思研究者共同的問題可能都是：兩百年後的今天，我們到底還需不需要馬克思？或者更精確地說，環境思潮或生態主義到底需不需要馬克思？（Gimenez, 2000）對本文而言，問題可能不是簡單的要與不要，而在於我們需要哪一種馬克思？馬克思可以帶來何種啟發，以及當代的馬克思理解有哪些不足？

從上面的分析，我們知道馬克思主義透過「人—自然」的關係討論來理解兩者的關係，並延伸出他獨特的自然觀、勞動理論、資本主義批判等理解，這些無疑還是非常有價值的。事實上，對本文來說馬克思最大的啟發，就像香港「左翼21」在Martin Empson「馬克思主義與生態：資本主義、社會主義和地球的未來」的譯序（馬丁・恩普森，2018：3-4）中所言，在於馬克思已經意識到雖然（經濟）發展未必一定與環保相對立；但在當前資本主義的生產方式下，兩者的衝突是必然，而非偶然。更簡單地說，資本主義是不永續的。原因是，資本家面臨的是生死存亡的競爭。因此在這個制度下，他也只能不斷嘗試用最少的成本、最短的時間，來生產最大的利潤。只不過，這裡的成本指的只有生產的成本，而不包含其他環境的成本、工人健康的成本。總之，在當前的體制下，環境與勞工都必須付出慘痛的代價。

為了解決環境問題，當代很多環境理論家強調這是每一個人的責任，也需要每個人的參與。但一旦把焦點放在個人身上，這樣一方面會把問題給「非政治化」了；另一方面，也忽略了問題的源頭，可能在於整個體制的反生態本質，而不是在個人。畢竟，相較於政府決策和跨國企業，個人對整體的影響其實極其有限（馬丁・恩普森，2018：3-4）。不把問題放在個人，也不用「人類」這樣總括的概念來追究環境問題，這些都是馬克思理論的獨到之處。換言之，馬克思提供了一個分析的框架，讓我們得以把焦點正確地放在集體層次的社會形構，而不是課以個人和集體（人類）過大或過小的責任。此外，馬克思也提醒：當代想當然耳的制度與世界觀，其實是歷史上的偶然，而非必然。就這些點來說，我們需要馬克思，需要他的分析、他的執著、他的洞見、他的睿智。

但就另一方面來看，在梳理了當代馬克思理論家與環境思潮的辯論之後，

很難不感到論者辯論的問題太大、層次太高，也因此太虛無飄渺。只不過，身處在現今這個世界，我們面對了太多的環境問題。每一種問題，都急待論者提出解方。這些問題雖然有大有小，但再怎麼微小的問題，對當事人來說可能都是攸關生死的決定。就這點來看，馬克思對我們的幫助似乎極其有限。具體來說，在重新閱讀馬克思與生態理論的文獻之後，任何一位讀者都很難不注意到一個問題，就是：論者的分析，似乎都有一套極其近似的套路。在這套敘事中，不管遭遇的問題為何，讀者還沒有進入到分析，就已經知道（或猜得到）結論。不管問題為何，敵人（或說問題的來源）似乎只有一個，也就是：資本主義與資本家。只不過，問題並不完全出在資本家身上，因為當中多數當事人之所以採取如此的作為，其實是因為他們也處在這套制度下，因而身不由己。既然如此，我們必須追尋制度的改革。另一方面，由於涓滴社會變革無法真正改變現狀，因此解決問題唯一的方法，是找到一群行動者來進行根本且全面的改革。

問題是，資本主義這個目標太大，也太抽象（Robbins, Hintz, & Moore, 2014: 115）。但生活中的環境問題可能很大，卻也經常很小。大者如全球暖化、霾害、福島核災如何解決；小者則如到底要不要興建新的垃圾場或發電廠？如果要，建在哪裡最適合？經濟學家得出來的結論，當然未必正確（如：暖化問題以碳交易解決，垃圾場則應該建在窮人的區域）。但依循馬克思的理論軌跡，卻也同樣無法提供太多的替選方案可供政府或人民選擇（除了「不建」之外）。事實上，就像西方人常說的一句話：「如果你所（僅）有的工具是鐵鎚，那你只好把所有的問題都當成鐵釘。」（If the only tool you have is a hammer, you will start treating all your problems like a nail）換言之，即便我們都知道體制性改革的重要，但如果一時之間無法改變或改變不了，下一步應該怎麼辦？馬克思主義似乎沒有提供答案。

由這個角度來看，我們似乎不可能一直期待大論述、大敘事，以及大改變。某種程度來說，當代馬克思理論與生態論述之所以會產生這種巨型論述，是可以理解的。正因為面對的敵人太大，論者只好產出各種巨型敘事，歌頌有朝一日的改變。問題是，面對眼前的問題（全球暖化、空氣污染、核能爭議）幾乎沒有人會滿足於理論家再拿資本主義來當成永恆的目標。一個過大、過遠的目標，反而可能導致行動的延宕。就這一點來說，我們似乎已經不需要馬克思了。

話雖如此，對本文而言，我們當然還是需要馬克思；我們所不需要的，

可能是「馬克思主義者」[5]。或者，換一種方式來說，未來當然還需要繼續研究，但這些研究必須有助於實際問題的解決，不能再止於文本的爬梳與理論的堆砌。事實上，馬克思與恩格斯的入世精神，從他們的各種論著中也可以看出，雖然現在讀來它們可能是歷史，但諸如英國工人階級狀況等著作，其實都是那個時代的分析，也是兩人嘗試解決當時問題的努力。從這點來看，現下我們所需要的是面對當前的實際問題，並提出解決每一個小問題的解方。唯有當我們有大大小小的對策與方法，馬克思的精神也才得以延續。

陸、結論：馬克思誕辰兩百週年的當代意義

過去筆者（黃瑞祺、黃之棟，2005a，2005b，2013）曾經在幾個先前的著作中提出兩個不同的概念：生態馬克思主義與馬克思主義的生態學。兩者之間最大的差異，在於前者基本上認為馬克思主義與生態思潮、環境主義之間，存在了一定的衝突與歧異；或者更進一步來看，馬克思主義原先探索的議題，其實並不包含生態與環境。正因為如此，才需要將馬克思主義「綠化」（greening）（Benton, 1996）或是重構，進而促使它能用來解決當代的議題。但就馬克思主義的生態學（或是綠色馬克思主義）來看，馬克思主義當中本來就蘊含了豐富的綠色因子。因此，現下需要的不是尋求外部環境思潮的奧援或硬把馬克思主義「漂綠」，而是要在既有的文本與立論中，讀出當代的新意。

這兩種路徑當然沒有誰對誰錯的問題。不過，就整個學術的發展來看，過去左翼的生態論述基本是以前者（生態馬克思主義）為主流；近來則似乎越來越偏向後者，也就是希望從文本與理論中讀出生態意韻。在馬克思理論的學說進程中，這些都反映出了時代的歷程與學說的進展。不過，在馬克思誕辰兩百週年的重要時點上，重新爬梳當代馬克思理論，很難不看見前述我所提到的各種擔心；也就是說，馬克思主義雖然還是很有啟發，但對實際問題的解決，他的距離似乎越來越遠，論者分析的方式也越來越定型。

面對這樣的問題，也許真正的解決之道或許在於我們應該要讓馬克思的理論「落地」。換言之，不管是生態馬克思主義，還是馬克思主義的生態學，其

---

[5] 此處作者受到業師洪鎌德教授深遠的影響。依稀還記得當年在課堂上，洪老師便不斷強調「馬克思學」（Marxology）與「馬克思主義」（Marxism）的區別。此處作者也是在這個區分上來理解馬克思的理論。

實都只是理論層次的論辯而已。就像Barry（2007: 155）所言，由於面對了嚴峻的生態危機，馬克思主義才不得不有所回應（reactionary）。這些學術論辯固然有其價值，但似乎與環境問題的解決並沒有直接的關係。若如此，當下我們該做的，也許是要從本土、從身邊細小的問題開始，實際應用馬克思理論來解決問題。對本文而言，這也許是當代馬克思研究者在面對「後馬」時期，所不得不面對的挑戰。

參考書目

　　本文所使用的《馬恩全集》是北京人民出版社，自1956年到1985年間所出版之俄譯本五十卷《馬克思恩格斯全集》。若特別註明爲《馬恩全集》二版時，指的是同出版社1995年後所陸續出版的德譯本《馬克思恩格斯全集》。由於各卷出版時間不一，在此不一一列出出版時間。此外，本文所使用的《馬恩選集》指的是1995年同出版社的德譯版《馬克思恩格斯選集》；在有特別註明《馬恩選集》第一版時才是指該出版社的1972年俄譯版。。

外文書目

Agyeman, J., & Ogneva-Himmelberger, Y.

2009　*Environmental justice and sustainability in the former Soviet Union*. Cambridge, Mass: MIT Press.

Anderson, T. L., & Leal, D. R.

2001　*Free market environmentalism*. New York: Palgrave.

Barry, J.

1999　Marxism and ecology. In Andrew Gamble, David Marsh, & T. Tant (Eds.), *Marxism and social science* (pp. 259-279). London: Springer.

2007　*Environment and social theory*. New York: Routledge.

Beck, U.

1992　*Risk society: Towards a new modernity*. London: Sage Publications Ltd.

Benton, T.

1989　Marxism and natural limits: An ecological critique and reconstruction. *New Left Review* (178), pp. 51-86.

1992　Ecology, socialism and the mastery of nature: A reply to Reiner Grundmann. *New Left Review* (194), pp. 55-74.

1996　*The greening of Marxism*. New York: The Guilford Press.

Bullard, R. D.

2000　*Dumping in Dixie: Race, class, and environmental quality* (3rd ed.). Boulder, Colo: Westview Press.

Burkett, P.

2003　Ecology and Marx's vision of communism. *Socialism and Democracy, 17*(2), pp. 41-72.

2005　Marx's Vision of Sustainable Human Development. *Monthly Review, 57*(5), pp. 34-62.

Burkett, P., & Foster, J. B.

2006　Metabolism, energy, and entropy in Marx's critique of political economy: Beyond the Podolinsky myth. *Theory and Society, 35*(1), pp. 109-156.

Carson, R.

2002　*Silent spring.* New York: Houghton Mifflin Harcourt.

Dobson, A.

2000　*Green political thought* (3rd ed.). London: Routledge.

Dunlap, R. E., & Van Liere, K. D.

1978　The "new environmental paradigm". *The Journal of Environmental Education, 9*(4), pp. 10-19.

Dunlop, R. E., Van Liere, K. D., Mertig, A. G., & Jones, R. E.

2000　Measuring endorsement of the New Ecological Paradigm: A revised NEP scale. *Journal of Social Issues, 56*(3), pp. 425-442.

Eckersley, R.

1992　*Environmentalism and political theory: Toward an ecocentric approach.* London: UCL Press.

Ehrlich, P.

1971　*The population bomb.* New York: Buccaneer Books.

Foster, J. B.

1997　The crisis of the earth: Marx's theory of ecological sustainability as a nature-imposed necessity for human production. *Organization and Environment,*

10(3), pp. 278-295.

2000　*Marx's ecology: Materialism and nature*. New York: NYU Press.

2002a　*Ecology against capitalism*. New York: Monthly Review Press.

2002b　Marx's ecology in historical perspective. *International Socialism Journal* (96), pp. 71-86.

Foster, J. B., & Burkett, P.

2000　The dialectic of organic/inorganic relations: Marx and the Hegelian philosophy of nature. *Organization and Environment, 13*(4), pp. 403-425.

Gimenez, M. E.

2000　Does ecology need Marx? *Organization & Environment, 13*(3), pp. 292-304.

Ginn, F., & Demeritt, D.

2009　Nature: a contested concept. In N. Clifford, S. Holloway, S. P. Rice, & G. Valentine (Eds.), *Key concepts in geography* (pp. 300-311). London: Sage.

Grundmann, R.

1991　*Marxism and ecology*. Oxford: Oxford University Press.

Guha, R., & Alier, J. M.

2013　*Varieties of environmentalism: Essays North and South*. London: Earthscan.

Hayward, T.

1995　*Ecological thought: An introduction*. Cambridge: Polity.

1997　Anthropocentrism: A misunderstood problem. *Environmental Values, 6*(1), pp. 49-63.

2001　*Political theory and ecological values*. Cambridge: Polity.

Hussen, A. M.

2004　*Principles of environmental economics*. New York: Routledge.

Keller, D. R.

2009　Deep ecology. In J. B. Callicott & R. Frodeman (Eds.), *Encyclopedia of Environmental Ethics and Philosophy* (pp. 206-211). New York: Gale Cengage Learning.

Latour, B.

2017　*Facing Gaia: Eight lectures on the new climatic regime*. Cambridge: Polity.

Layfield, D.

2008　*Marxism and Environmental Crises*. Suffolk: Arena books.

Leiss, W.

1994　*Domination of nature*. Montreal: McGill-Queen's Press.

Lovelock, J.

2000　*Gaia: A new look at life on earth*. Oxford: Oxford University Press.

Martinez-Alier, J.

2003　*The Environmentalism of the poor: A study of ecological conflicts and valuation*. Cheltenham: Edward Elgar Publishing.

Meadows, D. H., Meadows, D. L., Randers, J., & Behrens, W. W.

1972　*The limits to growth: A report for the Club of Rome's project on the predicamnet of mankind*. New York: Universe Books.

Merchant, C.

1992　*Radical ecology: The search for a livable world*. New York: Routledge.

Naess, A.

1973　The shallow and the deep, long range ecology movement. A summary. *Inquiry, 16*(1-4), pp. 95-100.

Nixon, R.

2011　*Slow Violence and the Environmentalism of the Poor*. Cambridge, MA: Harvard University Press.

O'Connor, J.

1991　On the two contradictions of capitalism. *Capitalism, Nature, Socialism, 2*(3), pp. 107-109.

1998　*Natural causes: Essays in ecological Marxism*. New York: Guilford Press.

Pepper, D.

1993　*Eco-socialism: from deep ecology to social justice*. London : Routledge.

Robbins, P., Hintz, J., & Moore, S. A.

2014 *Environment and society: a critical introduction*. Chichester: John Wiley & Sons.

Schmidt, A.

1971 *The concept of nature in Marx*. London: NLB.

Sessions, G.

1995 *Deep ecology for the twenty-first century*. Boston: Shambhala.

Singer, P.

2004 *One world: Ethics Of globalisation*. New Haven: Yale University Press.

Taylor, D. E.

2000 The rise of the environmental justice paradigm: Injustice framing and the social construction of environmental discourses. *American Behavioral Scientist*(4), pp. 508-580.

Tolman, C.

1981 Karl Marx, alienation, and the mastery of nature. *Environmental Ethics, 3*(1), pp. 63-74.

Vincent, A.

2003 Green political theory. In R. Bellamy & A. Mason (Eds.), *Political Concepts* (pp. 182-195). Manchester: Manchester University Press.

Williams, R.

1976 *Keywords:A vocabulary of culture and society*. New York: Oxford University Press.

Zimmerman, M.

1979 Marx and Heidegger on the technological domination of Nature. *Philosophy Today, 23*(2), pp. 99-112.

華文書目

法蘭茨・布呂格邁耶爾

2000　《生態的挑戰》,臺北:麥田。

洪鎌德

2004　《當代主義》,臺北:揚智文化。

2018　《馬克思與時代批判》,臺北:五南圖書。

馬丁・恩普森

2018　〈馬克思主義與生態:資本主義、社會主義和地球的未來〉。資料來
　　　源:https://www.marxists.org/chinese/pdf/08/marxism-and-ecology.pdf。

陳劍瀾

2005　〈深生態學運動的政治空間〉,《二十一世紀評論,(87):35-41。

黃之棟

2003　《馬克思主義的生態學:以馬恩兩人為中心》(碩士),國立臺灣大
　　　學,臺北。

黃瑞祺、黃之棟

2005a　《自然的人化與人的自然化》,臺北:松慧有限公司。

2005b　《綠色馬克思主義》,臺北:松慧有限公司。

2013　《綠色馬克思主義的型塑軌跡》,臺北:碩亞。

瑞尼爾・格倫德曼

2015　〈馬克思主義面臨的生態挑戰〉,《南京林業大學學報(人文社會科
　　　學版)》,2015(2):11-42。

從「普勞階級革命」到「民主革命」的轉變：後馬克思主義對馬克思思想的批判與繼承[1]

曾志隆

臺北藝術大學通識教育中心暨東吳大學政治學系兼任助理教授

---

[1] 本文部分架構與內容取材自筆者2005年的舊作〈傳統或反叛？─穆芙對馬克思主義階級認同的解構與重構〉（《思與言》第43卷第4期，第45-83頁）。

第六章
從「普勞階級革命」到「民主革命」的轉變：
後馬克思主義對馬克思思想的批判與繼承

壹、前言

　　普勞階級[2]革命（Proletarian Revolution）是馬克思（Karl Marx, 1818-1883）的理論核心之一。馬克思主張普勞階級革命的目的在推翻資產階級（bourgeoisie）的社會生產體制，因為這種生產體制將勞動力視為商品，透過長工時、低工資來剝削普勞階級，不但使得普勞階級的物質生活陷入困境，也使得普勞階級的精神生活產生「異化」（alienation）[3]。

　　但普勞階級革命早在二十世紀初第二國際（Second International）[4]的馬克思主義陣營即出現過一番論辯。辯論的焦點倒不是質疑普勞階級的角色，而是對於普勞階級如何形成的看法出現爭議。到了1980年代，則又有自稱「後馬克思主義」（Post-Marxism）[5]的拉克勞（Ernesto Laclau, 1935-2014）與穆芙

---

[2] 'Proletarian'中文通譯為「無產階級」或「普羅階級」，國內學者洪鎌德則主張將"Proletariat"改譯為「普勞階級」，原因在於一來可與「普遍勞動」（包括勞心與勞力）的意思較為符合；二來可與帶有「專業化」（profession）意思的「普羅汽車」、「普羅齒科」、「普羅飲水機」等廣告相區隔（洪鎌德，1988：95n、1996：14n、1997a：65n、1997b：47n、1999b：58n1、2000：4n、2001：120n、2004a：5n、2004b：114n、2010：45n1、101n2、2014：17n3；曾志隆，2005：49n6、2006：48n33）。

[3] 馬克思在《1844年經濟學哲學手稿》提到的「異化」包括：(1)勞工與勞動產品相異化；(2)在勞動過程與生產行為相異化；(3)與人的類本質相異化；(4)人與人相異化（Marx, 1990: 47-61）。

[4] 共產主義運動自十九世紀開始，一共經歷過四個「國際」，其中第二國際的正式名稱是「社會主義者國際」（Socialist International），由恩格斯（Friedrich Engels, 1820-1895）於1889年策劃成立於法國巴黎，後來因為內部分裂，於第一次世界大戰爆發之後終止運作。有關四個「國際」的成立時間與解散，請參閱李超宗《新馬克思主義思潮——評介「西方馬克思主義」》一書第14頁註4。

[5] 在馬克思過世之後，馬克思的理論學說就發展出一些流派，諸如「正統馬克思主義」（Orthodox Marxism）、「西方馬克思主義」（Western Marxism）、「新馬克思主義」（Neo-Marxism），乃至「後馬克思主義」等等。拉克勞與穆芙雖然自稱是「後馬克思主義者」，但兩人其實沒有太過於強調這個名詞的意義，只是在《主導權》一書的第二版序言裡輕描淡寫地提到這個詞彙存在的目的在質疑馬克思主義封閉的理論體系（Laclau & Mouffe, 2001: ix-x）。也因為拉克勞與穆芙是運用後結構主義（Post-Structuralism）的方法來重新詮釋馬克思主義。因此，曾志隆認為不妨將拉克勞與穆芙的「後馬克思主義」視為「後〔結構主義〕（的）馬克思主義」（Post-Structural Marxism）（曾志隆，2002：238；2006：77-80）。有關「西方馬克思主義」、「新馬克思主義」及「後馬克思主義」的源起、界定、分期與代表人物和學說，請參閱Perry Anderson所寫的Considerations on Western Marxism一書及洪鎌德撰寫之《新馬克思主義和現代社會科學》（1988/1995）、《跨世紀的馬克思主義》（1996）、《馬克思》第二十二章第四節及第二十三章第一節（1997a）、《西方馬克思主義》（2004a）、《當代主義》（2004b）第五章第三節及《從唯心到唯物：黑格爾哲學對馬克思主

（Chantal Mouffe, 1943-）挑戰普勞階級革命理論。本文的主要目的在討論後馬克思主義者爲何要挑戰普勞階級革命？這項挑戰是徹底地與馬克思決裂，或是對馬克思思想的承繼？又對於馬克思思想的發展可能會帶來哪些意義？

　　本文在架構上將首先概述拉克勞與穆芙提出「民主革命」（Democratic Revolution）的背景因素；其次指出拉克勞與穆芙爲何對於「階級」概念提出批判？第三指出拉克勞與穆芙爲何主張以「民主革命」取代「普勞階級革命」？第四則評述「民主革命」的提出對於馬克思主義陣營有何意義？最後則是本文的結語。

貳、「民主革命」提出的背景因素

　　拉克勞與穆芙的成名之作是兩人於1985年所合寫的《主導權與社會主義戰略》（*Hegemony and Socialist Strategy: Toward a Radical Democratic Politics*）一書。雖然兩人的學術關懷其實各有不同，例如拉克勞著重於探討主體認同的建構如何可能？穆芙則傾向於爲何及如何以民主作爲社會各種不滿聲音之間的共同訴求[6]？雖然兩人的學術興趣存在些差異，但兩人的目標卻是一致的，就是挑戰馬克思的階級認同與階級革命理論。而且，兩人所立基的理論基礎卻是相同的，也就主導權（hegemony）。

　　拉克勞與穆芙之所以批判馬克思的階級認同與階級革命主張，與他／她們

　　義的衝擊》（2007）第一章第七節以後，及《馬克思與時代批判》（2018）第六章及第七章等著作。

[6]　溫曼（Mark Anthony Wenman）曾經爲文區辨拉克勞與穆芙學術關懷的不同，如溫曼指出：拉克勞即曾明確地表示《主導權》一書當中有關「激進與多元民主政治」（radical and plural democracy）理論是穆芙的貢獻。而且，兩人自《主導權》與〈後馬克思主義毋須辯解〉（*Post-Marxism Without Apologies*）之後，就再也沒有聯名發表過著作。溫曼認爲拉克勞與穆芙最大的不同之處在於拉克勞所關注的是普遍（the universal）凌駕特殊（the particular）的問題，並且迴避了對倫理-政治（ethico-political）的闡釋。但穆芙與拉克勞相反，穆芙不但著重倫理—政治的關聯，她所關注的激進民主還是對價值多元主義（value pluralism）與消極自由（negative liberty）的一種保障。況且，拉克勞將政治視爲特殊意圖取得主導權地位，從而化身爲一種普遍的說法，其實與穆芙的觀點存在著嚴重的對立，因爲這將使得多元主義成爲不可能，會與穆芙的尊重當代政治的特殊性，而且保護與促進特殊團體的權利，以打造一個集體關懷的共和（*republica*）形構相違背（曾志隆，2005：47-48n3、2006：10-11）。有關溫曼的看法可進一步參閱〈拉克勞或穆芙？妥協折衷〉（*Laclau or Mouffe? Splitting the Difference*）一文。

兩人的個人經歷和學思歷程及時代背景有關：

　　首先，就兩人的個人經歷和學思歷程來看。拉克勞於1935年出生於阿根廷，在一個中產且具自由主義傾向的家庭裡成長。成年之後，曾在布宜諾斯艾利斯大學（*Universidad de Buenos Aires*）接受大學教育，同時擔任哲學與藝術學院的學生聯盟主席，並身兼布宜諾斯艾利斯大學評議會左派學生運動的代表。1958年，拉克勞加入阿根廷社會黨（*Partido Socialista Argentino*; PSA）。1960年代，因爲阿根廷社會黨分裂，拉克勞於1963年加入了由拉莫士（Jorge Abelardo Ramos, 1921-1994）所領導的國家左派社會黨（*Partido Socialista de la Izquierda Nacional*; PSIN），並且擔任國家左派社會黨刊物——《勞動者鬥爭》（*Lucba Obrera*; *Workers' Struggle*）的編輯。1966年阿根廷政變期間又參與了學潮，反抗軍人干政。1969年，赴英國就讀於牛津大學聖安東尼學院（St Antony's College, Oxford），並取得博士學位。1973年之後，拉克勞即在英國艾賽克斯大學（University of Essex）政治學系執教，期間也擔任過加拿大多倫多大學（University of Toronto）政治經濟研究所、美國芝加哥大學（University of Chicago）歷史系，以及南美洲幾所大學的客座教授等等。2014年則因爲心臟病病逝於西班牙的塞維亞（Sevilla）。

　　至於穆芙則是1943年出生於比利時的博列（Baulet）。早在比利時的魯汶天主教大學（*Université Catholique de Louvain*）求學時，即積極參與比利時的學生運動，並爲兩本發行量不大的刊物擔任主編的工作，而且在這個時候成爲社會黨的黨員。1960年代中期則前往巴黎，授業於阿圖舍（Louis Althusser, 1918-1990）。但是，對於阿圖舍爲法國共產黨提出的理論復興計畫[7]興趣不大，因此不曾加入法國共產黨的活動；她反而是對於反帝國主義的鬥爭運動興趣濃厚，因而參加了幾個與拉丁美洲解放運動有關的組織，也因爲這個原

---

[7] 阿圖舍爲法國共產黨所提出的理論復興計畫就是後來被稱之爲「結構主義的馬克思主義」（Structural Marxism），也就是阿圖舍嘗試以「多層次決定」（overdetermination）來取代經濟決定論，主張社會結構並非由單一的經濟因素所決定，上層建築同時也具有部分的決定作用。可是阿圖舍雖然嘗試以「多層次決定」來取代經濟決定論，但阿圖舍後來還是有回到經濟決定論之嫌，如阿圖舍在與巴利霸（Étienne Balibar, 1942-）合著的《閱讀資本論》（*Reading Capital*）裡提到：「爲了構想在一個統一體的危機〔時刻〕，一個結構『支配』其他結構，必然要涉及到非經濟結構『最後事例』（in the last instance）」爲經濟結構所決定的法則。」（Althusser & Balibar, 1979: 99）有關阿圖舍與法共的歷史，可進一步參考魯凡之《西方批判理論評析》（1982：129-130）及徐崇溫《西方馬克思主義》（1994：50-52）。

因，促成穆芙於1967年至1973年這段期間前往南美哥倫比亞與其他拉丁美洲國家，並曾任教於南美洲的哥倫比亞大學，自1973年返回歐洲之後，先後執教於衛斯裴爾德學院、倫敦大學等學校，1988年至1990年則在普林斯頓大學與康乃爾大學擔任研究員，之後在巴黎國際哲學學院（*Collége International de Philosophie*）從事研究工作，後來又任教於英國西敏寺大學（University of Westminster）等等[8]。

　　拉克勞因為出生及成長於南美的阿根廷，再加上本身也參與過一些左派的社會運動，自然對於馬克思主義的理論有一番不同的反省和見解，例如拉克勞從阿根廷的民粹主義（populism）經驗，一直在思考民粹主義能不能用階級的概念來解釋（Laclau, 1977）？而穆芙雖然出生及成長於歐陸的比利時，但由於有1967年至1973年的這段南美經歷，給予穆芙深刻反思馬克思主義的機會，特別是針對她的老師阿圖舍，認為阿圖舍的理論最後還是回到教條主義（dogmatism），對於南美哥倫比亞的情況沒有提供充分的解釋力。再加上1970年代穆芙從南美洲回到歐洲之後，又目睹了女性主義運動與其他各種訴求不同的新社會運動，譬如女性主義（feminism）；族群、民族、少數性團體的抗議運動；反核運動等等同時並起。因此，促成拉克勞與穆芙開始質疑馬克思的階級概念與革命的主張能否適用於當代？這些社會運動能否被涵蓋在「階級」這個概念之下？左派是否還有必要被階級的概念所綁架嗎（Laclau & Mouffe, 2001: 1-2）？

　　其次，1970年代末正是新右派（New Right）[9]逐漸取得優勢並引領風潮的時代。新右派的崛起和二戰以後的「意識形態的終結」（the end of ideology）

8　以上有關拉克勞與穆芙的簡介，請分別參見曾志隆《拉克勞與穆芙》一書，第29-30頁及〈基進與多元民主政治理論的建構：以穆芙的「爭勝式民主」為討論對象〉（2006：10n24、65-66）。或可進一步參閱Laclau《我們時代革命的新反思》（*New Reflections on the Revolution of Our Time*）（1990：197-198）；Torfing《新言說理論：拉克勞、穆芙與紀傑克》（*New Theories of Discourse: Laclau, Mouffe and Žižek*）（1999: 15-16）；洪鎌德《跨世紀的馬克思主義》（1996：99-100）等著作。

9　「新右派」、「新保守主義」（Neoconservatism）與「新自由主義」（Neoliberalism）是不太容易區分的概念，在歐洲及美國隨著學者之間的用法不同而有差異。但此處所指涉的「新右派」主要的主張包括「自由放任」（*Laissez-faire*）、「市場經濟」（market economy）及「小政府」（Minarchism）等等。有關「新右派」、「新保守主義」與「新自由主義」的區分請進一步參閱水秉和〈新保守主義的興起和衰落〉（1988）、李永熾〈激進後的反彈──美國：新保守主義與文化〉（1988）、孫同勛〈反抗新階級──美國：從保守到新保守〉（1988）、洪鎌德《自由主義》（洪鎌德，2002b）、《當代主義》第二章與第三章（洪鎌德，2004b）等相關著作。

或「單面向社會」（one-dimensional society）有關，前者由李普塞（Seymour M. Lipset, 1922-2006）所提出，後者則是馬孤哲（Hebert Marcuse, 1898-1979）的形容。無論是「意識形態的終結」或是「單面向社會」，其內涵都在描述1950年代至1960年代西方資本主義瀰漫在一股「新政治」（new politics）的氛圍裡，政治呈現一片祥和。差別在於李普塞認為「新政治」肇因於二戰之後，馬克思主義與列寧主義（Leninism）的魅力已非昔比，再加上勞工階級已經獲得政治公民權、保守黨也接受了福利國家（welfare state）理念。因此，無論哪一個政黨執政，其實並無多大差異。但是，馬孤哲則認為「新政治」所展現的祥和其實是國家干預，並且帶來龐大的私人與官僚組織。另外，大眾傳播不斷散布「錯誤的意識」：一味促進消費。致使人們不再思考與知曉自己的利益所在。無論如何，1950年代至1960年代的景象，在福利國家的理念之下，終究促使人們相信：國家是提升個人與集體「利益」的最佳工具，認為政府可以保護公民免受任意的干擾，幫助弱勢，為人類創造廣泛的機會。因此，無論是誰或是哪一個政黨執政，政府進行干預已經是不可避免。

　　但「新政治」所呈現的景象在1960年代末卻有了大轉變，這是因為歐洲經濟大量萎縮，導致福利國家面臨經費困難的窘境，同時造成人民對政黨的幻想逐漸破滅、對政治家的言論也產生懷疑。偏向自由主義陣營的學者如杭亭頓（Samuel P. Huntington, 1927-2008）等人以「超載政府」（overloaded government）來形容福利國家所面臨的困境：福利國家提高生活水準→更多的期望→政客與政黨輪番加碼→國家膨脹→喪失有效的管理能力→國家開支日益上升→逐步破壞個人的創造能力與侵入私人自由企業領域→陷入更多期望的惡性循環。而馬克思主義陣營的學者如哈伯瑪斯（J. Habermas, 1929-）、歐斐（Claus Offe, 1940-）等人則直指福利國家正面臨「合法性危機」（legitimation crisis）：經濟本來就不穩定→為維持經濟與政治秩序→國家干預→擴大行政管理機構→增加財政預算→向市場收稅及貸款→危害經濟成長→面臨「合法性與動力危機」→可能出現獨裁主義→陷入惡性循環或產生緩慢的革命性轉變。細究左、右陣營對福利國家困境的描述，差異不是太大，但如何解決這個局面則是一個大哉問！自由主義陣營的學者一方面認為唯有堅決、果敢的政治領袖拒斥民主的壓力與要求，才能打破這個困境；另一方面，哈耶克（Friedrich Hayek, 1899-1992）、諾吉克（Robert Nozick, 1938-2002）等人則提出：(1)「市場」的概念應擴展至更多的生活領域；(2)小政府；(3)限制部分團體（如工會）的組織與力量；(4)強硬的政府以加強法律與秩序等等，即成為新右派

的主要訴求[10]。

這些新右派的主要政治語言與綱領，不但透過大眾傳播媒體取得民眾的認同，而且還在政治上獲得執政地位，如英國的保守黨在野九年之後，在柴契爾夫人（Margaret Thatcher, 1925-2013）的領導下，於1979年重新贏得政權、美國的共和黨也在睽違四年之後，由共和黨籍的雷根（Ronald Reagan, 1911-2004）重新入主白宮。反觀左派，卻還是堅守「平等」的價值，沒有積極去回應新右派所提出的「自由—民主」的論述。因此，拉克勞與穆芙認為左派不能只是一味的堅守固有的立場，必須兼顧自由與民主的主張，才能呼應時代的要求（Laclau & Mouffe, 2001: 164; 176）。

綜上所述，對於拉克勞與穆芙而言，正是因為理解到馬克思主義對於當代社會的詮釋已經出現窘境，再加上新右派不斷地在理論上推陳出新。因而主張左派沒有理由在原地踏步！反而應該積極建構新的觀點，才能抵擋來自新右派的攻勢。「民主革命」就是在此背景之下成為拉克勞與穆芙的社會主義戰略。

參、「階級」概念的批判

然而，拉克勞與穆芙為何認為馬克思主義傳統的「階級」概念無法涵蓋1960年代後期出現的這些社會運動？這個問題可以先從馬克思的階級觀談起。

在與恩格斯合撰於1848年的《共產黨宣言》（*The Communist Manifesto*）裡，馬克思與恩格斯首先肯定「至今一切社會的歷史都是階級鬥爭的歷史」（《馬恩選集》卷1：272）。接著就是肯定在現代資產階級社會裡，由於分工與激烈的競爭，最後必然就是資產階級與普勞階級之間的對抗，資產階級是既得利益者，彼此必定會形成一個牢固的階級。至於被剝削的普勞階級人數也會日益增大，因為：

> 以前的中間等級的下層，即小工業家、小商人和小食利者，手工業者和農民——所有這些階級都降落到無產階級的隊伍裡來了，有的是因為他們的小資本不足以經營大工業，禁不起較大的資本家的競爭；有的是因為他們的手藝已經被新的生產方法弄得不值錢了。無產階級就

---

10 以上有關新右派崛起的背景，請參閱David Held, *Models of Democracy*一書第七章（特別是第185-209頁）。

是這樣從居民的所有階級中得到補充的。（《馬恩選集》卷1：280）

〈共產黨宣言〉的這段敘述引發一個必須深思的問題：也就是這些小工業家、小商人和小食利者、手工業者和農民等等，是如何加入到普勞階級行列裡去的？是完全的融入普勞階級的陣營裡去？還是與普勞階級是彼此結為同盟的關係？馬克思本人對於這些問題的答案並不夠明確，例如在上述的〈共產黨宣言〉中提到「以前的中間等級的下層，即小工業家、小商人和小食利者，手工業者和農民——所有這些階級都降落到無產階級的隊伍裡來了」，就字面意思看來，將這些中間階級的下層詮釋為與普勞階級合為一體並無不妥，或者解釋為聯合起來似乎也行。而在《哲學的貧困》（*The Poverty of Philosophy*）一書當中，馬克思則比較強調階級之間的聯合：

> 經濟條件首先把大批的居民變成勞動者。資本的統治為這批人創造了同等的地位和共同的利害關係。所以，這批人對資本說來已經形成一個階級，但還不是自為的階級。在鬥爭（我們僅僅談到它的某些階段）中，這批人聯合起來，形成一個自為的階級。他們所維護的利益變成階級的利益，而階級同階級的鬥爭就是政治鬥爭。（《馬恩選集》卷1：193）

因此，對於馬克思來說，普勞階級的數量是因為聯合而逐漸增加。可是，這並不必然表示普勞階級已經做好要和資產階級對抗的準備，因為這個時候的普勞階級還不具備堅定的意志，必須要普勞階級已經具備充分的階級意識（class consciousness），也就是從自在階級（class in itself）進一步提升為自為階級（class for itself），普勞階級才算是真正準備為自身的利益而戰鬥，並展現階級鬥爭的性質，也就是政治鬥爭。

儘管馬克思在他著名的〈《政治經濟學批判》序言〉（*A Contribution to the Critique of Political Economy*）裡將人類各個歷史階段的社會結構比喻為上、下兩層樓的建築，認為基礎或下層建築（base）的改變會導致上層建築（superstructure）的改變：

> 在人們所從事的社會生產中，必然進入特定的、不受其意志左右的關係裡。這種關係可以稱之為生產關係，它與其物質生產力的一定發展

階段相對稱。這些生產關係的總體，建構了社會的經濟結構，也就是實質的基礎。在此基礎之上，矗立著法律的與政治的上層建築，並且有與實質基礎相配稱的特定意識形態存在。物質生活的生產方式，截然的決定社會的、政治的與知識的生產過程。……，在發展的某一階段上，社會的物質生產力與現存而又彼此協作的生產關係——生產關係的法律表述為財產關係——發生衝突。就生產力發展的形式來說，這些現存的生產關係，變成「阻礙進展的」桎梏。於是，社會革命爆發的時刻到來，隨著經濟基礎的變動，整個上層建築或多或少的快速變動。（Marx, 1986: 187；洪鎌德，1983：21；1997a：266；1997b：25-26，231-232）

　　但是，從上述所引用的《共產黨宣言》及《哲學的貧困》這些段落來看，馬克思並不是一位機械式的經濟決定論（economic determinism）者，認為歷史的變遷必然由下層的生產力（forces of production）帶動生產關係（relations of production）的變動，從而造成上層建築的改變是直線型的過程。相反的，下層建築或者說經濟條件充其量只是一個改變的基礎，不會因為經濟條件的發生變化，就自然的形成階級之間的區分與對抗，關鍵在於普勞階級本身也必須同時具備階級意識[11]。

　　只是在馬克思過世之後，馬克思的這些觀點卻被恩格斯乃至第二國際主要人物如考茨基（Karl Kautsky, 1854-1938）、普列漢諾夫（Georgi Plekhanov, 1856-1918）等人所曲解了。一如本文前言所提到的，早在二十世紀初第二國際對於普勞階級革命就有過一番論辯，例如羅莎·盧森堡（Rosa Luxemburg, 1871-1919）認為不同的階級之間的統一，必然要經過革命的過程，而經濟革命與政治革命正是與階級統一互為作用、互為因果的。但是，普列漢諾夫等人所持的看法是階級統一是必然的，是透過經濟所決定的[12]。

---

[11] 階級意識如何具備？是階級自力取得？或者必須仰賴外部的力量？就馬克思的看法，共產黨人就是賦予普勞階級階級意識的重要角色：「共產黨人同其他無產階級政黨不同的地方只是：一方面，在各國無產者的鬥爭中，共產黨人強調和堅持整個無產階級共同的不分民族的利益；另一方面，在無產階級和資產階級的鬥爭所經歷的各個發展階段上，共產黨人始終代表整個運動的利益。」（《選集》卷1：285）換句話說，階級意識必須被啟發，而共產黨人扮演的角色既是普勞階級的啟蒙者，更是普勞階級革命的先鋒。

[12] 有關第二國際之間對於階級統一的形成論辯，可進一步參閱Laclau & Mouffe所合寫的*Hegemony and*

　　對於拉克勞與穆芙而言，無論普勞階級是與其他階級聯合，或者是其他階級與普勞階級併爲一個階級，馬克思所提出的階級對立基本上還是無法跳脫出法國大革命時期人民（people）／舊體制（*ancien régime*）之間的對抗方式，只是將人民予以轉化爲普勞階級，將舊體制予以轉換爲資產階級罷了。至於轉化的方法是先運用了歷史的——社會的假設（historical-sociological hypotheses），將社會結構予以簡化，強調下層建築裡的生產關係層次，然後將實際的政治鬥爭和以階級爲行動主體的鬥爭串聯起來；其次，再藉由這個被簡化的社會結構，假設階級行動主體的意識會由自在階級進一步地提升爲自爲階級（Laclau & Mouffe, 2001: 151-152）。

　　另外，拉克勞與穆芙認爲階級認同，乃至任何認同的建構過程並非如馬克思所假設的，尤其是第二國際所建構出來的機械式的下層建築影響上層建築與階級認同的經濟決定論，拉克勞與穆芙試圖回復政治的地位，反對第二國際的「階級化約論」（reductionism）與「本質論」（essentialism）立場，從索緒爾（Ferdinand de Saussure, 1857-1913）的符號學（Semiotics）理論中獲得啓發，並運用德希達（Jacques Derrida, 1930-2004）的後結構主義（Post-structuralism）方法論[13]，主張認同，包含階級的認同是類似符號的建構一般，是能指（signifier）與所指（signified）「接合」（articulation）的結果，例如提到「馬」（能指），腦海裡就自然而然浮出「馬」的形象（所指）。只是不同於索緒爾符號學理論的是，拉克勞與穆芙不認爲能指與所指的接合是一對一的接合關係、是固定不變的。在拉克勞與穆芙看來，接合只能是偶然的（contingent）、部分的（partial），而且是會隨時解組的。拉克勞與穆芙主張提到：

> 我們所稱呼的接合，係指在組成因素（elements）之間建立一種關係的任何實踐。因此，認同的意義修改，是接合實踐的結果。由接合實踐所產生的結構整體，我們稱之爲言說（discourse）。在言說裡完成接合的各種差異位置，我們稱之爲環節（moments）。相反地，我們所稱呼的組成因素，是指尚未形成言說接合的各種差異。（Laclau &

Socialist Strategy: Toward a Radical Democratic Politics 一書第一章。

[13] 後結構主義的主要論點在批判結構主義，強調結構的中心不是固定的，而是不斷的替代（曾志隆，2006：71-75）。

Mouffe, 2001: 105）

而任何接合的可能性在於：

> 接合的實踐包含節點（nodal point）的建構，部分地固定意義；並
> 且，因為社會的開放致使固定僅具有部分的特質，這是漫無天際
> 的言說場域使得每一個言說接連不斷溢出的一種結果。（Laclau &
> Mouffe, 2001: 113）

換句話說，我們的日常生活中所使用的文字、語言、符號等等構成一個言說的場域（field of discursivity），在這個言說場域裡布滿著準備隨時被接合的組成因素。一旦組成因素被接合之後，就會形成一個言說，也就是形成認同，而言說裡形成的差異位置就是環節，任何接合之所以可能，都是因為某個「節點」企圖在星羅棋布的言說場域（field of discursivity）裡發揮優勢，接合組成因素，進而發揮「同值」（equivalence）效應，也就是共同的價值，所打造出來的（曾志隆，2002：115-116、2005：60、2006：154）。

例如歐洲聯盟（European Union）的組成宗旨就是節點，而各會員國就是「歐洲」這個言說場域裡的組成因素，因節點發揮同值效用而被接合，形塑「歐洲聯盟」的認同。至於組成的會員國在歐洲聯盟裡就是環節，仍然保有自主的空間。或者可再如因為某一位音樂家、某一部電影的劇情，而使得民眾前往聆聽音樂會或進電影院觀賞電影等等，都是節點發揮同值效應進行接合實踐，打造出認同的結果。

一旦節點（歐洲聯盟的宗旨／音樂家／電影劇情）受到挑戰，無法再發揮同值效應穩住認同，則認同必然隨之而瓦解，隨之又有新的節點建構新的同值效應，產生新的認同。就如同日常生活的話語一般，我們隨意掌握一些語言符號，經過言談之後，它們又消逝無蹤，例如英國若真的「脫歐」，目前的歐洲聯盟即面臨解組，英國脫歐後的歐洲聯盟就是解組而又重組的歐洲聯盟；民眾在聆聽完音樂會或觀賞電影之後，或者各自回家，或者另赴其他的約會，又進行另一次的建構或解構。

因而，從符號學的建構、解構過程，拉克勞與穆芙認為認同不是如此固定不變的，是透過不斷的接合─解組─接合……的解構、建構運動，呈現的是一種中心不斷的轉換替代（曾志隆，2005：61、2006：155）。因此，從拉克勞

與穆芙的理論回頭來看第二國際有關階級認同的爭辯，認同絕對不是如某些第
二國際的馬克思主義者所設想的，是由單一的經濟因素所決定的、是固定不變
的。對於拉克勞與穆芙而言，那些中間等級的下層，包括小工業家、小商人和
小食利者，手工業者和農民等等就如同言說場域裡的組成因素，普勞階級就是
建構的節點，塑造出同值效應，也就是打造中等階級的下層等諸階級與普勞階
級的命運是休戚與共的，都是被資產階級所剝削，從而彼此之間可以形成階級
聯合，以推翻資產階級社會。

　　問題是，階級在當代是否還是一個穩固的節點？歐洲聯盟的組成可以用階
級概念來解釋？民眾聆聽音樂會或觀賞電影也是階級造成的？所以，拉克勞與
穆芙質疑階級能否在新社會運動之間發揮同值效應，將新社會運動的各式各樣
訴求串聯起來？拉克勞與穆芙根據他／她們自己的出生與經歷背景，否定階級
在當代可以承擔這個任務。因此，尋找新的節點以發揮新的同值效應就是左派
的當務之急。

肆、「民主革命」！為什麼？與如何？

　　如上所言，如果一如拉克勞與穆芙所說的，階級已經無法承擔接合的歷史
使命，那麼接下來的問題便是：何者可以取代階級成為新的接合節點？拉克勞
與穆芙從歐洲近代的歷史中找尋答案，認為「民主」是取代「階級」的最佳策
略！

　　「民主」為何是取代「階級」的最佳策略？拉克勞與穆芙認為這個問題基
本上可以從兩個方面來理解，也就是歐洲的歷史發展與當代的資本主義所表現
出來的從屬關係（relations of subordination）存在著連續性（continuity）的一
面與不連續性（discontinuity）的一面（Laclau & Mouffe, 2001: 160）。

　　首先，就連續性的方面來看，拉克勞與穆芙提醒左派，自法國大革命以
來，自由—民主的意識形態已經是西方社會的「常識」（common sense）。而
這個已經是常識的「民主的想像」（democratic imaginary）有兩大內涵：一是
平等（equality）；另一是自由（liberty）。但是，從法國大革命以來的傳統，
對於平等其實有更多的要求與期望，只是後來西方社會對於自主（autonomy）
的要求日漸增強，於是平等漸漸失去了傳統上的優勢，逐步地讓位予自由。
1960年代後期所出現的新社會運動就是對自由主義的肯定，要求更多的自主。
拉克勞與穆芙因此認為左派就是在策略上輕忽了自由的重要性，才會將政治上

的主導權拱手讓給了右派（Laclau & Mouffe, 2001: 160）。

　　其次，就不連續性的方面來看，拉克勞與穆芙指出當代資本主義體制從三個層面形成新的從屬關係，打造新的資本主義主導權形構：一是起源於二十世紀初期的福特主義（Fordism），開啟了半自動化的生產方式，到了1940年代，又更進一步的發展，將整個社會轉換爲廣大的市場；二是凱因斯式的福利國家（Keynesian welfare state）造成官僚化（bureaucratization），並且因爲國家的介入，導致公領域／私領域的界限模糊；三是大眾傳播的擴展，不但創造新的文化形式，而且在消費社會裡，形塑種種支配的言說，放任大多數的民眾進入無止盡的商品世界。這三個層面所表現出來的從屬關係形式，其實就是資本主義所建構出來的從屬關係形式，在平等中蘊含不平等。例如，表面上社會大眾消費相同的複製品、接受相同的大眾資訊、同樣接受國家典章制度的規範；但是實際上，人卻失去了選擇的權利，只是商品的製造者、資訊的篩選者與國家權力的從屬物品。1960年代末所出現的這些新社會運動，除了爭取更多的自主權之外，一方面也就是企圖要打破資本主義的從屬形式，嘗試恢復眞正的平等。所以，在當代資本主義體制下，對抗、鬥爭已呈現多元化，已經不是馬克思主義的階級鬥爭所能涵蓋。因此，拉克勞與穆芙才指出左派必須回到法國大革命時代的初衷，將法國大革命以來的自由與平等觀點與這些多元的對抗形式接合，並提出新的民主言說，才能與資本主義抗衡（Laclau & Mouffe, 2001: 160-163；曾志隆，2002：168-172、2005：53-54、2006：89-90）。

　　既然資本主義體制已經重塑新的從屬關係形式，左派又如何接合社會多元的反對資本主義體制訴求，並與右派一較長短呢？拉克勞與穆芙提出「激進與多元的民主政治」（radical and plural democracy）方案，在這個方案之下，葛蘭西（Antonio Gramsci, 1891-1937）的主導權（hegemony）理論是左派與右派相互競爭的一個可行策略[14]。

　　「主導權」的概念其實由來已久，早在古希臘時期，例如在修昔底德（Thucydides, 471-400 B.C.）、柏拉圖（Plato, 427-347 B.C.）、亞里斯多德

---

[14] 但是拉克勞與穆芙認爲葛蘭西的主導權概念其實不是一個連貫的理論概念。因爲葛蘭西一方面認爲革命主體是由集體意志形塑而成，可是另一方面卻又將主導權的接合任務賦予普勞階級，這種觀點會有矛盾產生：如果革命主體有賴於集體意志的形成，這就表示意識形態與主導階級的接合不必然的屬於特定階級，那麼普勞階級即沒有居於必然的領導地位之理由。所以，拉克勞與穆芙批評葛蘭西的觀點還是帶有階級的色彩，並沒有脫離本質論（Laclau & Mouffe, 2001: 67-69；曾志隆，2006：185）。

（Aristotle, 384-322 B.C.）與伊色格拉底（Isocrates, 436-338 B.C.）以及更爲晚期的普魯塔克（Plutarch, 45-125）等人的作品當中，都使用過類似「主導權」一詞，只是指涉的意義不盡然相同[15]。

　　至於在馬克思主義裡，一般認爲主導權概念是由普列漢諾夫與阿克雪羅德（L. Axelrod, 1850-1928）所提出的，提出的背景是爲了因應1905年俄國革命的失敗（Laclau & Mouffe, 1985: 49; Bocock, 1986: 25；曾志隆，2002：142-144、2005：68、2006：173-174）。但是，在馬克思的著作當中，其實已經蘊含有主導權的思考[16]，例如在與恩格斯合著的《德意志的意識形態》（*The German Ideology*）一書當中，馬克思提到：

> 國家內部的一切鬥爭——民主政體、貴族政體和君主政體相互之間的鬥爭，爭取選舉權的鬥爭等等，不過是一些虛幻的形式，在這些形式下進行著各個不同階級間的真正的鬥爭。……每一個力圖取得統治的階級，如果它的統治就像無產階級的統治那樣，預定要消滅整個舊的社會形態和一切統治，都必須首先奪取政權，以便把自己的利益說成

---

[15] 例如伊色格拉底是以'*logos hegemon panton*'來表述「談話和語言是所有事物的支配者與引導」。柏拉圖則是將主導權的概念轉化爲「哲學的主導權凌駕所有的人類事務」以及「哲學的邏各斯標誌？（philosophic logos）凌駕於政治的實踐（*politike* praxis）」。至於亞里斯多德則在《政治學》（*Politics*）一書當中則將'*heegemonia*'視爲一種「指向被領導者（the led）的利益，而與一般奴隸體系的建立無關」的統治形式。所以，對於亞里斯多德以及當時古希臘的政治理解與政治實踐，'*hegemon*'即被視爲「統治者之權力乃以被治者之利益與同意爲基礎」（Fontana, 1993: 206n8；曾志隆，2006：172-173）。

[16] 柏寇克（Robert Bocock, 1940-）認爲在馬克思的著作裡即有「隱含性」的主導權思想。柏寇克所引據的觀點主要是馬克思的《一八四四年經濟與哲學手稿》（*Economic and Philosophical Manuscripts of 1844*），在《手稿》裡，馬克思將國家視爲一種異化的形式，與宗教、勞動、貨幣及財產一樣，都是人們自我疏離（self-estrangement）的一部分。然而，柏寇克認爲，馬克思這個時候對於國家概念的表述還不完整，《路易‧波拿巴的霧月十八》（*The Eighteenth Brumaire of Louis Bonaparte*）與《法蘭西的階級鬥爭》（*The Class Struggles in France, 1848-1850*）這兩部著作，才是馬克思比較成熟的觀點，對於後來葛蘭西致力於文化主導權的闡釋產生重大的影響（Bocock, 1986: 22-25）。基本上柏寇克的看法，是爲葛蘭西的主導權理論追溯理論的源頭，可是所涉及的論點是國家與市民社會（civil society）的形式，沒有觸及到階級聯合的革命策略問題，這與普列漢諾夫及阿克雪羅德的主導權大相逕庭（曾志隆，2002：145-146、2006：173n18）。若要溯源馬克思的主導權思想，本文註11《共產黨宣言》的引文及接下來的正文所引的《德意志意識形態》片段，也許比柏寇克的看法更爲接近。

是普遍的利益，而這是它在初期不得不如此做的。……（《馬恩全集》卷3：38）

　　這段引文有兩個重點：一是馬克思一生未曾改變的觀點，也就是認為人類歷史上曾經出現過的政體，不管是民主政體、貴族政體或是君主政體之間的替換演變及纏鬥，或者現代普勞階級爭取選舉權的鬥爭等等都是一種虛幻的、不切實際的，唯有階級與階級之間的鬥爭才是人類真正的鬥爭；二是任何階級想要獲得統治的地位，理所當然要先奪取政權，並且重要的是必須把統治階級的利益誇大為是所有人的利益。在馬克思看來，這是統治階級遂行穩固統治的方法。

　　但是，統治階級如何把自身的利益誇大為是所有人的利益？馬克思認為：

統治階級的思想在每一個時代都是占統治地位的思想。這就是說，一個階級是社會上占統治地位的物質力量，同時也是社會上占統治地位的精神力量。支配著物質生產資料的階級，同時也支配著精神生產的資料，因此，那些沒有精神生產資料的人的思想，一般地是受統治階級支配的。占統治地位的思想不過是占統治地位的物質關係在觀念上的表現，不過是表現為思想的占統治地位的物質關係；因而，這就是那些使某一個階級成為統治階級的各種關係的表現，因而這也就是這個階級的統制的思想。（《馬恩全集》卷3：52）

所有歷史學家（主要是十八世紀以來的）所固有的這種歷史觀，必然會碰到這樣一種現象：占統治地位的將是愈來愈抽象的思想，即愈來愈具有普遍性形式的思想。事情是這樣的，每一個企圖代替舊統治階級的地位的新階級，就是為了達到自己的目的而不得不把自己的利益說成是社會全體成員的共同利益；抽象地講，就是賦予自己的思想以普遍性的形式，把它們描繪成唯一合理的、有普遍意義的思想。（《馬恩全集》卷3：53-54）

　　從上述兩段引言可以了解，統治階級不只是占有及支配物質而已，還進一步以統治階級自身的思想去掌控被統治階級的思想，不但使得被統治者心甘情願的接受統治階級的統治，而且還讓被統治階級誤以為與統治階級的利益是

生死與共，不會質疑統治階級統治的正當性與合法性。因此，思想或意識形態的作用其實發揮的效用比物質力量更大，對統治階級的統治具有推波助瀾的效果，統治階級會將自己的利益「化身」爲是所有階級的利益。這也證明馬克思並非是一位機械式的經濟決定論者。

只是馬克思的這些看法並沒有爲之後的馬克思主義者所理解，特別是在馬克思過世之後，有關馬克思理論的詮釋即落在恩格斯的身上。因此，整個第二國際的馬克思主義者受到恩格斯的影響，普遍認爲馬克思的理論是科學的，對於資產階級社會的崩潰預測也是必然的。所以，馬克思的學說所提出的歷史規律：由原始共產主義社會→古代社會→封建社會→資產階級社會→共產主義社會[17]，成了顚蹼不破的眞理。

既是如此，俄國應該也會如同西歐由封建社會走向資產階級社會，俄國的資產階級就負有承擔起革命的角色。所以，按照這樣的邏輯，俄國當時既然是封建社會，那麼要推翻沙皇的統治，擺脫封建社會進入到資產階級社會，革命的主角就非資產階級莫屬，其他階級，包括普勞階級不能搶占資產階級的鋒頭，越俎代庖。但是，1905年的俄國革命很明顯的傳遞一個訊息：資產階級無力單獨負起革命的重責大任。因此，普列漢諾夫與阿克雪羅德即主張普勞階級應該介入，由普勞階級來完成這項歷史任務。所以，對於普列漢諾夫與阿克雪羅德而言，主導權基本上不但是一種革命角色的置換，同時也指涉普勞階級與其政治代表人，在與其他團體聯合時，應該具有的一種領導權（曾志隆，2006：174）。

上述這種帶有經濟決定論式的主導權概念直到在葛蘭西、阿圖舍（Louis Althusser, 1918-1990）與朴蘭查（Nicos Poulantzas, 1936-1979）的理論中才逐漸獲得擺脫。

葛蘭西被視爲馬克思主義陣營裡集主導權概念於大成者。他早年對於主導

---

[17] 馬克思對於人類因爲生產力所引發的歷史演進階段說，在他的著作中有不同的提法，例如在〈政治經濟學批判獻言「序言」〉裡，提出的是五階段說，也就是亞細亞的（Asiatic）、古代的（ancient）、封建的（feudal）與現代布爾喬亞的（modern bourgeois），以及未來的共產社會。另外，在與恩格斯所合寫的《德意志的意識形態》裡，則由財產關係的型態，區分爲部落式的（tribal）、古代共產與國家式的（ancient communal and state）、封建或階層式的（feudal or estate），如果再加上現代布爾喬亞，以及未來的共產社會，合計亦爲五個階段。本文在此援用國內學者洪鎌德以《德意志的意識形態》爲基礎的歸納（洪鎌德，1983：151-169、1997a：269、1997b：235；曾志隆，2002：86n6、2006：115n5）。

權的認知及看法與列寧（Vladimir Lenin, 1870-1924）沒有太大的區別，認為主導權是一種階級聯盟的政治領導權，而且黨還必須扮演先鋒的角色，不斷的去灌輸及引導普勞階級的政治意識。一直到1926年11月8日，葛蘭西為法西斯政權逮捕入獄之後，在獄中所撰寫的《獄中札記》（*The Prison Notebooks*），才是葛蘭西目前所被廣為討論的主導權理論。

葛蘭西入獄之後，在監獄中重新思考西歐與俄國革命的問題。葛蘭西發現，西歐與俄國最大不同的地方在於俄國展現出來的是國家就是一切，是藉由武力將統治深入社會各領域，全面地掌控社會。因此，只要透過革命的手段就能遂行推翻統治階級權力宰制的目的。但是，西歐與俄國不同的地方在於西歐在國家與家庭之間還有一個市民社會（civil society）存在，這個市民社會有如一個灘頭堡，築起一道防火牆，避免國家遭受直接的攻擊，與國家形成脣齒相依。資產階級國家就是將統治階級的意識形態透過市民社會如學校、大眾傳播媒體等傳遞統治階級的價值觀予被統治者，國家擔負起扮演「教育」被統治者的角色。因此，在西歐從事革命與在俄國不同，在西歐從事革命不能全面使用武力革命，必須與資產階級所統治的國家從事意識形態的鬥爭，爭奪意識形態的主導權（曾志隆，2002：150-156、2006：178-180）。

葛蘭西有關國家以意識形態「教育」被統治者的看法，後來由阿圖舍加以發揮。阿圖舍在〈意識形態與意識型態的國家設施〉（*Ideology and Ideological State Apparatuses*）一文當中指出，每一個社會為了維持現有的生產體制，必須要再生產一些條件，使得這個既有的生產體制可以持續下去，不會遭受到挑戰，而這些再生產的條件除了勞動技能之外，還包括要使得勞工階級願意對這個既有生產秩序表示順從。那麼如何遂行這個計畫？對於統治者來說，灌輸統治者的意識形態就是最好的方式（Althusser, 1971: 128-133）。

至於朴蘭查不但接續葛蘭西及阿圖舍的意識形態觀點，而且更進一步思考為何在資產階級社會裡，資產階級所主導意識形態為何可以如此穩固？被統治階級為何非得接受統治階級的意識形態不可？難道被統治階級毫不懷疑、反抗統治階級的意識形態？在《政治權力與社會階級》（*Political Power and Social Classes*）一書裡，朴蘭查認為其中的原因在於：「在資本主義形構裡，為主導階級領導所支配之下的主導權概念，涵蓋上述已經提到的支配資本主義意識形態的特定特質，由某一個階級或黨派操縱，將自己化身（incarnation）代表人民的一般利益，並且左右被支配階級政治的接受其支配。」（Poulantzas, 1978: 221）換句話說，統治階級不斷灌輸被統治階級一個錯誤的意識：我們是

休戚與共的，統治階級的利益就是被統治者的利益。因此，被統治階級沒有意識到自己是被剝削者，必須起身反抗統治階級。

在前一節提到拉克勞與穆芙以符號學來建構認同理論，指出言說就是一種接合的實踐，而接合實踐在政治上的意涵，就是葛蘭西主導權的展現，拉克勞與穆芙說到：「主導權產生的一般場域就是接合實踐，也就是組成要素尚未具體化爲環節的場域」（Laclau & Mouffe, 2001: 134）。但是，這個主導權展現接合實踐的過程有兩個條件：

> 敵對勢力的存在，以及區分敵對的前線效應（frontiers）[18]的不穩定性。只有漂浮的組成因素廣泛的出現，並且將它們接合爲對立陣營——暗示對立陣營的不斷重新界定——這個構成的領域，才可以允許我們將實踐定義爲主導權。沒有同值、沒有前線效應，即不可能嚴格地稱作主導權。（Laclau & Mouffe, 2001: 136）

在這段引言裡，拉克勞與穆芙提到兩個要點：一是接合實踐在塑造認同的同時即建構出敵意（antagonism），形塑敵／友（enemy / friend）[19]或我群／他群（we / them）的關係；二是這個認同的建構是不穩定的，如同上一節所提到的，這個認同是不斷的接合—解組—接合⋯⋯的解構、建構運動。

拉克勞與穆芙之所以重新建構主導權理論其中蘊含重大的意義：政治不應從屬於經濟，政治不是由基礎所決定的。所以，拉克勞與穆芙認爲政治應該恢復自主性。

另外，還必須指出的是，儘管拉克勞與穆芙兩人日後對於主導權的詮釋不同[20]，例如拉克勞在幾本重要的著作／論文集：撰於1977年的《馬克思主義

---

[18] 「前線效應」就是同值所能及的界限。因爲一種價值不可能被社會裡的所有人所接受，被某種價值所接合而形成一種認同，就是主導權展現的結果。沒有被接合的，就是在主導權之外，對主導權造成威脅。因此，接受／不接受某種價值的界限，就是「前線效應」。

[19] 穆芙所指的「敵／友」中的「敵」英文雖然使用'enemy'，但有兩個意涵：一是指涉「友善的敵人」（friendly enemy），也就是「敵手」（adversary），是和我們意見不盡相同，但接受民主倫理與政治原則的「可敬對手」。另一是指涉不接受，甚至破壞民主制度與規範者。前者是自由主義，後者就是一度在歐陸聲勢大漲的極右派（the Extreme Right）（Mouffe, 1993: 4; 1995a: 107; 1995b: 502; 1999: 755）。

[20] 有關拉克勞與穆芙日後對於主導權詮釋的差異，請進一步參閱本文註釋6由Wenman所寫的'*Laclau or Mouffe? Splitting the Difference*'一文。

理論的政治與意識形態》（*Politics and Ideology in Marxist Theory*）、1990年的《我們時代的革命新反思》（*New Reflections on the Revolution of Our Time*）、1996年的《（諸）解放》（*Emancipation(s)*）、2000年與茱蒂·巴特（Judith Butler, 1956-）及紀傑克（Slavoj Žižek, 1949-）合撰的《偶然性、主導權、普遍性》（*Contingency, Hegemony, Universality*），乃至於2005年舊作編輯而成的論文集《論人民理性》（*On Populist Reason*）等作品，拉克勞所關注的問題是：能指自身如何由特殊（particular）化身爲普遍（university）？穆芙則在1993年《政治的回歸》（*The Return of the Political*）、2000年《民主的弔詭》（*The Democratic Paradox*）、2005年的《論政治》（*On the Political: Thinking in Action*）、2013年的《爭勝》（*Agonistics: Thinking The World Politically*）等主要著作中除了呼應《主導權》一書的觀點，主張主導權在接合實踐所建構的認同爲不穩定，且必須區分敵／友或我群／他群之外，並強調'the political'與'politics'的不同[21]，及認爲主導權就是一種爭勝（agonism），而且是永無止境的體制內與體制外進行爭勝[22]。

　　無論拉克勞與穆芙往後各自對於主導權的詮釋有何差異，從主導權的詮釋，拉克勞與穆芙再次強調階級的概念並非單一因素可以決定，而且無法作爲當代左派與資本主義鬥爭的語言，唯有回到民主的概念，並賦予民主新的意

---

[21] 兩者的區分主要是穆芙自承是受到德國哲學家海德格對於「存在」（*Sein*）討論的影響。海德格認爲討論存在必須關注「此在」（*Dasein*），也就是當存在者關注到自己，存在才有意義可言。（曾志隆，2006：161-162）這其實類似黑格爾，乃至於馬克思對於「自在」與「自爲」的討論。但穆芙從海德格這個觀點指出：'the political'指涉的是人類之間的一種敵意與敵對（hostility）的層次，敵對可以採取不同的方式，而且出現於任何的社會關係當中。而'politics'則是在不斷的衝突情況之下，尋求某種秩序（a certain order）與建立人類的共存（to organize human co-existence）。就這兩種政治的形式而言，'politics'總是受到'the political'的影響（Mouffe, 1994: 108; 1995a: 105; 1999: 754; 2005: 9; 2013: 2-3, 15-18）。所以，穆芙的著作始終批評羅爾士（John Rawls, 1921-2002）及哈伯瑪斯（Jürgen Habermas, 1929-）等主張政治可以有「共識」存在。對於穆芙而言，共識不是長久的，會不斷重建的。這個看法，她至今沒有改變，認爲一個特定的主導權造成一個空間多樣性的明確接合，且這意味主導權的鬥爭，同時包含在公共空間中嘗試打造一個接合的相異形式。而公共空間各種對立觀點的交鋒是不可能有一個最終調和的可能性（Mouffe, 2013: 91-92）。

[22] 在穆芙較近的著作2013年的《爭勝》書中，穆芙雖然肯定體制外的鬥爭可以豐富民主。但她不贊成「平等論」（Horizontalism）及「占領」（Occupy）運動者們將體制內，如國會裡面的鬥爭排除在外。因爲民主有各種不同的形式，穆芙認爲面對新自由主義，這些反對新自由主義者，應該在體制內及體制外應該聯合起來，結盟並發展出一套反對新自由主義的主導論述，如果不是朝這個方向前進，激進的潛在性將被弱化（Mouffe, 2013: 126-127）。

義，加入左派的論述，才能與資本主義爭勝。

伍、「民主革命」主張的評論

　　拉克勞與穆芙提出以「民主革命」的概念取代馬克思主義傳統的「階級革命」立即引來諸多的批評，尤其是拉克勞與穆芙和葛拉斯（Norman Geras, 1943-2013）之間在《新左派評論》（*New Left Review*）上的論戰。在拉克勞與穆芙《主導權》一書出版之後，葛拉斯即在《新左派評論》上發表〈後馬克思主義？〉（*Post-Marxism?*）（Geras, 1987）一文，對拉克勞與穆芙提出幾點批評：一是拉克勞與穆芙自稱是「後馬克思主義」，事實上是「告別馬克思主義」（Ex-Marxism），只是一味地反諷馬克思主義，根本沒有提出馬克思主義的內涵到底是什麼；二是，拉克勞與穆芙在論述邏輯上，大量地使用「不是……就是……」（either......or......）的陳述方式，只能有兩種選擇，沒有其他選擇的可能性；三是，拉克勞與穆芙對馬克思主義的批判基本上是針對性的，只是選擇羅莎・盧森堡、考茨基等人對於階級形成的看法作爲批判的對象。在葛拉斯看來，馬克思主義在本質上不是一元論者（monist），也不是階級化約論者（class reductionism），某些馬克思主義者或許是一元論者與階級化約論者，可是還有其他許多的馬克思主義者在本質上非但不是，而且還極力避免陷入一元論與化約論當中。

　　對於葛拉斯的這些批評，拉克勞與穆芙隨後也展開反擊。在〈後馬克思主義毋須辯解〉（*Post-Marxism Without Apologies*）（Laclau and Mouffe, 1987）文中，拉克勞與穆芙指出，既然社會主義面臨的情況有變，就必須體認到歷史的變化，而不是抱殘守缺。另外，拉克勞與穆芙也不滿葛拉斯將「不是……就是……」的表述邏輯視爲相對主義（relativism），認爲這是基本教義者（fundamentalist）刻意戴帽子。總而言之，對於葛拉斯而言，馬克思主義就是一種「原型」（an origin），只要有任何想超越這個「原型」的嘗試就會被認爲是在「遺棄」（abandonment）馬克思主義！

　　對於拉克勞與穆芙的反擊，葛拉斯隨後再次提出批評，在〈告別馬克思主義缺乏實質：對拉克勞與穆芙眞實的回應〉（*Ex-Marxism Without Substance: Being a Real Reply to Laclau and Mouffe*）（Geras, 1988）一文中，葛拉斯認爲，拉克勞與穆芙對於問題的回答只是擷取對他／她們自己有利的部分，不然就是重複那些已經說過的，或者就是巧妙地迴避或談論其他的問題，例如對於相對

自主性（relative autonomy）、階級的問題就選擇保持沉默；對於羅莎・盧森堡卻又多所著墨；但對於列寧（Vladimir Lenin, 1870-1924）、托洛斯基（Leon Trotsky, 1879-1940）與阿圖舍卻又避而不談。而且，拉克勞與穆芙以「民主革命」來建構新的敵對，是否表示以後資本家與勞工階級的對抗只能在民主的脈絡之下進行，脫離民主即沒有這個可能性[23]？

　　另外，伍德（Ellen Meiksins Wood, 1942-2016）則以諷刺的語氣指出拉克勞、穆芙等人都是屬於「新『真正的』社會主義」（the New 'True' Socialism）[24]，他／她們根本上已經背離馬克思主義「經濟論」與「階級化約論」的傳統，卻仍然宣稱馬克思主義是其理論的主要成分。（Wood, 1998: 7-12）伍德批評拉克勞與穆芙沒有弄清楚馬克思對於物質生產關係的關懷，對於馬克思而言，物質生產是以階級扭曲（class-distorted）的方式所構成的。因此，「經濟的」關係同時就是權力、衝突及鬥爭的關係，這些關係不是只有呈現在「經濟的」領域，也同時呈現在社會與政治的場域（Wood, ibid.: 58-59）。再說，拉克勞與穆芙一直強調接合實踐、強調主導權。問題是：誰是發動接合的主體（the articulating subject）呢？伍德認為這個問題大概有兩個可能：一是根本沒有人；二是或者說任何人。伍德批判拉克勞與穆芙完全沒有意識到如果沒有人去發動接合實踐的危險性（Wood, ibid.: 62-63）。伍德並提醒拉克勞與穆芙，階級革命不是簡單的自由——民主言說（Wood, ibid.: 69），並語帶尖酸的認為拉克勞與穆芙所提出的理論是把自己當成無所不能的上帝：「分析到底，每一件事物都依賴知識分子成功的執行『一組複雜的言說—主導權的操作』。如此可得：一開始是語言（the Word），而語言與上帝同在，語言是上帝，最終的主體（the ultimate Subject）化身為……拉克勞與穆芙？」（Wood, ibid.: 74；曾志隆，2005：73、2006：244-245）

---

[23] 以上爭辯的整理請參見曾志隆（2006：17）。至於有關葛拉斯與拉克勞及穆芙之間的爭辯細節，請參考所列之相關文章。

[24] 「真正的」社會主義（"true" socialism）是十九世紀德國社會主義者的自稱，馬克思與恩格斯在1840年代曾與他們有過激烈的論辯與批判。馬克思與恩格斯認為這些德國的社會主義者並沒有顧及德、法兩國社會、政治與經濟條件的不同，就拾法國哲學思想的牙慧，企圖全盤照搬於德國。有關馬克思與恩格斯對於德國「真正的」社會主義的批判，可參見馬克思與恩格斯合著的《德意志的意識形態》第2卷、〈共產黨宣言〉第二節（Wood, 1998: 7）及恩格斯的〈真正的社會主義者〉（The True Socialist）等著作（《德意志的意識形態》與〈真正的社會主義〉請參見《馬克思恩格斯全集》第3卷、〈共產黨宣言〉請參見《馬克思恩格斯選集》第1卷）。

　　拉克勞與穆芙主張以「民主革命」來取代馬克思主義「階級革命」的傳統
或許對於大多數的馬克思主義者來說是過於突兀，因爲馬克思不但給人少談民
主的印象，甚至還批判資產階級的民主，認爲資產階級的民主只是講求個人的
私利，是以剝削普勞階級爲基礎的，但這不表示馬克思拒斥民主[25]。相反的，
馬克思對於民主的想像從馬克思早期與恩格斯合著的《德意志意識形態》，一
段烏托邦式的共產社會想像就可看出：

> 沒有一個人有其專屬的活動領域，而是任何人可以依其所願，在任何
> 部門發展。社會規範一般的生產，並且因而使得我有可能今天做某一
> 件事，明天做其他的事，早上打獵、下午釣魚、傍晚餵牛、晚飯之後
> 評論。隨心所欲，不再只是一位獵人、漁夫、牧羊人或是評論家。
> （《馬恩全集》第3卷：37）

或者，在〈哥達綱領批判〉（*Critique of the Gotha Programme*）

> 在共產主義社會高級階段，在迫使個人奴隸般地服從分工的情形已經
> 消失，從而腦力勞動和體力勞動的對立也隨之消失之後；在勞動已經
> 不僅僅是謀生的手段，而且本身成了生活的第一要素；在隨著個人
> 的全面發展，他們的生產力也增長起來，而集體財富的一切全都充
> 分湧流之後──只有在那個時候，才能完全超出資產階級權利的狹隘
> 眼界，社會才能在自己的旗幟上寫上：各盡所能，按需分配！（《選
> 集》第3卷：305-306）

　　從這個脈絡來看，馬克思的民主不是資產階級社會以私有制爲基礎的制
度，這種社會沒有眞正的民主，只有分工與競爭、剝削與異化。因此，拉克勞
與穆芙主張以「民主」重新作爲反對資本主義的共同訴求，接合那些新社會運
動倒也言之有理。他／她們立場不曾改變過，尤其是穆芙在最近的著作裡，還
是不斷地提醒左派，傳統的馬克思主義階級革命不可行，社會也不可能有永遠

---

[25] 有關馬克思對於民主的看法可進一步參閱洪鎌德《人的解放──21世紀馬克思學說新探》第十二
　　章（2000：293-325）及《個人與社會──馬克思人性論與社群觀的析評》第十二章（2014：257-
　　284）與Femia所著*Marxism and Democracy*（1993）等著作。

和諧的一天，民主就是各種主導權之間相互取代及替換的過程：

> 共產主義的觀念需要被質疑，因為它強烈地意味一個社會排除政治
> （anti-political）的幻想，各種敵對被消除，國家及其他管理機制的
> 典章變成毫不相干。馬克思主義方法的主要缺點在於，無法理解我所
> 謂的「政治」（"the political"）的關鍵角色，且傳統的馬克思主義肯
> 定共產主義與國家消亡是互為彼此的，拉克勞與我則肯定解放計畫不
> 再被認為是權力的消除以及共同事務由社會全體認同的代理者所管
> 理，〔社會〕總是敵對、各種鬥爭與社會分工，且需要各種機制去處
> 理這些〔事務〕的情況，永遠不會消失。……因此，社會衝突的領域
> 是延伸的，不是被集中在「特權代理人」（a "privileged agent"），如
> 勞工階級〔身上〕。正因如此，我們以民主的激進化為名重新制定解
> 放計畫，我們強調民主鬥爭的延伸與激進化將不會有終點，以達成一
> 個完全地解放的社會，這也就是為何共產主義作為一個透明且調和的
> 社會──隱含政治的終結（the end of politics）──之迷思，必須被
> 放棄的原因。（Mouffe, 2013: 83-84）

　　只是拉克勞與穆芙縱然解構了「階級」與經濟決定論，可是面對資本主
義為了維繫其主導權，不斷地動員民眾的欲望及形塑它們的認同。（Mouffe,
2013: 90）如何提出實質的訴求與新自由主義一較長短？如何「爭勝」？左派
如何將自身的「特殊」化身為「普遍」？拉克勞與穆芙卻一直沒有提出一套論
述說明和新自由主義不同的民主內容是什麼？對民主的要求是否要回復馬克思
的人本主義（humanism）精神立場？拉克勞與穆芙卻始終保持緘默。這也難
怪部分馬克思主義者對他／她們大加批評。或許是因為拉克勞與穆芙不認為人
類社會最後會有如宗教所描述的極樂世界出現，因此拒絕為人類提出願景社
會。只是左派如果缺乏願景，還能有什麼吸引力？又如何與右派競逐主導權？

陸、結論

　　政治哲學家們的理論建構基本上是在回應他所處的時代問題與現象，馬克
思的理論學說也是如此。馬克思看到十八世紀晚期以來的工業化導致失業人口
的增加，財富分配出現不均等的現象，資產階級成為社會財富與典章制度的決

定者，但是普勞階級只能淪爲資產階級決定的犧牲者，爲了生存被迫接受長工時、低工資的工作條件。而且，工業化帶來的高度競爭，導致普勞階級精神生活充滿「異化」。

在馬克思看來，這些現象的產生與資產階級經濟學者的推波助瀾有關，而資產階級經濟學家的主張實際上是以人的貪欲爲基礎：「貪欲以及貪欲者之間的戰爭即競爭，是國民經濟學家所推動的唯一的車輪。」（Marx, 1990: 48）如何解決這些不甚公義的社會景況？馬克思力主唯有普勞階級革命推翻資產階級的社會制度，普勞階級才有重見天日的機會。因此，嚴格說來，馬克思是希望藉由激烈的手段推翻資產階級社會體制來革除人的貪欲，以實現社會公義，召喚共產社會的來臨[26]。

歷史的往後進展就是1917年10月的俄國革命所建立的共產政權以馬克思之名首次出現，並在1950年代前後向世界各地輸出革命經驗，於東歐、中國、朝鮮半島、中南半島等建立共產政權。但是，這些共產政權無疑地不是馬克思理論的眞正實現，反而讓馬克思的理論陷入汙名化。爲了回復馬克思原本的人文關懷，從「西馬」到「新馬」都在嘗試重現馬克思的理論原初，不過對於馬克思的「階級」概念卻沒有太多的質疑，唯有本文所探討的後馬兩位學者——拉克勞與穆芙，則是不斷地挑戰馬克思傳統的「階級」概念與質疑被扭曲的經濟決定論，主張以「民主」的概念取代「階級」，試圖回復政治的主導性。

理論學說隨著時空背景而有不同的詮釋發展本來就是極爲自然的事，馬克思主義的發展也是如此。究竟要承襲「階級革命」或是「民主革命」，應允許隨時代脈絡而定！只是拉克勞與穆芙從馬克思的傳統解構了「階級」概念與經濟決定論，並且點出了政治的本質就是友／敵分判與主導權的爭奪。這種運用馬克思的理論框架來批判馬克思的作法，或許有說服力，並且也難以將他／她們擯除於馬克思主義之外，但是他／她們沒有爲「民主革命」的將來設想應有的社會願景，的確是難以說服左派的，也難以被視爲承繼馬克思的人本精神。

---

[26] 關於共產社會的來臨，馬克思在〈哥達綱領批判〉提到：「**在資本主義社會和共產主義社會之間，有一個從前者變爲後者的革命轉變時期。同時這個時期相適應的也有一個政治上的過渡時期，這個時期的國家只能是無產（普勞）階級的革命專政。**」（《馬恩選集》第3卷：314）這段話呼應馬克思對於主導權的詮釋（請參本文第四節），所以普勞階級既然推翻了資產階級社會的生產體制與意識形態，必須打造共產社會的生產制度與意識形態，普勞階級專政正是從資本主義社會進入共產主義社會的關鍵，扮演「化身」的角色。

而且，在「願景空白」的情況之下，恐怕難以獲得人民的共鳴，進而與新右派爭奪政治主導權。

參考書目

外文書目

Althusser, Louis.

1971　*Lenin and Philosophy and Other Essays*. New York and London: Monthly Review Press.

Althusser, Louis and Étienne Balibar.

1979　*Reading Capital*. London: Verso.

Anderson, Perry.

1979　*Considerations on Western Marxism*. London: Verso.

Bocock, Robert.

1986　*Hegemony*. Sussex: Ellis Horwood Limited.

Butler, Judith *et al.*.

2000　*Contingency, Hegemony, Universality*. London and New York: Verso.Femia, Joseph V..

1993　*Marxism and Democracy*. Oxford: Clarendon Press.

Fontana, Benedetto.

1993　*Hegemony & Power: On the Relation Between Gramsci and Machiavelli*. Minneapolis: University of Minnesota Press.

Geras, Norman.

1987　"Post-Marxism?." *New Left Review* 163 (May-June): 40-82.

1988　"Ex-Marxism Without Substance: Being a Real Reply to Laclau and Mouffe." *New Left Review* 169 (May-June): 34-61.

Held, David.

1988　*Models of Democracy*. Cambridge: Polity. 2006 3rd.

Karl, Marx.

1986　*Karl Marx: A Reader*. Jon Elster ed.. Cambridge: Cambridge University

Press.

1990 伊海宇譯。《1844年經濟學哲學手稿》。臺北：時報。

Marx, Karl and Friedrich Engels.

中共中央馬克思恩格斯列寧斯大林著作編譯局編譯。《馬克思恩格斯全集》
（第3卷）。北京：人民出版社。第一版。

中共中央馬克思恩格斯列寧斯大林著作編譯局編譯。《馬克思恩格斯選集》
（第1卷、第3卷）。北京：人民出版社。1995年第二版。

Laclau, Ernesto.

1977 *Politics and Ideology in Marxist Theory*. London: NLB.

1990 *New Reflections on the Revolution of Our Time*. London and New York:
Verso.

1996 *Emancipation(s)*. London and New York: Verso.

2005 *On Populist Reason*. London and New York: Verso.

Laclau, Ernesto and Chantal Mouffe.

1985 *Hegemony and Socialist Strategy: Toward a Radical Democratic Politics*.
London & New York: Verso. 2001 2nd.

1987 "Post-Marxism Without Apologies." *New Left Review* 166 (November-
December): 79-106.

Mouffe, Chantal.

1993 *The Return of the Political*. London and New York: Verso.

1994 "For a Politics of Nomadic Identity." In George Robertson *et. al.* eds..
Travellers' Tales: 105-113. London and New York: Routledge.

1995a "Politics, Democratic Action, and Solidarity." *Inquiry* 38: 99-108.

1995b "The End of Politics and the Rise of the Radical Right." *Dissent* (Fall): 498-
502.

1999 "Deliberative Democracy or Agonistic Pluralism?." *Social Research* 66, 3
(Fall): 745-758.

2000 *The Democratic Paradox*, London and New York: Verso.

2005 *On the Political: Thinking in Action*. London and New York: Routledge.

2013 *Agonistics: Thinking The World Politically*. London & New York: Verso.

Poulantzas, Nicos.

1978　*Political Power and Social Classes.* London and New York: Verso.

Torfing, Jacob.

1999　*New Theories of Discourse: Laclau, Mouffe and Zizek.* Oxford: Blackwell Publishers Ltd.

Wenman, Mark Anthony.

2003　"Laclau or Mouffe? Splitting the Difference." *Philosophy & Social Criticism* 29, 5 (September): 581-606.

Wood, Ellen Meiksins.

1988　*The Retreat From Class: A New 'True' Socialism.* London & New York: Verso.

1998　Revised edition first published.

華文書目

水秉和

1988　〈新保守主義的興起和衰落〉。《當代》23：66-73。

李永熾

1988　〈美國：新保守主義與文化〉。《當代》22：28-41。

李超宗

1989　《新馬克思主義思潮—評介「西方馬克思主義」》。臺北：桂冠。

徐崇溫

1994　《西方馬克思主義》。臺北：結構群。

洪鎌德

1983　《馬克思與社會學》。臺北：遠景。

1988　《新馬克思主義和現代社會科學》。臺北：森大。1995年再版。

1996　《跨世紀的馬克思主義》。臺北：月旦。

1997a　《馬克思》。臺北：三民。

1997b　《馬克思社會學說之析評》。臺北：揚智。

1999　《從韋伯看馬克思》。臺北：揚智。

2000　《人的解放》。臺北：揚智。

2001　《法律社會學》。臺北：揚智。

2002　《自由主義》。臺北：一橋。

2004a　《西方馬克思主義》。臺北：揚智。

2004b　《當代主義》。臺北：揚智。

2007　《從唯心到唯物：黑格爾哲學對馬克思主義的衝擊》。

2010　《馬克思的思想之生成與演變》。臺北：五南圖書。

2014　《個人與社會—馬克思人性論與社群觀的析評》。臺北：五南圖書。

2018　《馬克思與時代批判》。臺北：五南圖書。

孫同勛

1988　〈美國：從保守到新保守〉。《當代》22：18-27。

曾志隆

2002　《拉克勞與穆芙》。臺北：生智。

2005　〈傳統或反叛？—穆芙對馬克思主義階級認同的解構與重構〉。《思與言》43(4)：45-83。

2006　〈基進與多元民主政治理論的建構：以穆芙的「爭勝式民主」為討論對象〉。臺北：東吳大學政治學系博士論文。

魯凡之

1982　《西方批判理論評析》。出版地不詳。

馬克思與人類學：
兼論艾立克・沃爾夫之
《歐洲與沒有歷史的人》

蔡芬芳[1]

中央大學客家語文暨社會科學學系副教授

1 德國法蘭克福約翰・沃夫岡・哥德大學文化人類學暨歐洲民族學博士。

第七章
馬克思與人類學：兼論艾立克・沃爾夫之《歐洲與沒有歷史的人》

壹、前言

「……人類世界的面貌是多樣的，它是由許多過程彼此連結而構成的整體」（沃爾夫，2003[2]：5）。馬克思主義人類學家艾立克‧沃爾夫（Eric R.Wolf, 1923-1999）在其《歐洲與沒有歷史的人》（*Europe and the People without History*, 1982）開宗明義提出理解人類世界的角度——世界經由接觸、連結，進而產生了互動關係（沃爾夫，2003：6）。這事實上是我們所生活的世界，然而在學者的研究當中，卻以個別國家或社會為基本單位，忽略了世界原本的連結與關係。在歷史學、政治學、經濟學、社會學如此，曾經相當關注文化特徵在全世界如何傳播的人類學亦然（沃爾夫，2003：6）。雖然人類學主要的研究取向之獨特性在於：(1)將社會視為一個整體來進行觀察，了解事物彼此之間如何產生關聯；(2)檢視每個社會與其他社會之關係，以了解異同（巴納德，2012：8）。此即人類學主要的「全貌觀」與「比較觀」研究方法之觀點。然而，由於傳統人類學研究幾乎以「非西方」、「未開化」社會為主，且因西方之於「他者」（the Other）的關係，致使在人類學研究中所呈現的社會與其他社會具有鮮明的區隔，無所連結。更甚者，其所在之宏觀歷史脈絡隱而不見。相對於傳統人類學以微觀層面作為研究切入之觀點，馬克思人類學理論中之政治經濟學則將研究焦點轉移至較為廣大的區域之政治經濟體系，本文所要探討之《歐洲與沒有歷史的人》即為此類研究絕佳典範之一。

如前所述，由於人類學多以原初社會為主要研究對象，再加上1960年代與1970年代美國人類學分為「文化」與馬克思主義兩個陣營，由此突顯受到馬克思主義影響的人類學研究有別於自美國人類學始祖、當代人類學奠基者之一的法蘭茲‧鮑亞士（Franz Boas, 1858-1942）所發展出來的「唯心」文化概念之人類學取向。鑑於上述提及之傳統人類學的研究忽略了社會之間的彼此關係與其所植基的宏觀脈絡，且與以「唯心」以及尤以克里弗德‧紀爾茲（Clifford Geertz）之「文化主義」（culturalist）詮釋觀點為主的美國人類學相形之下，馬克思人類學究竟能夠提供我們何種觀點，以便理解我們所處之互有關聯之世界？

為了解馬克思與人類學之關係以及馬克思人類學，本文首先探究馬克思（Karl Marx, 1818-1883）為何走向人類學，以及他如何受到人類學的影響；進

---

[2] 該書2003年為中文譯本，由賈士衡翻譯，麥田出版。

而分析他對人類學所產生的影響為何，即聚焦於馬克思主義人類學的討論，包括人類學如何開始採用馬克思主義觀點，以及馬克思主義人類學之各個派別，尤以結構馬克思論與政治經濟學為主；最末以馬克思人類學中具有領導性地位的艾立克・沃爾夫所著之《歐洲與沒有歷史的人》作為主要探討內容，由沃爾夫學思歷程談起，一方面得以了解他為何會採用馬克思人類學之政治經濟學觀點來理解捲入世界體系中「沒有歷史的人」，另一方面則探究該書中所引用的思想來源，計有馬克思主義、法國馬克思主義經濟人類學、依賴理論與世界體系理論，以及根據這些思想來源所提出的生產模式──親屬關係、附屬納貢與資本主義。這些不同的生產方式，有助於了解人類群體之關聯性，進而思考社會與文化概念。

貳、馬克思為何走向人類學？

　　馬克思是當代最具有影響力的社會思想家之一，與其他重量級的思想家相較，如涂爾幹（Émile Durkheim, 1858-1917）、韋伯（Max Weber, 1864-1920），馬克思的影響力至今依舊占有一席之地，因其資本主義現代性所強調的是經濟剝削與階級不平等，是相當普遍被接受的觀點（Ortner, 2016: 50）。尤其是馬克思之《資本論》（*Das Kapital*, volumns 1-3, 1867, 1885, 1896; *Capital*, 1906）對於社會理論產生恆久的影響力。馬克思並非首位譴責資本主義社會中勞工階級的惡劣工作條件的學者，亦非首位指出工人階級是最貧窮的，而資本家是最富裕的，然而他卻是第一個看到導致這種體系發生的權力與複雜性（Bloch, 1984: 1-2）。正因如此，馬克思與他同時代的社會主義者相異之處，在於他認為要完成的主要任務之一，就是了解這個體系究竟如何成形，以便能夠挖掘這個體系為何會對於相關者（不論是剝削者或是遭受剝削者）的心智產生權力作用（Bloch, 1984: 2）。他同時涉入政治工作，為了受壓迫者而嘗試重寫人類歷史，以致於受壓迫者能夠了解他們所受壓迫之本質，以及壓迫如何產生（Bloch, 1984: 2）。對於馬克思而言，此歷史著作同時具有政治性，因為透過歷史了解工人階級的情形將能夠使工人具有與壓迫奮鬥的更佳條件。人類學在此具有重要性，因為馬克思認為人類學即是研究人類的早期歷史（Bloch, 1984: 2）。

　　此外，馬克思認為資本主義並非如經濟學家所認為的是奠基於某些外在永恆的真理，而是長久歷史條件下的產物（Bloch, 1984: 2）。展示資本主義與

資本主義價值是歷史時刻的創造，馬克思否定了資本主義是文明人類唯一可能的自然體系之先驗宣稱，以此挑戰了資本主義的箴言（Bloch, 1984: 2）。因此馬克思對資本主義的挑戰，在於採取了呈現治理人類歷史的一般力量之常見形式，以及顯示歷史過程如何產生制度與觀念之體系，他們的根源僅能在極大的理論努力與檢驗歷史證據中發現（Bloch, 1984: 3）。這就是為何馬克思在研究過程中會採用歷史與人類學觀點，爾後的分析則回到人類社會之演進（Bloch, 1984: 3）。

馬克思與恩格斯（Friedrich Engels, 1820-1895）認為重新分析歷史與人類學是構成他們政治活動的重要部分，他們因此非常重視前資本主義社會（Bloch, 1984: 3）。人類社會發展之更早時期成為他們關注的焦點，因此愈發走向人類學領域。在《德意志意識形態》（*German Ideology,* 1932）與《共黨宣言》（*The Communist Manifesto,* 1848）中，馬克思與恩格斯主要聚焦於封建主義，這是歐洲尚未發展至資本主義之前的時期，此時他們尚未提到部落社會，直到1880年因美國人類學家摩根（Lewis Henry Morgan, 1818-1881）的《古代社會》（*Ancient Society,* 1877）方始大量注意到部落社會（Bloch, 1984: 3）。

馬克思的最後三年以及當時恩格斯的著作，已充滿人類學的關懷（Bloch, 1984: 4）卡拉德（L. Krader）所出版的《卡爾‧馬克思之民族學筆記》（*The Ethnological Notebooks of Karl Marx,* 1972）即是馬克思密集研究人類學著作的筆記，這本書後來成為恩格斯著名著作《家庭、私有財產與國家之起源》（*The Origin of the Family, Private Property and the State*）的主要基礎（Bloch, 1984: 4）。《家庭、私有財產與國家之起源》可說是馬克思主義者首部人類學資料居多的著作（Bloch, 1984: 4）。

許多學者認為，馬克思人類學最好被理解為建立辯證社會科學之獨特嘗試。馬克思將人類學設想為歷史（科）學，其結合辯證學與科學、歷史主義（人文主義）與物質主義（自然主義）。如同馬克思所言，「排除歷史過程的自然科學之抽象唯物論是有缺陷的」，因為了解社會生活的唯一途徑，就是兼具唯物與歷史的途徑。如此的了解因此超越了透過挖掘與解釋社會與文化現象如何「成形」的現象學描述。如人類學家鮑亞士簡潔有力地描述：「要了解一個現象，我們不僅需要知道它是什麼之外，更要知道它如何成形。我們的問題是歷史性的」（Morris, 2013: 6）。馬克思人類學因此可以說是辯證的、歷史的、唯物的與科學的，以及反映出啟蒙時期之「批判精神」（Morris, 2013:

7）。

　　人類學的確在馬克思主義的發展中具有重要性，然而若將馬克思與恩格斯視爲早期的人類學家完全是有問題的，因爲他們所引用或重新詮釋的作品事實上是跨領域的（Bloch, 1984: 4）。不過，話雖如此，這無損於我們探究馬克思主義與人類學之關聯。一般說來，馬克思被認爲是社會主義者、經濟學家、政治記者、哲學思考家，但在更重要的意義上，馬克思是一位人類學家。Brian Morris在2013年4月21日英國社會主義黨於倫敦舉行的大會上以"Karl Marx: Anthropologist"爲題，發表演說。Morris（2013）認爲馬克思可被視爲人類學奠基之父之一。

參、馬克思主義人類學

　　馬克思早期的著作皆是呈現出爲達到概念化實踐方法論分析歷史與社會的努力。「歷史唯物論」取徑見證了馬克思與十九世紀人類學之間著作的關係，尤其是摩根（Lewis Henry Morgan, 1818-1881）、梅恩爵士（Sir Henry Maine, 1822-1888）與巴厚芬（Johann Jakob Bachofen, 1815-1887）的著作（Gale 2008）。在二十世紀早期因反對演化論，尤其是美國與加拿大人類學界，因此對馬克思觀點保持距離。1940年代與1950年代更因開始於1947年的美國反共產主義之紅色恐慌以及麥卡錫主義而更對馬克思敬而遠之（Gale 2008）。直到1960年代，社會文化人類學才開始引用馬克思觀點。此時馬克思對於人類學重要的影響在於三個社會理論：資本主義與前資本主義社會形式的「連結」（尤其是法國馬克思傳統）、政治與意識形態與階級形構之機制與實踐的調查，以及資本主義對非西方社會影響之詰問（特別是美國文化生態學與政治經濟學）（洪鎌德，1995：141）。

　　以上概略介紹了人類學與馬克思之間的關係，不同時期因爲人類學的觀點，或因政治社會氛圍，使得人類學與馬克思之間始終無法靠近。然而，要將馬克思理論嫁接到當代人類學並非易事，因爲馬克思主義主要是在探討資本主義社會的理論，描述與比較其他生產方式以及深究長期的文化歷史，該理論主要受到維多利亞時期之進化論與黑格爾的歷史哲學影響，然而成爲學科之當代人類學比起馬克思及恩格斯的理論遲了幾乎一個世紀（Eriksen & Nielsen, 2013: 140）。

　　在1950年代之前的美國人類學界，因鮑亞士建立的人類學傳統強調民族誌

與田野調查，以及「歷史特殊主義」（historical particularism），不見任何馬克思的影子（洪鎌德，1995：140）；而人類學者中受到馬克思的影響，例如懷德（Lesile White, 1900-1975）之技術決定論、史都華（Julian Stewart, 1902-1972）之唯物觀與文化生態學，以及克魯克曼（Max Gluckman, 1911-1975）針對危機與衝突的研究。然而，在他們的著作中幾乎不見引用馬克思的文獻資料（Eriksen & Nielsen, 2013: 139）。到了1950年代或1960年代，僅有極少的英語世界的人類學家，如美國的沃爾夫（Eric Wolf, 1923-1999）、戴蒙（Stanley Diamond, 1922-1991）、英國沃斯理（Peter Worsley, 1924-2013）應用了零星的馬克思與馬克思主義觀點（Eriksen & Nielsen, 2013: 139）。在當時的東西冷戰與美國麥卡錫主義之背景下，學者們對馬克思或是馬克思主義是避之唯恐不及的（洪鎌德，1995：141）。而這樣的情形不只是在美國發生，在英國同樣不易，例如沃斯理或是克魯克曼在獲得職位或是研究經費上遭遇困難（Eriksen & Nielsen, 2013: 139）。如此的情形到了1960年代，人類學界發生變化，不論是美國、英國、法國開始採用馬克思觀點，因為當時適逢大規模激進社會運動興起，尤其在美國與法國為甚，紛紛出現反戰、女權運動等。在法國，新馬理論家將馬克思1858年手稿（即《資本論》卷1，1867）前身《政治經濟學批判綱要》（*Grundrisse der politischen Ökonomie*）應用在人類學研究之上，即對資本主義形成前的早期社會做分析與描述，這無異是對早期社會做出民族學上的詮釋，從而創立「新馬的人類學」，其中代表性人物為葛德利爾（Maurice Godelier, 1934-）、梅拉索（Claude Meillassoux, 1925-2005）與戴雷（Emmanuel Terray, 1935-）（洪鎌德，2018：219；洪鎌德，1995：148-147）。綜言之，當時舉凡是既存秩序中的每一件事皆遭受質疑與受到批判（Ortner, 1984: 138）。在人類學部分，最早的批判有關於聲討人類學與帝國主義、殖民主義之間的歷史關聯，後來這個議題則導向了人類學理論架構的本質（Ortner, 1984: 138）。馬克思主義則是解決上述問題的良方，而成為1970年代人類學中的主要理論。

　　因為研究者對於馬克思理論理解有異，因此產生不同派別。根據Eriksen與Nielsen（2013），馬克思人類學分為四個派別：(1)文化馬克思主義或是超結構研究，這個派別主要受到以下學說影響，分別是葛蘭西（Antonio Gramsci, 1891-1937）對意識形態與霸權的批判、法蘭克福學派對於文化商品化的批判，後來透過薩伊德（Edward Said, 1935-2003）《東方主義》（*Orientalism*, 1978）進入人類學，因為該書批判歐洲將中東「異國情調化」

之再現；藉由薩伊德的觀點，並以傅柯（Michel Foucault, 1926-1984）後結構主義；再加上德希達（Jacques Derrida, 1930-2004）之解構主義，這些綜合起來影響了1980年代的人類學；(2)追隨馬克思所強調的人在物質世界中作為一個具有生產力、創造力的物質身體之觀點。此派別可從歐特納（Sherry Ortner）所提出的1980年代人類學「實踐理論」（practice theory）談起，「實踐」（practice）一詞源自於馬克思，描述人類身體受到權力剝削，同時亦抵抗權力。與此相關的觀點包括紀登斯（Anthony Giddens）能動性（agency）概念、布迪厄（Pierre Bourdieu, 1930-2002）之習癖（habitus）概念，以及傅柯之規訓（discipline）概念；(3)結構馬克思論（structural Marxism）；(4)政治經濟學（political economy），這兩派容後詳述。

在1980年代之後的人類學理論中，馬克思的影響力持續且遽增，今日所使用的主要文化概念是受到馬克思主義所啟發的霸權概念，以及帶有馬克思主義的意識形態概念，經由政治銳化的人類學文化概念（Ortner, 2016: 50）。美國人類學家歐特納（Sherry Ortner）在其"Dark anthropology and its others. Theory since eighties"（2016）將處理權力與不平等議題之人類學研究稱之為「黑暗人類學」（dark anthropology），而這些人類學研究的理論始祖則是馬克思、韋伯，當代研究主題則為殖民主義、新自由主義、父權、種族不平等。「黑暗人類學」由馬克思與傅柯分析權力的理論架構構成，其意在於強調人類經驗中的艱困與殘酷面向，以及造成這些面向的結構與歷史條件。歐特納認為人類學理論中的馬克思是最黑暗的人類學，因為其所強調之處為財富及權勢來自於犧牲窮人與毫無權力之人所產生的，還有作為殘酷與無人性社會經濟形構之無情的全球資本主義擴張（Ortner, 2016: 51）。歐特納提出，後來延伸出的是「對抗」人類學（anthropology of resistance），計有批判民族誌，包括批判媒體民族誌（Ginsburg et al. eds. 2002）、文化批判，以及重新思考「資本主義」的著作（Hardt & Negri 2000, Boltanski & Chiapello 2005, Sanyal 2007），因而開啟了另類政治經濟學的新視野，最後尚包含了人類學家本身積極投入與參與的社會運動之民族誌（Hale 2008; Khasnabish, 2013; Theodossopoulo, 2014）。

由於傳統人類學未能將研究對象所處的宏觀架構——全球政治經濟體系考慮在內。西方人類學家因為採取經驗性取向而不懂得分析帝國主義是全球體系，沒有看到帝國主義對全球及其他地區所造成的負面影響（洪鎌德，1995：142）。在1950年代與1960年代，大多數人類學家無法解釋社會文化變遷，然而事實上，全球所有民族大多以不同程度被納入世界性資本主義經濟體制內，

也受到現代國統治。面對研究對象的改變，結構馬克思論與政治經濟學可說是1960年代解釋文化變遷最突出的理論（黃應貴，2008：75）。接下來，則分別依序介紹結構馬克思論與政治經濟學。

結構馬克思論強調生產模式和社會形構之外，同時也強調上層結構和下層結構各有其相對自主性，及其間的辯證關係。在上層結構當中，包括神話、法律、藝術等，皆有其相對自主性（黃應貴，2008：75）。然而，結構馬克思論的重點較不在於與文化有關的上層結構，而主要在於生產模式或是下層結構對社會形構的解釋上（黃應貴，2008：75）。

在馬克思理論中，與「文化」最有關的概念，是「意識形態」（黃應貴，2008：76）。結構馬克思論將意識形態發展成具有文化意義的理論概念，延續古典馬克思理論──意識形態最重要的作用在於合法化、神祕化，甚至是「錯誤地再現」（misrepresent）生產關係，統治者的地位因而得以合法化，資本家和工人階級之間的剝削關係因之錯誤地再現出來。此外，結構馬克思論更強調意識形態是可為任何階級或群體所支配使用，因而人成為意識形態的主體，而非受到操縱宰制的被動客體（黃應貴，2008：76）。以此觀之，意識形態因此具有更大的彈性與解釋力。結構馬克思論的優點在於能夠說明社會的改變是來自於外力，例如因為殖民主義的擴張所導致，但改變過程中卻有一些較不會改變之處，有其特殊的文化基礎（黃應貴，2008：77）。

然而，歐特納（Ortner, 1984）對於結構馬克思論提出批判，首先她認為結構馬克思論者將文化概念窄化為意識形態，是過於極端的作法，而且產生了一個問題，將意識形態又與更廣泛的文化概念連結。其次，傾向多以神祕化角度來看文化／意識型態，讓此派別中的文化或意識形態研究具有決定性的功能主義色彩，因為這些分析的結果顯示神話、儀式或禁忌多停留在現狀。最末，也是最嚴重的，雖然結構馬克思論者調節了物質與意識形態「層次」，但是他們並未能夠真正挑戰之，因為這兩個層次本來在最初的分析上就是不同的（Ortner, 1984: 140-141）。

政治經濟學則始自1940年代與1950年代，一群以紐約為基地的人類學家開始了一個新的理論與方法論運動，這些人類學家包括瑟微斯（Elman Service, 1915-1996）、戴蒙、史都華與他們的學生們，例如沃爾夫與敏茲（Sidney Mintz, 1922-2015）。他們的觀點有別於過去美國人類學界始終將所研究的文化視為孤立的，與外界或其所處的較大脈絡毫無關聯的。政治經濟學分析強調資本主義對非西方社會的影響，尤其是像拉丁美洲與加勒比海這些有長期與全

球發展有關的歷史地區，是他們關注的對象。

政治經濟學主要受到世界體系理論（world system）（Wallerstein 1976）與低度發展理論（underdevelopment theories）（Frank, 1967）影響。法蘭克（Andre Gunder Frank, 1929-2005）與華勒斯坦（Immanuel Wallerstein, 1930-）的政治經濟學的研究是源自馬克思理論的傳統（黃應貴，2008：257）。華勒斯坦之世界體系概念是將最小規模社會的經濟體系連結到西方與遠東的強大資本主義經濟體系，在這些經濟體系之間的關係是不平等的，已發展國家的資本主義經濟體系所謀取的利益，是以犧牲其他的經濟體系爲代價（巴納德，2012：141）。政治經濟學將原來人類學所討論的個別文化之特殊傳統，被放置世界性資本主義發展的歷史過程之中，而被視爲經濟體系分工結構下的產物（黃應貴，2008：45）。

在人類學領域中，被稱爲「人類學的政治經濟學」研究源自於美國史都華文化生態學的物質論傳統。這個理論傳統配合其拉丁美洲的田野研究與世界體系理論，而以沃爾夫的《歐洲與沒有歷史的人》爲大成，關於該書的內容，容後詳述。

政治經濟學者有別於他們的文化生態學的前輩，因爲他們較願意將文化或象徵議題置入他們的研究問題之中（Ortner, 1984: 142）。特別是他們的著作傾向於聚焦在政治或經濟奮鬥之中，牽涉階級或群體認同發展的象徵。政治經濟學注意到較廣泛範圍的區域過程，因爲過去人類學家在研究時，比較不會注意到所研究的社會所置身的宏觀體系。

自1980年代初期開始，人類學中的政治經濟學分爲兩派，一派是主要分析對資本主義式的勞力（勞工）過程做出反應的主體之能動性；另一派聚焦於將物質實體（商品）視爲了解社會經濟組織的切入點。第一派以主體爲主的分析，包括了很多關於在資本主義勞力發展過程中所產生的紀律、權力與異化的討論，典型地依據馬克思從主體角度來分析的資本主義（Gale 2008）。自從1980年代開始，人類學家開始產出許多民族誌，分析全球脈絡下的資本主義權力與紀律，尤其是在對女性與農民的工業生產區域，以及豐富分析回應變化當中的生產之資本主義策略的彈性。另一個派別則以客體爲主，政治經濟傳統在方法論上更依據馬克思在資本論中對於商品的分析，例如敏茲對於糖的分析（Mintz, 1985）。聚焦於特定商品與追隨他們生產、交換、分配與消費的循環之社會關係的全球秩序，「商品傳記」途徑不只在人類學增多，更多見於社會科學（Gale, 2008）。

　　在歐特納（Ortner, 1984）看來，政治經濟學太過以經濟主義以及過於嚴格的唯物主義爲主，反而缺乏了政治的部分，亦即未能對經濟關係會涉及的權力關係、宰制、操縱、控制多加著墨，而這些對行爲者來說，形成因經濟不正義所體驗到的痛苦（Ortner, 1984: 142）。歐特納（Ortner, 1984）認爲尤其對人類學來說，以資本主義作爲了解世界的觀點是有問題的。因爲在以資本主義作爲出發點的視角下，會假設每一件事都已經受到資本主義之世界體系的影響（Ortner, 1984: 142）。因此我們在田野中所見所聞以及在民族誌中所描述的內容，必須理解爲這一切都是因爲要回應這個體系所做出的反應。也許這對歐洲農民來說的確如此，但對此仍有討論空間，當我們愈遠離「核心」，如此的假設愈顯其問題（Ortner, 1984: 143）。一個社會，即便只是一個村莊，皆有其自己的結構與歷史，且必須從與其所在的較大脈絡之關係中理解（Ortner, 1984: 143）。

　　另一個從資本主義爲中心觀點衍生出來的問題是政治經濟學者的歷史觀。雖然政治經濟學家相當強調在人類學研究中歷史的重要性，歷史常被視爲外來之物（Ortner將之比喻爲像是一艘從外頭來到的船舶），亦即我們無法了解那個社會的歷史，卻只能了解（我們的）歷史對那個社會的衝擊。政治經濟學者傾向將自己置於（資本主義）的船上，而非上到岸邊。如果是這樣的話，我們是否能夠眞正了解「他者」（Ortner, 1984: 143）。

　　另一批評觀點則是認爲政治經濟學如結構馬克思論一般，雖然能夠剔除西歐資本主義文化的某部分偏見，並解釋文化變遷的動力，但是無法確定所研究的社會單位或範圍（黃應貴，2008：46）。其可以小至家計經濟的家庭單位，大至整個世界經濟體系。此一研究困境，直到1980年代之後的文化馬克思理論才解決，因爲該理論以被研究者的文化觀點來界定研究單位，且研究重點不再是生產模式，而是意識形態層面或文化概念（黃應貴，2008：46）。

肆、艾立克‧沃爾夫（Eric Wolf）之《歐洲沒有歷史的人》

一、沃爾夫之學思歷程與學術觀點

　　由於沃爾夫可說是馬克思主義人類學之領導人物，尤其他的《歐洲與沒有歷史的人》正是美國馬克思主義人類學的高峰之展現。再加上，該書是人類學

著作中少見的宏觀視野以及歷史縱深，因此本文選取該書，作為說明馬克思主義人類學中政治經濟學觀點之具體材料。

　　首先，介紹沃爾夫之所以會透過馬克思主義來作為他了解世界的觀點，必須從其生命經驗談起。沃爾夫於1923年生於奧地利，因其猶太人背景，因此在他人生的前三十年（1923-1954）皆在躲避法西斯中流離與求學。根據沃爾夫在其 *Pathways of power: building an anthropology of the modern world*（2001）[3] 之導論〈學思歷程〉（"Introduction: An Intellectual Autobiography"）中提到他的父母雙方皆是世俗化的猶太人，「在我的家中，充滿的是啟蒙時代的美德——閱讀偉大德意志詩人詩作、不帶宗教色彩的道德觀、進步的自由主義、演奏小提琴」（Wolf & Silverman, 2001: 1）。在沃爾夫童年度過的維也納，暴力與反閃族主義成為日常生活的一部分，因此在1933年他和父母一起前往長久存在著德意志人與捷克人衝突之蘇台德地區（Wolf & Silverman, 2001: 1）。沃爾夫的父親在當地擔任紡織工廠管理階層，也因為如此，沃爾夫對於「階級爭鬥」的思考開始萌芽。沃爾夫的父親於1938年因生意之故到維也納，在當地見證了德國反猶計畫，因此在同一年將沃爾夫送往英國。在英國期間，沃爾夫因聆聽伊里亞思（Nobert Elias, 1897-1990）關於〈權力之壟斷〉（Monopolies of Power）、〈社會關係之網絡〉（The Network of Social Relationships）的演講，了解到個人生於網絡之中，而且人屬於社會現象，這開啟了沃爾夫的社會科學之路（Wolf & Silverman, 2001: 2）。

　　1940年，當德軍攻陷巴黎，沃爾夫與家人搭上最後一艘船前往美國，在紐約皇后區展開了新生活。就讀皇后學院時，沃爾夫因自願參加田納西州 Highlander Folk School 鄉村造林工作而看到南方的貧困，不僅如此，更因此接觸到學校草根社會運動與民主理想主義（Wolf & Silverman, 2001: 3）。沃爾夫於皇后學院開始了走向人類學之路，在尚未接觸人類學之前，他曾經修習生物化學、政治學、經濟學、社會學，最後因為意外聽到一門「亞洲人類學」課程，發現人類學滿足了他的興趣（Wolf & Silverman, 2001: 3）。之後沃爾夫加入美軍，出征義大利托斯卡尼，這段軍旅生涯對於沃爾夫來說是相當重要的，因為一方面他自我證明了自己是一名優秀軍人之外，亦促使他更堅定地走向人類學之路（Wolf & Silverman, 2001: 3）。回到美國後，於1946年取得皇后學院人類學學士學位之後，繼續朝向哥倫比亞大學人類學系前進。

3　該書為沃爾夫過世後由其遺孀 Sydel Silverman 整理出版。

　　在哥倫比亞大學，沃爾夫曾經修習過露絲・潘乃迪克（Ruth Benedict, 1887-1948）的課程並參加計畫，雖說他相當崇敬潘乃迪克，然而他認為潘乃迪克的「文化與人格」學派似乎是存在於時間靜止的無人島之上。沃爾夫主要師承文化生態學派之史都華特，當時他與其他研究生共同組成讀書小組，包括敏茲、佛瑞德（Morton Fried）、瑟微斯、戴蒙、麥克考（Daniel McCall）、曼能斯（Robert Manners）、馬修生（Rufus Mathewson），以及有時會前來參加的穆拉（John Murra）。他們的共同之處在於全部皆為退伍軍人，而且持左派之政治立場，更重要的是致力以唯物取徑從事人類學研究（Wolf & Silverman, 2001: 4）。

　　沃爾夫在其〈學思歷程〉中提到，他之所以認為人類學可以從馬克思的觀點獲益良多，主要是受到以下三本著作的影響（Wolf & Silverman, 2001: 4）：(1)維特佛格（Karl Wittfogel）之《中國經濟與社會》（*Wirtschaft und Gesellschaft Chinas*, 1931），以生態觀點分析中國經濟，不認為中國原本只是封建社會，而主張中國為亞洲官僚式生產模式；(2)史維茲（Paul Sweezy）之《資本主義發展理論》（*The Theory of Capitalist Development*, 1942）有助沃爾夫系統性地理解馬克思政治經濟學的思想；(3)詹姆斯（C. L. R. James）之《黑色雅各賓》（*The Black Jacobins*, 1938）聚焦於海地奴隸因受法國大革命影響而發起反抗，沃爾夫認為這本書可說是書寫「無歷史」人民的歷史。

　　沃爾夫於1940年代參與了史都華之波多黎各計畫，這項計畫顯示人類學在二戰之後的轉向，逐漸遠離「原始」與被認為是有些孤立與自主的非工業化社會，轉向當代社會的研究，這些社會受到殖民主義的塑造，並充分參與當代世界體系（科塔克，2009：99）。沃爾夫以墨西哥農民為研究對象，於1964年出版《農民》。亦是因為在中南美洲的研究經驗，他與敏茲在面對當地農民普羅化，以及美國本身作為資本主義經濟推手在當地造成的剝削現象，使得他們將文化生態學的研究傳統與馬克思理論結合，發展出美國人類學中政治經濟學（黃應貴，2008：45）。沃爾夫與敏茲因為自己本身以拉丁美洲研究成果，質疑原來的鄉民研究理解鄉民社會的觀點──不同於現代社會，也不同於原始社會，鄉民社會被視為一種特殊的類別；「農民」亦不同於都市中產階級（黃應貴，2008：247）。沃爾夫與敏茲可說是人類學家中首先質疑將鄉民社會（peasant communities）孤立於其所植基的資本主義社會體系之外的適當性（Bloch, 1983: 138）。他們的著作看到的是鄉民社會與其所置身的經濟體系之間的關係，尤其是資本主義對拉丁美洲與加勒比海之重要性。他們尤其著重的

是，在鄉民社群之內與之外的階級關係。他們所採用的並非關於前資本主義的馬克思理論，而是馬克思主義針對資本主義社會中鄉民位置的討論。沃爾夫特別轉向鄉民與帝國主義之間的關係，這是後來馬克思主義論戰的前線（Bloch, 1983: 139）。在許多方面，敏茲和沃爾夫的著作的重要性在於他們是重新喚醒人類學注意到看似孤立的社群，事實上與他們所處較廣大之社會體系息息相關，而且受其影響與形塑。人類學結合歷史學、經濟學理論，將人類學的著作與馬克思理論結合是人類學與馬克思主義間持續關係中最重要的發展之一。以美國的人類學來說，敏茲和沃爾夫居功厥偉。

　　然而，不論從敏茲的加勒比海農民研究或是沃爾夫的研究，皆可觀察到農民早已納入資本主義市場經濟當中，因此他們以政治經濟學的依賴理論或世界體系理論來取代原來鄉民社會的農民研究（黃應貴，2008：248）。例如敏茲所研究的加勒比海農民，大多數是種甘蔗的蔗農，受僱於西方資本家開設的大莊園，工作與生活性質更接近工人，而非農民（黃應貴，2008：78）。這使研究者意識到，必須注意到鄉民社會性質與改變。結合華勒斯坦的世界體系理論，學者認為人類學所強調的文化特殊性是世界性經濟體系發展的結果，是資本主義體系之結構所造成的（黃應貴，2008：79）。

　　我們可以發現資本主義經濟的世界性擴張，不僅產生了支配性的資本主義世界性市場，而且是由不同起源、不同文化的人所共同參與、建構，包括了西歐人、美洲印第安人、非洲人、亞洲人等（黃應貴，2008：259）。因此，隨著世界性資本主義經濟的擴張，全世界不同的社會文化都被納入這個體系裡。也因此，對沃爾夫而言，這個世界早就沒有李維史陀所說的「冷社會」（cold societies）（黃應貴，2008：259）。我們過去所熟悉的人群、社會是隨著世界性資本主義經濟發展而不斷地在改變。每個社會並沒有穩定的界線，如同文化也不是固定而有清楚界線，而是流動性的。換言之，文化在歷史過程中是不斷地建構、解構、再建構。這也對於人類學的文化觀念提出了挑戰性的看法：並沒有所謂的本質性的文化存在，文化乃是更大政治經濟發展下的產物。最著名的例子，便是該書第二章提到的北美大平原的印地安人。他們原本是以農業為主的定居民族，為了提供糧食給捕捉動物獸皮的獵人與收購獸皮的商人，而成為騎馬捕捉的打獵民族。因此，沃爾夫認為並沒有所謂本質性的社會文化。此外，沃爾夫的理論討論，相似於依賴理論中之大都會中心（metropolis）／衛星邊陲都市（satellite），或世界體系理論中的中心（core）／邊陲（periphery）／半邊陲（semi-periphery）之經濟結構，透過市場機制對

文化產生塑造作用一樣，不再把地方文化視爲阻礙或有利於經濟發展的要素，而認爲各地經濟，甚至文化狀態，皆是世界經濟結構下之必然產物。據此，將經濟低度發展狀態歸因於當地人文化的偏見得以剔除（黃應貴，2008：46）。

　　與沃爾夫同時代的人類學家多以單一社會爲研究對象，沃爾夫終其一生卻是關注地方如何與大規模的國家與全球過程相互交織（Eriksen & Nielsen 2013）。在大多數時候，這個過程是因爲經濟利益而促使產生的，結果就是中心的資本累積、邊陲遭受剝削。比起其他群體，農民是最容易受到剝削的。他們的土地被剝奪，以不合理的工資爲全球市場生產，生活在貧窮國家，他們的國家自主性因爲進入世界經濟的不平等而受損。沃爾夫是質疑「社會」概念的首位人類學家之一，並且偏好以互有連結之網絡與社會場域來思考。他針對帝國主義的理論是對馬克思主義的邏輯性的附加項目，也替代了普遍但是逐漸退色的殖民主義的文明效果。在鄉村社會學急速擴張的階段中，尤其是在拉丁美洲，馬克思主義政治經濟學似乎是任何一個第三世界導向學者的田野裝備，尤其是自從從事社會科學研究的學者以前所未有的規模投入發展議題（Grillo and Rew 1985）。

二、《歐洲與沒有歷史的人》

　　沃爾夫在其〈學思歷程〉中提到他之所以著述《歐洲與沒有歷史的人》，係因在1970年代，他開始以更系統性的角度思考，在作爲一個整體的世界體系之中，影響社會文化發展以及與各個社會之間連結之力量的起源與傳播（Wolf & Silverman, 2001: 9）。沃爾夫認爲把這些力量形塑了廣闊範圍體系，該體系奠基於他所謂的以親屬關係爲原則的生產方式（the kin-ordered mode）、附屬納貢性的生產方式（the tributary mode）和資本主義生產方式（the capitalist mode）。這些構成了《歐洲與沒有歷史的人》的前提（Wolf & Silverman, 2001: 9）。沃爾夫認爲這本書呈現的是人類學逐漸意識到1960年代全球政治的結果，其主旨在於處理近代資本主義發展與擴張的歷史過程，尤其了解生產、交換與政治支配網絡的擴張。

　　正如沃爾夫在前言和導論中重複提及的，他撰寫該書的主要動機之一，是對系統功能論人類學提出批判。依據他的詮釋，系統功能論是對進化論和傳播論這兩大理論典範的批判而起，此一批判有其道理，然系統功能論矯枉過正，同樣也產生了問題，其問題癥結在於將一個個「部落」（或社群、民族）孤立起來研究，產生支離破碎的情形，因此無法從中找出任何具普遍性的通則，且

對於向來不曾間歇過的跨文化互動視而不見；此外，研究對象被描繪成靜止平面且在歷史之外的實體，未能正視他們亦處於永恆變遷之中的事實（楊德睿，2013）。沃爾夫因此強調今後的人類學應該批判地繼承被系統功能論所毀棄的傳統，將歷史再次奉為人類學核心課題，且戮力於打破人為想像出來的孤立自足的「部落」，重現全球人類自古以來就未曾停止過地分裂、遷徙、交流、衝突、合作的實相。尤其沃爾夫之《歐洲與沒有歷史的人》一書即含括了五百年來全球各民族間關係演變歷史（楊德睿，2013）。

　　該書的主要探討對象是亞、非舊大陸以及美洲新大陸的傳統部民群落，同時歐洲社會中被迫以傭工維生的被邊緣化的農民亦包括在內，與資本家或是政治強權相較，這群人即是沃爾夫稱之為「沒有歷史的人」。更甚者，《歐洲與沒有歷史的人》一書是沃爾夫重新以整體世界角度書寫人類學的嘗試，同時亦以此觀點重新了解過去被人類學家研究的小群人口（Wolf & Silverman, 2001: 9）。由於該著作聚焦於社會科學論述中權力的角色，以及缺乏對未書寫的歷史的關注相關的生產模式，沃爾夫也注意到將無文字紀錄的文化形象視為在與歐洲強權接觸之前是不變的，這樣的觀點是有害的。「他者」之異國情調化是將他們的文化從其歷史與他們自己的發展中剝奪，沃爾夫同時提倡一個較為全觀的、跨領域的取徑去了解資本主義曾經擴張的範圍。

　　更為重要的是，沃爾夫之巨著強調的是「在歷史的措詞中，與歷史有特權關係的人，和那些沒有歷史的人，遭遇到共同的命運」（沃爾夫，2003：523）。現代世界的形成是由歐美「有歷史」的「領袖」強者與亞非拉丁美洲「沒有歷史」的「附庸」弱者，在交互作用下所造就出的歷史。沃爾夫所要闡述的觀念是人類社群係一經由互動交流與不斷變遷而形成的整體，近代任何社會或文化絕對無法獨自發展而不與其他族群或是群體往來（王世宗，2003）。「沒有歷史的人」雖為弱者，但是他們對近代歷史的影響絕不低於「有歷史」的西方強權。沃爾夫的觀點是基於他相信馬克思對歷史發展的解釋：既然物質經濟因素係文明進展之憑藉，而歷史變遷的主力來自於勞動大眾，在此意義下，就世界史的發展來說，西方資本主義擴張下的東方人民與支撐西方強權的勞工平民，具有相同的重要性與意義。換言之，在以物質開發或生產關係為主軸的左派史觀中，農工民眾才是課題所在，而非社會菁英或世界強權（王世宗，2003）。

　　沃爾夫選擇了以下的思想作為其分析《歐洲與沒有歷史的人》之歷史敘事的觀點，分別是馬克思主義的「生產方式論」（尤其是其中關於資本主義生產

方式演變規律的理論）、法國馬克思主義經濟人類學將「生產方式論」應用於分析前資本主義社會的創造性詮釋，再加上從安德烈‧法蘭克的依賴理論到伊曼紐‧華勒斯坦的世界體系理論這一條左派政治經濟學的思路。他們的理論對於資本主義所構成的世界史，提出理論貢獻（洪鎌德，2018：223）。

1. 《歐洲與沒有歷史的人》之思想資源

(1) 馬克思主義

　　沃爾夫在《歐洲與沒有歷史的人》使用馬克思的「生產方式」概念來說明資本主義方式的擴散，及其對世界上社會勞動力分配方法不相同地區的影響（沃爾夫，2003：101）。沃爾夫說明三種生產方式：分別為資本主義的方式、附屬納貢性的方式、親屬關係安排的方式。在討論這些生產方式之前，沃爾夫先討論生產方式的前提。這須從馬克思所談的人類狀態說起，這也是了解現代人類學的公理（沃爾夫，2003：97）：一為智人（Homo sapiens），為自然的一部分。智人與自然之關係具有兩種特性：智人臣服於環境的限制，但也在轉化環境上具有主動性（Wolf & Silverman, 2001: 340）。轉化環境的能力即是人類文化的展現；二為人（Homo），此社會物種個別分子在社會上互相關聯（沃爾夫，2003：98）。此論點強調的是人類的社會性。就馬克思的「社會」概念來說，馬克思認為人不只是自然生物，更是帶有社會性與自我意識的自然生物。因此，人是社會生物，而且永遠捲入社會關係複雜之網之中（Morris, 2013: 2）。[4]我們和自然的關係因此在本質上來說，永遠是社會性，即使我們對自然的識覺雖然不是完全由文化來決定，但不可否認的是，社會與文化影響了我們如何看待自然（Morris, 2013: 2）。重要的是，馬克思強調人類的識覺、思想與行為，在很重要的程度上，受到社會關係的模式與人類所生長的文化影響，人們亦實踐、維繫或轉化其所處之文化（Morris, 2013: 2）。馬克思表明人類創造自己的歷史，但也會受到過去傳統影響（Morris, 2013: 2）。因此，馬克思可說是社會科學家中看到社會結構（關係）與能動性之間的雙元性之先驅，對於馬克思而言，社會形式與個人之間的關係始終是互賴且具辯證性的（Morris, 2013: 2）。

　　與上述論點相關的部分尚包括馬克思對「自然」的概念。馬克思強烈強

---

[4] 沃爾夫由於早期受到伊里亞斯（Nobert Elias, 1897-1990）的影響，亦有相同觀點（Wolf & Silverman, 2001: 2）。

調人係自然生物，本質就是自然的一部分。人與自然之間的關係是辨證的，對於馬克思來說，任何對於人類社會生活（或是歷史）的了解必須始於一個基本的前提：人類個體的存在，以及人類與自然的關係（Morris, 2013: 2）。透過他們和自然的生產性的關係以及具有創造力的互動，以便能夠滿足當時基本的需求，人類以此產出他們的物質生活，這就是馬克思所說的「生活模式」（modes of life）。進一步說，意識形式，尤其是文化或是意識形態是出自於這些「真實生活」的過程。此即馬克思的名言，「生活並非由意識所決定，而是生活決定了意識」（Morris, 2013: 2）。

　　如此觀點是否意味著是經濟決定論，已多有不同立場的學者辯論（Morris, 2013: 2）。不過，由於馬克思係公認的百科全書式的人物（Morris, 2013: 1），再加上他是致力於整體人類科學的學者，所以他並非經濟決定論者，而是唯物論者，他認為物質關係極為重要（沃爾夫，2003：3）。這點則闡釋了馬克思上述的觀點。

　　馬克思堅決反對人類本質是固定不變的，人類在歷史的過程中不斷演進（Morris, 2013: 3），生產同時包含人類與自然之間不斷改變中的關係，以及人在轉化自然的過程中所進入的關係，還有人類象徵能力因此而發生的轉型（沃爾夫，2003：32）。因此嚴格說來，這個概念不僅是經濟性的，它也是生態學的、社會的、政治的和社會心理學上的，它與各層面都有所關聯（沃爾夫，2003：32）。馬克思並不認為自然與人類歷史之間是對立的，在了解人類演化的過程中，勞動力在現代人類的出現中扮演重要角色（這在恩格斯著名的 "The Part Played by Labour in the Transition From Ape to Man" 之中提到）（Morris, 2013: 3）。

　　馬克思以勞動力的概念來說明在社會上有相互關係的人類與自然之間的複雜關係（沃爾夫，2003：98）。人類適應自然，並通過勞動轉化自然為己之用，因而「勞動的過程便是人與自然之間新陳代謝的一般條件；它是人類生存永恆的和由自然所強加的條件」可是勞動力永遠是社會性的，永遠是由一個有組織的社會大多數人所動員和調度（沃爾夫，2003：98）。勞動者是直接的生產者，他永遠與別人有關，而調度社會勞動力的人，是年長的親屬、首領、領主或資本主義者（沃爾夫，2003：99）。使我們了解自然的技術性轉型如何與人類社會性的組織相結合的，這便是社會動員、調度和勞力配置的概念（沃爾夫，2003：99）。馬克思用「生產」一詞表示這一組自然、工作、社會勞動，和社會組織間複雜的互相依靠關係（沃爾夫，2003：99）。

(2) 法國馬克思主義經濟人類學

法國人類學因為過去民族學傳統與馬克思主義保持距離，直到馬克思主義擺脫了史達林的陰影，才開始採用馬克思主義的方法及概念工具分析資本主義形成之前的社會結構（洪鎌德，1995：145）。在1960年代，葛德利爾和梅拉索奠定了馬克思主義經濟人類學，1965年更因多位學者參與而使得經濟人類學成為一股新潮流（洪鎌德，1995：150）。法國經濟人類學與早期研究不同之處，在於過去的學者以農業發展與土地使用觀點來剖析生產因素及其應用，並探究農民「生活之道」（genre de vie），但是經濟人類學則是能夠看到生產結構，以及分析生產結構與社會關係總和相對應問題（洪鎌德，1995：150）。

(3) 依賴理論

法蘭克是1960年代初馬克思主義中激進學者，以依賴理論來解釋為何第三世界貧窮落後。在二戰之後，殖民地紛紛成為獨立國家，然因國家整體情形不佳，除政治動盪、經濟貧困、社會不安，尚包括文化失衡與科技落後（洪鎌德，2018：221），若以封建殘餘大地主對抗進步有產階級資本家來解釋的話，會陷入二元對立以及封建論的觀點（洪鎌德，2018：223）。此外，法蘭克亦反對西方發展社會學中擴散論觀點——落後國家可藉由西方資本主義（現代化）入侵與擴散而改善（洪鎌德，2018：223）。第三世界之所以落後，係因數百年來與西方接觸頻繁，早已資本主義化，第三世界欲走出依賴與不獨立的困境，僅有排除資本主以國家介入，方能獨立（洪鎌德，2018：224）。沃爾夫借重法蘭克的觀點則是在於如何解釋「開發與開發不充分，不是分別的現象，而是互相密切關聯，衛星地區的不能充分發展，不是獨特現象，而是衛星地區與中心地區之間關係的結果」（沃爾夫，2003：33）。

(4) 世界體系理論

華勒斯坦之《世界體系理論》（1974）重要性，可說是新馬克思主義政治經濟學的里程碑。因為該書結合馬克思主義研究兩大主題，分別分析了歐洲的發展與第三世界的落後互有關聯，以及從歷史性敘述角度出發探究「歐洲世界經濟」發展與資本主義起源（洪鎌德，2018：227；沃爾夫，2003：33）。華勒斯坦理論融合了依賴理論、馬克思主義與歷史社會學（洪鎌德，2018：227），其理論核心在於自全球視角出發，研究國家經濟發展、政治發展及其外在活動的關聯，側重國家角色與力量，補救了依賴理論僅關注的資本流動，尤其是注意到國家內部制度性結構（國家、階級、經濟組織）和他們互動的關係（洪鎌德，2018：230；沃爾夫，2003：33）。以華勒斯坦的觀點觀之，世

界經濟興起於十五世紀晚期與十六世紀早期，其構成一個全球性市場，全球性分工為其特色。市場的成長與其所造成的全球性分工，致使核心地區與邊陲地區間有產生基本區別（洪鎌德，2018：227）。這個區別是除了經濟活動差異之外，華勒斯坦的論點在於說明因著不同的經濟活動（核心為工業與商業、邊陲為農業與礦業）分別發展自成專門化之後，歐洲各國國力亦隨之產生強弱之別，強國因為能夠承受貿易失衡所引起的經濟壓力，因此剩餘財富開始流向核心區域，核心國家愈形富強；相反地，邊陲國家因為財富流出而更形貧弱，發展減少，結果導致他們在政治與經濟上成為依賴的國家。

　　雖然沃爾夫認為法蘭克與華勒斯坦的理論已經注意到資本主義的世界體系以及其各部分的安排，但是了解核心如何抑制邊緣是他們主要的目的，而未將小人口群的反應納入考量（沃爾夫，2003：34）。人類學研究則能夠幫助於我們了解這些被捲入世界經濟體系之內的人口群的生存方式（沃爾夫，2003：35）。人口群的範圍與種類，以及這些人口群在歐洲擴張與資本主義到來以前的生活方式，還有這些方式如何被日益成長的市場，後又被工業資本主義所滲透、控制、毀滅或吸收。然而，若未從這樣的角度思考與檢視，「邊緣」的概念仍舊和「傳統社會」一樣是個概括的字彙。它比「傳統社會」一詞較佳之處在於其含意：它指出較為廣泛的連鎖；如果要了解在邊緣地區作用的過程，必須要調查這些連鎖（沃爾夫，2003：35）。

2. 三種生產模式——親屬關係、附屬納貢和資本主義

　　依據上述思想資源，沃爾夫提出了三種主要的生產方式模型——以親屬關係（為原則）安排的生產方式、附屬納貢性的生產方式和資本主義生產方式。由於沃爾夫的學術關懷在於人類社會如何構成一個多重連結的整體，以解釋現代世界體系所展現出來的面貌。他是從「生產模式」切入，然而有別於馬克思理論所說的生產模式，而是強調勞力如何透過工具、知識、技術而從自然獲得能量之方式（黃應貴，2008：257-258）。沃爾夫將勞力視為生產模式的基礎，並在此界定下，得以區辨資本主義生產模式與資本主義市場，前者意為資本家透過控制生產工具，而迫使勞工將勞力賣給資本家，使資本家得由勞工剩餘價值持續累積而獲利；後者則是資本主義生產模式透過世界性的市場機制，來連結非資本主義生產模式（黃應貴，2008：258）。沃爾夫藉由這樣的過程來表達世界性資本主義經濟體系是透過全球性市場連結、滲透、破壞各地相異的非資本主義生產模式（黃應貴，2008：258）。沃爾夫以上述三種生產方式

的動態關係，說明將近五百年的世界史，在資本主義生產模式與資本主義市場支配下，資本主義經濟體系經由市場機制，一面吞併、另一面結合其他生產模式（黃應貴，2008：258）。

　　關於資本主義的方式、附屬納貢性的方式、親屬關係安排的方式，沃爾夫強調這三種方式並不代表演化上的順序（沃爾夫，2003：101）。人類學家所研究大多數社會，皆為歐洲擴張的自然結果，而非過去各個演化階段的原始結果（沃爾夫，2003：101）。更甚者，文化變遷或文化演化不是發生在孤立的社會之中，而往往是發生在許多互相關聯的體系中。因此，所有人皆互有關聯（沃爾夫，2003：102）。

　　沃爾夫強調，不應視上述三種方式為給社會歸類的方法。生產方式與社會這兩個概念，屬於不同的抽象層次。社會的概念乃以人與人之間真實或可能的交互行動作為出發點。而生產方式的概念，卻旨在揭示在交互行動下面、調整和約束行動的政治和經濟關係。這些關鍵性的關係可以只描述一個社會整個交互行動的一部分，或者也可以包括社會的全部，或者也可以超越特殊的、由歷史所構成的社會交互行動體系。拿生產方式的概念來做比較研究，它使我們注意到在各種政治經濟安排中主要的變異，也讓我們可以想像這些變異的後果。使用這些概念，也讓我們能探究當基於不同生產方式的不同交互行動體系（社會）遭遇時，發生了些什麼（沃爾夫，2003：102-103）。

　　資本主義的生產方式最顯著的特徵，係廣泛運用貨幣來控制生產手段——技術、工廠、市場。資本主義並將控制生產手段的人口與生產盈餘的工人分開。工人必須在市場上出售勞力。持有生產手段的富人能夠強迫工人生產不僅涵蓋了他們的勞動力成本的部分，且還有生產手段所有者而非實際生產者占有的剩餘部分。資本主義試圖提高生產力——降低勞動力成本、增加產出、技術投資等等——這導致了剩餘產品的螺旋上升與工人負擔逐漸增加。由此歸納出，資本主義生產方式的三大特點為：資本家控制生產手段；勞動者因此必須把勞動力出賣給資本家；勞工用資本家的生產手段產出的盈餘，在增加之後，資本家得以累積並改變生產方法。因此，資本主義必須是生產上的資本主義，必然以階級為劃分基礎，社會因而分化為階級（沃爾夫，2003：103-106）。

　　附屬納貢性的方式意即無論是農人還是牧人，主要的生產者都可以擁有生產手段；但這些掌握生產手段的權貴人士透過政治或軍事手段，來榨取他們的貢獻（沃爾夫，2003：107）。附屬納貢性不會產生勞動力市場，因為生產者並沒有與生產手段分離。在此體系中，農民用自己的工具種自己的地，但被迫

繳納稅收與貢品。這並不表明附屬納貢方式比資本主義更少剝削，那些暴君常會把臣民剝削致死。有些附屬納貢體系是強力中央集權國家，有些則是分裂而相對較弱體系，其中地方領主收取少量貢賦。這套可能的權力關係涵蓋了馬克思所說的「封建生產方式」和「亞細亞生產方式」。沃爾夫認為這兩種是附屬納貢生產方式的變體（沃爾夫，2003：107-119）。

　　親屬關係的生產方式則截然不同，親屬關係用來創建權利和人群關係，其中也包括與社會勞動相關的。這種生產方式中又種類繁多，因此講清楚它不做什麼要簡單些：它不通過資本或附屬納貢來組織社會勞動。根據此社會中資源是廣泛分配和普遍可得的還是限制在特定親屬集團的成員的這一基礎。親屬關係定序社會各不相同。在資源普遍可得的情況中，人們主要應對的是環境限制和社會動力，常常形成是以多變性、社會流動和缺乏中央政治權威為特點的「遊群社會」。而在資源被特定社會單位所「擁有」時，對自然資源和社會勞動的權利和要求可能世代相傳（沃爾夫，2003：119-134）。

　　沃爾夫在分析人類全體的全球性相互關係的發展與性質時，特別側重生產方式，這個概念揭示社會勞力藉以開發自然的各種關鍵性關係（沃爾夫，2003：516）。每一種生產方式引起一個典型的社會群體與環節的組合。這個組合具體表現其原動力，並複製其繁衍的條件。每一種方式也創造其本身特有的裂隙與對立（沃爾夫，2003：517）。以親屬關係為原則的生產方式，乃根據那些「屬於」和「不屬於」的人之間的對立，並造成性別、等級和特權上的區別，對某些親屬好，或對另一些不好。附屬納貢式的生產方式造成接受納貢者與納貢者之間的對立，並在互相爭鬥的階級以內和互相爭鬥的階級之間，引起軍事和政治的競爭。資本主義的生產方式透過僱用勞力累積資金，但它週期性的輪流動員勞力和解僱勞力。每一次引入勞力，便將以前的某些適應方式連根拔起；而每一次解僱勞力又會造成許多人失業。由於主宰社會勞動力動員的關鍵關係在每一種生產方式都不一樣，也由於每一種生產方式都產生其本身的分裂，就其所包含的人口來說，與不同生產方式的遭遇，便引起矛盾與衝突（沃爾夫，2003：517）。

　　資本主義經濟體系成形於十四至十五世紀，從十六世紀開始向全球擴張。十五世紀到十八世紀後半工業革命出現之前為重商主義時代，以西南歐為甚的歐洲殖民帝國將全球囊括到以歐洲為中心之附屬納貢性的經濟體系裡，在這個過程中，拉丁美洲的金銀、加勒比海的蔗糖、北美洲毛皮、非洲奴隸、印度鴉片先後捲入世界經濟體系中。美洲、非洲、亞洲這些「邊陲」的生產方式因而

改變。十八世紀下半葉工業革命之後至今資本主義時代，工業化國家把全世界吸納進以歐洲為中心的資本主義生產方式體制底下，後來包括美國與日本，因為資本主義生模式為了達到降低成本、增加利潤目的，致使全球發生移民潮，在此過程中工人階級形成。

　　沃爾夫從不同的生產方式，探索人類群體之相互關聯，回應各種不同生產方式所產生的力量，則會從比較功能性的觀點思考社會概念，進而思考文化概念（沃爾夫，2003：518）。不論是社會或是文化概念，沃爾夫強調的是變化與流動。首先，因為各種「社會」是由社會群體、環節和階級的組合而成，當中並無固定界線或穩定內在結構。每一種生產方式，就其影響力所及，滋生群體與階級的組合，以此滿足其在特殊歷史和地理情況下所需。這些需要有變化，而且我們不僅要從歷史的角度去了解，還要從社會組合之多重外在關係的系絡去觀察。其次，文化是在一個特殊的歷史脈絡中出現。在某些歐洲國家相互競逐時，有些國家力求個別的本體和獨立。每一個掙扎的國家若能證明它具有為其特殊文化精神所激勵的特殊社會，那麼它想形成自己個別國家的願望便是具有正當性的願望。然而，一旦在歷史上有變化、界線不分明、多重和分支的社會組合中，找到社會的實際情形，那麼固定的、單元的和有界限的文化概念，必須改換為組成文化的流動性和可滲透性（沃爾夫，2003：518）。

　　在談到「文化」時，沃爾夫提到思想方式的創造，不是由於活生生的人考慮赤裸裸的宇宙。相反的，它是發生在一種生產方式的有限範圍內。這種生產方式，乃人類所以順服自然以為自己所用（沃爾夫，2003：520）。每一種生產方式，都引起人與人之間基本上的區別。由這些區別所造成的社會對抗，是建造思想方式的強制原因（沃爾夫，2003：520）。

　　最後，沃爾夫在書末重申我們不能再視諸社會是孤立和自我維持的體系。我們也不能認為諸文化是許多整合的整體，其間每一部分出力維持一個有組織的、自主的和持久的整體。存在的只是作法與構想的文化組合，由在明確情況下的堅決人類行動者使它們起作用。在行動的過程中，這些文化組合永遠在集合、拆解和再組，諸群體與階級因而分歧，這在社會勞力的使用中產生。社會勞力的動員，是為了約束自然的世界。動員的方式決定歷史的措辭。在歷史的措辭中，與歷史有特權關係的人，和那些沒有歷史的人，遭遇到共同的命運（沃爾夫，2003：523）。

伍、結論

　　由於馬克思主義較當代人類學早了近一個世紀出現，亦因馬克思主義處理的是資本主義社會的理論；此外，西方人類學因馬克思主義與共產主義關聯，當然也因為西方人類學原來的學術傳統，導致當代西方人類學與馬克思主義之間的關係直到1960年代開始建立。由於在當時，社會中出現反戰、爭取女權等激進社會運動，再加上在1960與1970年代的社會與學術氛圍，如需深究人類學學科與帝國主義、殖民主義的歷史關聯，馬克思主義則提供該時代所需的解決之道。自1980年代，直到今日，馬克思主義的影響力仍持續發揮，因為其處理的是與權力與不平等相關的議題，可謂是歐特納（2016）所稱的「黑暗人類學」。

　　由上觀之，當代西方人類學與馬克思主義之間的關係出現轉折，係因馬克思主義提供有別於傳統人類學研究的觀點。尤其是傳統人類學將所研究的文化隔絕於其所處之宏觀脈絡之外，在如此視角下，世界上的文化互無關聯。然而，人類社會從來都不是彼此孤立存在，而是多重連結。沃爾夫之《歐洲與沒有歷史的人》即驗證了所有人都參與了世界體系，尤其是被認為「沒有歷史的人」，與具有歷史特權的人共同創造了歷史。

　　沃爾夫所關注的焦點除了是從宏觀的世界經濟體系出發之外，更重要的是本著人類學的關懷，著眼於小人口群如何被捲入較大的體系當中，他們如何受到商業與資本主義的影響（Wolf & Silverman, 2001: 9）。依據馬克思《資本論》第1卷，馬克思主義人類學中最重要的概念是生產模式。此概念是沃爾夫作為理解貫穿五百年世界歷史的依據（沃爾夫，2003：516）。這些方式包括：資本主義的方式；附屬納貢性的方式；親屬關係安排的方式。此外，由於馬克思是最後幾個致力於整體論人類科學的學者之一，他整合了不同專業，同時馬克思觀點有助於我們追溯世界市場的發展與資本主義的發展，以了解現代世界，並且得以理解成長與發展的理論，還有能夠將發展性的歷史和理論，聯繫上影響與改變當地人口群生活的過程，得以描述在這些過程中產生作用的重要因素，以及在歷史上所做的系統性組合。

　　沃爾夫之《歐洲與沒有歷史的人》最重要貢獻，不僅在於從整體世界經濟體系出發，同時以生產模式的分合、衝突、重組串起全球人類五百年來的歷史；更重要的是，經由他的論證，得以了解到文化是具有流動性、可滲透的，社會絕非孤立存在，人類社會彼此連結，互有影響。

參考書目

外文書目

Bloch, Maurice.

1983　*Marxism and Anthropology: The History of a Relationship.* London and New York: Routledge.

Eriksen, Thomas Hylland and Finn SivertNielsen.

2013　*A History of Anthropology*, New York: Pluto Press.

Gale, Thomson.

2008　"Marx, Karl: Impact on Anthropology."
　　　http://www.encyclopedia.com/social-sciences/applied-and-social-sciences-magazines/marx-karl-impact-anthropology. Retrieved on February 22, 2018.

Morris, Brian.

2013　"Karl Marx: Anthropologist." (No. 1311 November 2013)
　　　https://www.worldsocialism.org/spgb/socialist-standard/2010s/2013/no-1311-november-2013/karl-marx-anthropologist

Ortner, Sherry.

1984　"Theory in Anthropology since the Sixties." *Comparative Studies in Society and History* 26(1): 126-166.

2016　"Dark anthropology and its others. Theory since eighties." *Hau: Journal of Ethnographic Theory* 6(1): 47-73.

Wolf, Eric and Sydel Silverman.

2001　*Pathways of power : building an anthropology of the modern world.* Berkeley: University of California Press.

華文書目

王世宗
2003　〈書評：一部全球凡人的歷史〉。

艾立克・沃爾夫著，賈士蘅譯
2003　《歐洲與沒有歷史的人》。臺北：麥田。

艾倫・巴納德，國家教育研究院／徐雨村譯
2012　《人類學的歷史與理論》。臺北：國家教育研究院／巨流。

康拉德・科塔克，徐雨村譯
2009　《文化人類學》。臺北：麥格羅希爾。

黃應貴
2008　《反景入深林：人類學的觀照、理論與實踐》。臺北：三民。

洪鎌德
1995　《新馬克思主義和現代社會科學》。臺北：森大。
2018　《馬克思與時代批判》。臺北：五南圖書。

楊德睿
2013　〈導讀：馬克思主義人類學大師眼中的全球近代史〉，刊於艾立克・
　　　沃爾夫著，賈士蘅譯，《歐洲與沒有歷史的人》。臺北：麥田。

馬克思與俄國

魏百谷
政治大學俄羅斯研究所副教授

附錄一
馬克思與俄國

壹、前言

　　從馬克思的言說中，可看出他對俄國的矛盾態度：「我總是討厭俄國人，而他們卻把我抓在手中[1]。」與此同時，馬克思為了能精確判斷俄國的經濟發展情勢，進而學習俄文，並積極與俄國文化界通信（米洛諾夫著，文政鎮譯，2006：88）。在書信往返的交流中，馬克思曾對某些俄國思想家的主張，表達讚賞之意，例如，俄國的哲學家車爾尼雪夫斯基（N. Chernyshevsky）[2]。

　　1850年代之後，俄國革命者關於俄國社會發展路徑的論戰，主要在於西方資本主義是否會出現在俄國，又資本主義的發展狀況是否亦將重現於俄國的土地上。倘若，這個答案是肯定的，則意味著俄國會重蹈西方的覆轍；同時，亦會經歷資本主義發展過程的苦痛。換言之，俄國社會發展的路徑會與西方模式相同，同樣都是在資本主義的基礎上，建立社會主義新制度。如此一來，俄國革命家試圖以農村公社為起點，邁向社會主義的可能性，就純屬虛幻了。而1881年馬克思有關俄國農村公社的思考與討論，便是因與俄國女革命家查蘇莉琪（V. Zasulich）的書信交流所引發（馬逸若等譯校，1987：377-9）。查蘇莉琪屬於俄國激進的革命團體[3]，查蘇莉琪在信中請教馬克思對俄國農村公社有何看法？革命家是否應該繼續支持俄國這個古老傳統遺留下來的農村組織，還是提早結束農村公社。

　　本文試圖爬梳馬克思對俄國社會發展的看法，尤其是針對俄國農村公社的觀點，以及俄國能否避免資本主義制度的「卡夫丁峽谷」。本文首先描述沙俄帝國的政經社會環境；其次，探究馬克思對於俄國發展的看法；再者，聚焦於

---

[1]　《資本論》的原著是德文，然而首先問世的外文翻譯版本，就是俄文，較英文版早了十年（洪鎌德，2014：326）。

[2]　車爾尼雪夫斯基不但是俄國的革命民主主義者，同時也是作家、文藝評論家、經濟學家以及哲學家（馬克思恩格斯選集，第4卷，2012：797）。車爾尼雪夫斯基對於農村公社的的觀點，主要有三，第一點，俄國農村公社自古以來的生活方式，與未來社會主義的集體主義原則，兩者是相互一致；第二點，小土地所有制是農民的生存保證，而農村公社正是小土地所有制的保證；第三點，倘若沒有生產力的發展，單靠農民的小土地耕作，是無法發展至社會主義，因此，須於發展農業之際，同時發展工商業，並且提高勞動技能與效率。

[3]　俄國女革命家查蘇莉琪曾近距離持槍企圖殺害聖彼得堡檢察總長，但並未得逞。查蘇莉琪女士之所以企圖謀殺總長，其原因是同情探監人竟因未向檢察總長脫帽致敬而遭鞭打處罰。為尋求報復，查蘇莉琪偽裝成政治犯之家屬，於探監時間開槍射殺總長，當陪審員以欠缺犯案證據而宣布查蘇莉琪女士無罪時，傾向自由派的俄國人士無不歡呼振奮（洪鎌德，2017：172）。

俄國農村公社的討論；接續，則是探討俄國與資本主義制度的卡夫丁峽谷之爭論；此外，本文亦嘗試提出馬克思主義對俄國的影響。

貳、沙俄的政經社會環境

沙俄帝國係由專制的沙皇政體、東正教會以及廣大不識字的農民（大多數是農奴）所組成的社會。歷經十九世紀上半葉沙皇尼古拉一世的高壓統治，在有識之士的貴族呼籲下，農地改革和農奴解放的主張，逐漸浮出檯面；及至亞歷山大二世繼位沙皇之後，經濟的衰敗和社會的紊亂，再加上文化的落後，在在使得當時的俄國知識階層，深感憂慮與心急（洪鎌德，2017：104）。

俄國的政治和經濟變化，導致革命運動快速擴展，農民和工人的起義行動，此起彼落。據資料顯示，僅1858年至1860年間，全俄發生近三百次的農民起義，以及數十次的工人起義行動（馬逸若等譯校，1987：1；洪鎌德，2017：104）。而1860年代初，正是俄國政治、經濟、社會、文化歷經空前大轉變、大危機的時刻，一方面有地主與初獲解放的農奴階級對抗；另一方面，則有自由改革派和偏激革命派的爭執；此外，還夾雜數十年來，西化派和斯拉夫派的吵鬧不休，導致俄國知識界的混亂（洪鎌德，2017：102）。

參、馬克思對俄國發展的看法

馬克思在1870年至1871年間，修習俄文（Lenin, 1951: 19），他學習認真的程度，由其妻子致恩格斯信上所提內容得到證實：「他開始學習俄文，把這種學習當成生死大事來看待」（洪鎌德，2000：377）。從馬克思關於俄國問題的論著、演說，以及馬克思與俄國學者、政治活動家的通信，可試著歸納出：馬克思對於俄國問題的看法，可劃分為兩個階段。第一個階段，大約始於1848年歐洲資產階級革命，從《新萊茵報》時期一直到1870年。該階段，馬克思視俄國為歐洲反動統治的支柱。第二個階段，約從1870年代開始，直到馬克思辭世。馬克思在此階段，對於俄國問題，有了更深一層的研究（李超，2013：6）。馬克思在晚年，亦即自1872年至1882年的十年間，其關注焦點圍繞著俄國的實際狀況、俄國的革命運動（此時之革命運動為1917年列寧布爾塞維克奪權之共產主義運動開路），以及對俄國情勢發展之剖析（洪鎌德，

2014：325）。晚年時期的馬克思，已能體會俄國官方的反動（他斥之爲「歐洲反動派的憲兵」），和俄國知識分子與農民的活躍激進，兩者之間的強烈對比。

另外，馬克思曾在致俄國「祖國記事報」編輯的信中，以及與俄國女革命家查蘇莉琪四譯其稿的通信中[4]，透露他認爲歐美之外的國度，走向共產主義的路途，可有其他的選擇（洪鎌德，2014：70）。換言之，晚年馬克思對全球社會形態之多彩多姿、變化之活力充沛與各種社會彼此依存度之增強，有了更爲廣泛、更爲務實的看法。此爲馬克思對《資本論》第1卷出版後的反思，也是對1870年代圍繞在歐洲與俄國情勢變化所做的反省。導致馬克思觀念改變的四項重大事件爲：(1)巴黎公社的遽起與暴落；(2)古代史的發現與社會科學之猛進；(3)對鄉村社會知識之擴大；(4)俄國社會所提供的發展途徑，特別是農村公社的演變與民粹主義的革命運動（洪鎌德，2000：376）。

值得一提的是，透過俄國民粹主義者的著作以及通信，馬克思對於俄國的土地和農民問題，有更爲全面的理解。俄國的民粹主義濫觴於1840年代，其鼻祖是赫爾岑（A. Herzen），隨後在1860至1870年代，掀起「到民間去」運動，鼓吹深入農村和工廠。民粹主義者亦嘗試運用實證資料，闡述俄國採行非資本主義發展路徑的必要性與合理性。馬克思則透過與俄國民粹主義者丹尼爾遜（N. Danielson）的通信，更加明瞭俄國古代的農村公社。自從1940年代起，丹尼爾遜就開始與馬克思進行書信往來，與此同時，他亦寄給馬克思許多文獻資料。難能可貴的是，爲了俾利馬克思閱讀，丹尼爾遜常預先閱讀所有郵寄的文獻，然後再記載摘要於信函中。據估算，自1873至1879年間，丹尼爾遜先後寄給馬克思數封長達一萬字，甚至是二萬多字的信件（伍本霞，2014：35）。

肆、馬克思對俄國農村公社的觀察

當馬克思鑽研俄國經濟的發展脈絡時，俄國農村公社一直是馬克思關注的焦點。土地公有、村社制度以及東方專制主義，這三項要素係馬克思「亞細亞生產方式」理論的重要內涵。俄國的「村社」（Obshchina）本是農民因應自然環境的嚴峻以及可耕地不足，衍生出勞動與生活相互集合的共同體（張

---

[4] 「給維・伊・查蘇莉琪的覆信」是馬克思論述俄國農村公社的歷史命運和俄國資本主義發展前景的重要著作（馬克思恩格斯選集，第3卷，2012：111-112）。

宗華，2013：363）。俄國農村公社從九世紀就存在了，村社一直保持到二十
世紀的20年代，歷經一千多年，基輔羅斯公國時期，村社在基輔羅斯的南部地
區，稱爲「維爾福」（Vervy），此類型的村社是封建早期的農村公社，同時
也是氏族屬性的村社，邁向地域屬性的村社之過渡階段。時序來到十三世紀，
「米爾」（Mir）的組織形式[5]，逐漸盛行於各地。米爾類型的村社，標示俄國
的村社已朝向地域屬性的村社之階段發展。俄國村社的稱謂，從「維爾福」、
「米爾」至「歐布芯納」（Obshchina）。而1861年俄國宣布解放農奴，改
革農奴制度，隨後頒布的律法，明定村社的名稱爲「農村公社」（Selskoye
Obshestvo）。村社名稱的改變過程，意味農村公社的不同發展階段。

　　俄國村社蘊含特有的屬性，亦即「內在的二重性」，所謂的二重特性，係
指村社兼具公有制以及私有制。村社的土地屬於公有，透過定期的重新分配，
配發給村社的農民耕種，每位農民耕種自己的土地。再者，農民擁有居住的房
屋和作爲房屋附屬物的菜園（鄭祖鋌，2013：3）。到十七世紀，則出現土地
重分型公社，公社爲每個成員分配生活最低保障的必須土地，然後按照農戶擁
有的勞力和耕畜繳納捐稅。1840年代，德國巴伐利亞男爵哈克斯特豪森在俄國
旅行時，發現了俄國的古老村社，而發表《俄國人民生活的內部關係，特別是
農村結構的調查報告》，使得俄國的農村公社，再次受到關注。

　　此外，藉由赫爾岑的廣泛傳播，他撰寫了諸多關於俄國村社的文章，如
《古老的米爾與俄羅斯》等，赫爾岑的文章表達一個中心思想，亦即俄國的農
村公社制度是社會主義土地制度的良好條件（曹建萍，2014：219）。赫爾岑
進一步提出「村社社會主義」理論，該理論的主要論點有四，其一是，俄國一
旦取消農奴制度後，可不必經過資本主義的發展階段，逕行利用農村公社，亦
即藉由此一古老的社會組織形式，即可過渡至社會主義；其二是，既然資本主
義是一種暫時的社會制度，俄國何必再折騰於資本主義；其三是，俄國是一個
農業大國，工人不可能成爲俄國革命的主力；其四是，俄國的上層階級，可配
合農民，以謀求解放（伍本霞，2014：34）。

　　馬克思對俄國農村公社的論述，可以從他回覆給查蘇莉琪的信函及草稿，
勾勒出其看法和論點。首先，他認爲農村公社是原始公社的最後階段或最後時
期，俄國的農村公社和西歐的日耳曼公社都發跡於原始公社解體之際，此種類
型的村社組織，普遍地存在於東、西方社會，構成其社會基礎，同時影響社會

5　「米爾」當時是指公社社員會議（鄭祖鋌，2013：2）。

的發展脈絡。然而，西歐的農村公社隨著社會的進步，當邁入資本主義時期，西歐的農村公社亦逐漸消失。可是，相對於西歐的發展態樣，俄國的農村公社卻展現無窮的生命力，歷經奴隸制、農奴制，甚至是農奴制改革後的資本主義階段，依然在俄國全境存續下來（鄭祖鋌，2012：125）。再者，馬克思指出俄國農村公社矛盾的雙重性，一方面是集體的、團隊的精神；另一方面也受到時代潮流特別是西方資本主義的影響，有走上個體化、私有化的趨勢。根據歷史環境的變化，其中存有邁向社會主義的可能。馬克思提到，俄國農村公社所處的歷史情境是獨一無二，它一方面共同擁有土地，而為生產共享提供基礎；另一方面由於歷史環境的緣故（與西方資本主義的生產處於同一時期）擁有大規模共同勞動的物質條件（科技及其應用）。因之，它能夠把資本主義體制正面的成就加以吸收，而不需付出資本主義體制慘痛的代價（洪鎌德，2014：328）。

　　另外，馬克思同時指出，俄國農村公社的缺點為地方化和格局的狹小，他稱之為「地方化的小世界」。要消除公社此一弱點只有把官署設置的行政區制度取消，代之以由公社農民推選組織而成的「農民代表大會」。蓋農民代表大會能更有效地照顧公社成員的利益，而成為一個經濟兼行政的組織（洪鎌德，2014：329）。馬克思的看法是，反對消滅公社來解決當時的危機；反之；只有革命的事實爆發，才能使公社轉型為社會主義。與此同時，馬克思提及，假使革命能適時發生，並且，革命能集中力量保證農村公社自由的成長，那麼公社在不久之後，便會發展為俄國社會更生的元素，這相較於遭受資本主義奴役的其他民族來說，是俄國的優勢（洪鎌德，2014：330）。

伍、馬克思對俄國與資本主義制度的「卡夫丁峽谷」之觀點

　　馬克思關於跨越「資本主義制度的卡夫丁峽谷」的問題，是在回覆俄國民粹主義女革命家查蘇莉琪的信函草稿提及。1881年2月，查蘇莉琪致函馬克思，主要請教二問題，其一是，《資本論》對資本主義產生的起源分析，是否為普遍規律，世界各國是否必然經歷資本主義社會的階段；其二是，俄國農村公社的存在，對俄國朝向社會主義過渡，帶來的作用為何（張鑫，2004：90）。

　　俄國有無可能跨越資本主義的卡夫丁峽谷，而將資本主義制度所創造的積極成果，用於農村公社，進而直接進入社會主義社會。首先，「卡夫丁峽谷」一詞源自羅馬時期，羅馬軍團在「卡夫丁峽谷戰役」（Battle of Caudine Forks）失利，敗戰所蒙受的「牛軛之辱」[6]。馬克思意指資本主義的災難與苦楚（劉卓紅、關鋒，2004：49）。然而，這條邁入社會主義的新路徑，要使之實現的前提要件是，西方的無產階級革命必須取得勝利，因爲唯有無產階級革命先在西方獲得實現，才能確保俄國能跨越資本主義的卡夫丁峽谷（倪薇，2001：80）。

　　此外，馬克思在1872年12月致丹尼爾遜的信函曾提到，《資本論》第2卷關於土地所有制的篇章，準備詳盡地探討俄國的土地所有制形式。馬克思爲了能對俄國的經濟發展做出準確的判斷，持續數年的鑽研，研讀相關的官方文獻資料以及其他方面發表的資料，馬克思提出的結論是，倘若俄國繼續沿襲1861年開始的發展道路，則俄國將會失去當時歷史所能提供給一個民族的最好機會，而遭受資本主義制度所帶來的一切極端不幸的災難（方興起，2007：34）。

　　另有學者認爲，馬克思並未提過「跨越」這個字詞，而是提出有可能或可以「不通過」資本主義的卡夫丁峽谷。另從概念的層次，加以分析「跨越」和「不通過」在概念上的不同之處。「跨越」係指俄國在農村公社，此一落後的生產方式之基礎上，跳過資本主義的發展階段，直接邁入社會主義的社會；然而，「不通過」則意謂保存土地公有制精神的俄國農村公社，在資本主義制度爲它提供必要物質技術基礎和文明成果的前提，以及西歐無產階級革命取得成功，並產生輻射與示範作用的情況下，有可能繞開資本主義制度，選擇一條非資本主義的道路，向前發展（孫勇，2003：31）。

　　除此之外，亦有學者認爲，馬克思關於跨越資本主義制度的卡夫丁峽谷的論點，僅見於答覆查蘇莉琪信函的初稿和第三版的草稿，但在正式回函卻未

---

[6] 卡夫丁峽谷（Caudine Forks）位於古羅馬卡夫丁城附近的薩姆尼特河西南。公元前321年，羅馬軍團在卡夫丁峽谷遭遇薩姆尼特部落戰士的埋伏襲擊，敗戰的羅馬軍團，被迫從長矛架設的「軛形門」下通過，遣送回羅馬。羅馬人視此事件爲奇恥大辱。自此之後，「卡夫丁峽谷」意謂恥辱、災難以及波折之意。「軛形門」是因爲形狀如架在牡牛背上的軛，其搭建是由兩支長矛插在地上，第三支長矛則橫置其上。當時，義大利半島上遣返戰敗者的傳統方式，就是戰敗的士兵，須從由長矛搭建的軛門下通過，羅馬人稱爲「軛門下的遣送」。

提及。由此觀之，馬克思對此觀點雖已構思，但仍未最終確定（張鑫，2004：92）。

陸、馬克思主義對俄國的影響

《資本論》第1卷的俄文版係於1872年3月出版（McLellan, 1977: 419），對俄國社會造成影響。馬克思曾於1880年提及，俄國相較於其他地方，有更多的人閱讀與重視《資本論》（朱旭紅，2002：95）。在俄國，以唯物主義大眾化為特質的俄國文化傳統人士，再加上激進的知識分子，他們殷切地渴望改造當時的社會，積極尋求西方激進的理論工具；在此同時，提出以客觀科學為特徵，並以批判資本主義，且標榜改造現實世界為宗旨的馬克思主義哲學；兩者相逢的結果，造就馬克思主義在俄國的大地，開花結果（鄭憶石，2016：88）。

依據俄羅斯國立莫斯科大學哲學系米洛諾夫（V. V. Mironov）教授的看法，在俄國，人們是真的喜歡馬克思。在1917年十月革命前，沙皇警察攜帶他的肖像，以便他來到俄國時，即刻逮捕他。而在革命時期，紅軍士兵除了佩帶槍和子彈外，隨身也帶著馬克思的肖像。蘇聯的紅色帝國建立之後，馬克思被視為社會主義的象徵，然而，他的形象與列寧融合，隨後，又與史達林相結合[7]。對於馬克思及其理論在蘇聯時期的現象，米洛諾夫教授提出兩個神話說，其一是英雄的神話，馬克思的形象具有革命的魔法般的性質，成為蘇聯的英雄，廣場、街道以及地鐵車站，皆以其名命名。馬克思的雕像亦矗立在政府機關以及重要的景點。另外，一般民眾像念咒語一般，引用馬克思的字句，但對於原著卻隻字未讀。其二是「觀念的」神話，在此一神話的基礎上，存在兩位馬克思。一位是官方版的馬克思，其思想被廣泛地宣傳，並在各種類型和各個層級的學校傳授（Scanlan, 1985: 13）；另一位則是未被讀過的馬克思，這位馬克思的哲學充滿人道主義和存在主義的成分，換言之，此位馬克思完全不是「蘇聯的」馬克思（米洛諾夫著，文政鎮譯，2006：89）。

---

[7] 列寧假借馬克思之名，建立歷史上首個社會主義國家。然而，為掌握革命的果實，緊抓政權不放，遂使其繼任者史達林之輩，神化馬克思。甚至，為進一步強化國家的權力，而與新興的法西斯力量、納粹勢力以及軍閥霸權，形塑極權國家的體制。再者，左翼與右派極權國家的出現，使馬克思的國家觀面臨理論與現實落差的挑戰（洪鎌德，2014：396）。

1980年代中期,蘇聯推動改革,在此改革時期,主張馬克思主義應該從停滯時期的思想禁錮解放出來,並回歸至經典的馬克思主義,因而在戈巴契夫主政的改革開放時代,出現了馬克思主義是人道主義社會理論的論點。進入1990年代,政經體制面臨更迭,經濟凋敝,民生困頓。此時,馬克思主義被視為罪魁禍首,在反共產主義的氛圍下,社會主義的主流價值連帶遭到否定。過往以來,馬克思主義被形塑成官方的、權威的思想龍頭地位,就此喪失。如此一來,失去國家支持馬克思學說,遂成為批判的對象。否定馬克思學說的潮流,於焉展開,大專院校紛紛關閉馬列史教學研究室,馬克思學說被視為導致俄國崩潰的錯誤思想。然而,時至今日,一味否定馬克思主義的氛圍,已漸趨緩,轉而以嚴肅地批判態度,思考馬克思的遺產,開始分析馬克思關於人、社會以及歷史的學說之哲學基礎,並試圖探究馬克思學說在現代文明的條件下,如何適用的課題(米洛諾夫著,文政鎮譯,2006:90)。

柒、結語

時至今日,馬克思的嚴謹治學態度,仍是學習的典範。為了能夠對俄國經濟發展做出準確的判斷,掌握第一手資料,他勤奮地學習俄文,俾利解讀俄國官方的資料及相關的文獻史料。此外,由於同俄國革命家討論俄國農村公社之性質,使得馬克思更改了社會單線演化觀的看法。至於究竟是存續俄國的農村公社,或者是將之毀棄,不僅關乎農村公社本身的存在與否,同時亦牽涉俄國社會的發展。雖然,有些俄國人主張,應以西歐經驗為鑒,消滅農村公社;然而,馬克思的看法卻是,斷然消滅俄國村社,不是促使俄國人民前進,反倒是逼使他們後退。雖然在革命之後,馬克思在相當長的期間,被視為社會主義的象徵,然而,在當今俄羅斯,拋棄馬克思主義的國家意識形態之指導地位,早已成為現實。

參考書目

外文書目

Lenin, V. I.
1951　*Marx-Engels-Marxism*. Moscow: Foreign Languages Publishing House.

McLellan, David.
1977　*Karl Marx*. New York: Harper & Row, Publisher, Inc.

Scanlan, James P.
1985　*Marxism in the USSR*. Ithaca: Cornell University Press.

華文書目

Scanlan, James P.，中共中央馬克思恩格斯列寧斯大林著作編譯局編譯
2012　《馬克思恩格斯選集》第3卷。北京：人民出版社。
2012　《馬克思恩格斯選集》第4卷。北京：人民出版社。

方興起
2007　〈農業國的社會主義發展道路：馬克思論俄國農業公社」〉。《馬克思主義研究》，7：32-40。

米洛諾夫著，文政鎮譯
2006　〈卡爾馬克思的哲學遺產在當今俄國的地位與作用〉。《世界哲學》，6：88-92。

伍本霞
2014　〈馬克思與俄國民粹主義〉。《雲夢季刊》，35，2：34-37。

李超
2013　〈馬克思與俄國問題——跨越理論的形成軌跡與理論意義〉。《前沿》，8：6-9。

朱旭紅

2002 〈馬克思晚年關於俄國社會發展前景思想新論〉。《文史哲》，5：94-99。

洪鎌德

2014 《個人與社會──馬克思人性論與社群觀的析評》。臺北：五南圖書。

洪鎌德

2000 《人的解放：21世紀馬克思學說新探》。臺北：揚智文化。

洪鎌德

2017 《屠格涅夫作品的析賞》。臺北：五南圖書。

馬逸若等譯校

1987 《馬克思恩格斯與俄國政治活動家通信集》。北京：人民出版社。

倪薇

2001 〈對「跨越資本主義卡夫丁峽谷」問題的再認識〉。《探索》，4：79-81。

孫勇

2003 〈對跨越『卡夫丁峽谷』問題的重新認識〉。《理論月刊》，4：30-32。

張宗華

2013 《18世紀俄國的改革與貴族》。北京：人民出版社。

張鑫

2004 〈關於馬克思跨越「資本主義制度的卡夫丁峽谷」命題的不確定的思考〉。《探索》，4：90-92。

曹建萍

2014 〈俄國民粹主義及其辯證分析──馬克思對俄國農村公社的解讀〉。《哲學文稿》，444:218-220。

鄭憶石

2016 《長安大學學報（社會科學版）》，18，4：82-90。

鄭祖鋌

2013　〈馬克思論俄國村社的兩種二重性及其歷史命運〉。《商丘師範學院學報》，18，4：1-6。

鄭祖鋌

2012　〈馬克思：消滅俄國村社不是「前進」而是「後退」〉。《湘潭大學學報（哲學社會科學版）》，36，5：125-127。

劉卓紅、關鋒

2004　〈對馬克思晚年俄國社會發展若干問題研究的再認識〉。《馬克思主義研究》，2：47-53。

無產者的藥理學和貢獻式經濟的侷限：論史蒂格勒的《新政治經濟學批判》

楊成瀚

國立臺南藝術大學臺灣藝術檔案中心助理研究員

附錄二
無產者的藥理學和貢獻式經濟的侷限：
論史蒂格勒的《新政治經濟學批判》

壹、前言

2018年是馬克思誕生的兩百週年。我們該如何在馬克思誕生兩百週年的此刻，紀念（commemorate）馬克思？

Commemorate，*Com-memorare*，共同記憶，指向記憶的共同、共通和共時性，一種在對馬克思的記憶，一種在馬克思的記憶（Marxian memory）中進行獨體化的必要和不可避免，一種在馬克思獨體化（Marxian individuation）。

紀念，記載和追念，記載、追念和研讀，一種對自己的追憶，一種對馬克思經驗或馬克思歲月的追憶，一種馬克思熱情的復歸，一段對馬克思連帶的意義（a sense of Marxian connection），紀念馬克思的不可能。

只能研究馬克思，但研究馬克思也意味著研究馬克思的思想，及其提出的概念聯繫。在馬克思誕生兩百週年的2018年，研究馬克思的思想的意義何在？在這個馬克思提出的概念早以理性和感性的方式成為「已知」，在這個大家隱約意識到資本家和「語意資本主義」或「技術語言資本主義」的宰制、異化、被剝削和作為普勞的現實、交換、剩餘、交換和附加價值等不同「價值」的實際運作和效益、商品拜物教的模控、進行日常解放的必要和可能，在作為馬克思或「共產主義理念」繼承人的古巴共產政權今日都已瓦解，在中華人民共和國和北朝鮮人民共和國在今天都已邁向「具有資本主義特色的社會主義」，或都因現實政治的壓力和某種可塑性極高的政治性與作為資本主義代言人的美國和大韓民國和談的時代，就馬克思和馬克思主義的視角而言，在這個資本家早已掌握了每個人生活所必須的數位科技地層（digital technological strata），在這個普勞與資本家或資本主義和共產主義的鬥爭，在今天已成為了某種極為詭譎的廣義的「資本現實」（capital reality），研究、甚至是討論馬克思思想，有什麼意義？而馬克思的思想，是否又能帶給身處西元2018年的我們什麼啟發？

換言之，如果共產主義和資本主義在今天已非兩個截然對立的陣營，如果普勞和資產階級已無法再用生產工具的持有與否劃分，如果今天資本家已給予了普勞許多「技術性解放」（technical emancipation）的可能性，世界現今已成為了以美國和中國為主導的二極體系，而如果在現今作為我們的「第二生命」的數位科技產品都是由美國和中國這兩個世界工廠所製造，因而我們的生命狀態或生命形式其實是由這兩個軸心國所掌控的話，那麼，我們可以這麼說，在今天研究馬克思和馬克思主義就意味著研究那讓普勞在其中得

以獲得解放,且資本家也必須服膺的數位技術邏輯或數位科技(digital techno-
logy)。尤其,如果我們知道數位科技其實指的是數位技術的邏輯,或對數位
技術進行的言說;而數位技術的邏輯,本身是一種數位的技術性邏輯的話,那
麼,我們更可進一步說,在今天研究馬克思和馬克思主義所無法繞過的對象之
一,絕對是法國哲學家史蒂格勒(Bernard Stiegler)。由此,或許我們可更進
一步大膽地說,如果史蒂格勒迄今的著作大致可分六大部曲——即最早的《技
術與時間》(La technique et le temps)三部曲、《懷疑和敗壞》(Mécréance
et Discrédit)三部曲、《論象徵性苦難》(De la misère symbolique)二部曲、
《組織歐洲》(Constituerl'Europe)二部曲、《照護》(PrendreSoin)系列和
《自動社會》(La sociétéautomatique)系列——和其餘技術性事件和經濟方面
的作品的話,那麼,在今天研究馬克思更可說是意味著研究史蒂格勒技術性事
件和經濟方面作品之翹楚的《新政治經濟學批判》(Pour une nouvelle critique
de l'économie politique)。

貳、政治經濟學、工作的蛻變普勞化的問題

一、政治經濟學、工作的蛻變和新政治經濟學批判

在這本書中,史蒂格勒也提出了為何他要寫這本書,或他為何要進
行一種新政治學批判的原因。而對於這個問題,史蒂格勒是從對伯恩斯
(GidoBerns)關於何謂政治經濟學的討論出發的。對此,伯恩斯寫到:

> 社會的古典概念是二元的:一邊是個人和經濟的依賴性,另一邊則
> 是公共和政治共同體。毫無疑問正是因此,資本主義無法在其中發
> 展,儘管古典世界的基礎建設和令人敬畏的文化。到了現代這種觀
> 點改變了。在中世紀的村落,資產階級的經濟挪用了每個人可以在
> 其中依其興趣發揮所長,且不會受到國家的免除的一部分的公共空
> 間。經濟就此也從國內支出解放了出來,並至少部分地以「公共支
> 出」(mesnagerie publique)的形式被整合到公共生活中。〔……〕
> 蒙克萊斯提安(Antoine de Montchrestien)將這種「公共支出」命名
> 為「政治經濟學」。〔……〕在十七和十八世紀,蒙克萊斯提安稱為
> 「政治經濟學」的東西有好幾種叫法:交通、國家、財富,以及尤其

是貿易。阿努德（Eric Arnould）的定義是：「被類屬地稱作貿易的活動都帶著所有建立和促進社會關係的東西」這個定義恰好展現了蒙克萊斯提安試圖證實的東西。〔……〕區辨著家庭和城邦，或私人和公共的古典二元性就此被家庭——公共支出——國家所置換。〔……〕在這種現代的三元結構中，家庭構成了私人空間（就「隱私」的意義上），國家構成了公共空間，而公共支出則構成了被私人利益所模塑的公共空間。〔……〕私人利益的運動〔……〕製造了一種解決這種由今天我們稱之爲「公民社會」（société civile）的公共支出的共同性（le commun）[1]。

對此，伯恩斯也進一步寫到：

經濟已從家庭經濟中解放出來，且至少部分地以「公共支出」的形式挪用了公共生活。國家現在必須與經濟共享公共生活。這也是爲什麼黑格爾絕不會認爲作爲需求系統的經濟是一旦被視作其自身的無止盡運動便會進行化身的非理性。〔……〕這個理性特別在連接特定活動的互相依賴中表現自身。〔……〕多虧有這個互相依賴，需求系統才特別是普世的，雖然這種普世性是抽象的[2]。

從上面這段引文我們可以發現，對伯恩斯來說，政治經濟學的脈絡可追溯至蒙克萊斯提安和阿努德提出的定義，而不管是蒙克萊斯提安或阿努德提出的定義，也都與政治經濟學作爲一種「貿易活動」或家庭和國家的公共支出有關。以貿易或家庭和國家的公共支出爲其顯著特徵的政治經濟學取消了家庭和城邦、私領域和公領域間的界限，並形塑了某種全新的「被私人利益模塑的公共空間」。對此，史蒂格勒指出，我們現在已無法將政治經濟學理解爲透過家庭、公共支出和國家這樣的三元架構進行的「各行其是，各取所需」的貿易活動。因爲貿易活動本質上乃是某種「對知道怎麼做和知道怎麼過生活的知識的交換」，且現今的消費主義和消費市場已將這種原本還可能進行審愼算計或精

---

[1] Gido Berns, *LaPorosité. un essai sur le rapport entre économie et politique* (Bruxelles: Éditions Ousia, 2012), p. 63.

[2] *Ibid.*

打細算的貿易活動給徹底進行了液化，並將其變成了某種人云亦云的集體跟風行爲了。換句話說，史蒂格勒在此基本上是將政治經濟學視爲了某種不同於「貿易」的「交換」（exchange）行動，而就此，在今天對政治經濟學進行思考和批判就意味著對勞動的變異、生產和消費的功能化，以及由此而產生的社會關係的功能化：

> 對政治經濟學在工業社會的角色已從商業成爲交換的這件事，也就是說，對政治經濟學臣服於某種工作的變異、某種生產和消費過程中的地點的功能化、某種由此衍生的社會關係的功能化，以及唯有某種機械性科技可以讓我們展望未來的這件事進行思考和批判，就是試圖在經濟和政治場域，或作爲它們所不可分割之政治經濟學場域上下工夫。

但工作究竟發生了什麼樣的蛻變？對於這個問題，史蒂格勒也舉了1990年底至2000年初，發生在美國和法國的有關縮減工時、工作價值和共享勞動的必要性和可能性的一個辯論。面對數位自動化所可能帶來的生產力的提高和失業率的上升，法國總理喬斯賓（Lionel Jospin）政府任內進行了所謂的「35小時改革」（Réforme des 35 heures），限制每週的總工時爲35個小時。與此同時，許多傾向彈性工作和工時的，也因如此數位科技和自動化的發展而出現。史蒂格勒寫到，這個法案的通過不僅受到瑞夫金（Jeremy Rifkin）《工作的終結：全球勞動力的衰退和後市場時代的黎明》（*The End of Work: The Decline of the Global Labor Force and the Dawn of the Post-Market Era*）一書、梅達（Dominique Méda）《勞動：一種邁向消逝的價值》（*Le Travail. Un evaleur envoie de disparition*），和高爾茲（André Gorz）《勞動的蛻變》（*Métamorphoses du travail, quête du sens*）一書的研究啓發，也在法國總理席哈克當選後，導致了當時的文化部長艾拉貢（Jean-Jacques Aillagon）對「全國跨業工商就業聯盟」（*Union national einterprofessionnelle pour l'emploi dans l'industrie et le commerce*, Unédic）的角色的質疑和重估，以及當時法國社會對影劇業的臨時僱員是否符合領取失業救濟金的資格的大規模討論。對瑞夫金、梅達和高爾茲來說，面對自動化和數位化導致的失業率的攀升，以及勞動（價值）的蛻變，對失業勞工的「最低薪資保障」或「向一個能吸收被市場部門遺棄的流離勞工的強而有力的獨立領域的轉型」絕對是必要的。只不過這樣的措

施，還是必須和塑造個人認同和權利的實踐結合，如此才能保障個體在勞動和
勞動的選擇上的眞正自由，使勞動者得以一種新形態的工作實踐或另類工作模
式，眞正在這個數位化和自動化的時代存活。

　　但對史蒂格勒來說，這些新型態的工作實踐其實是一種毒藥，一種作為第
三持存（tertiary retention）和精神科技（technology of the spirit）的記憶的毒藥
（hypomnesic pharmakon）。而對此，史蒂格勒也進一步指出，這種作為第三
持存的記憶的毒藥，給出的還不是對普勞化的生產者的剝削和功能化，而是對
普勞化的消費者的能源；或更精確地說，普勞化消費者的力比多能量的剝削。
這種對力比多能量的剝削其實也是對力比多經濟的某種改變，以及更廣義地
說，經濟活動的改變，甚至是摧毀：

> 在二十世紀，記憶科技支撐著文化和軟體工業〔……〕這便是資本主
> 義的全球化是如何透過消費者的普勞化的施予所成就的——在機械
> 化導致的生產者和消費者之間的早期劃分後。消費者反過來發現他
> 們自己被去獨體化了：就如同成為普勞的工人發現他們被剝奪了他
> 們透過自身的工作。換言之，透過如何做的知識（know-how）耕耘
> 這個世界的能力一般，消費者也喪失了他們如何過生活的知識，換言
> 之，他們的在世存有或存活的獨特方式。〔……〕就如同工人的普勞
> 化是維生的理性化，並導致了勞動力。也就是說，身體向商品的純粹
> 流變一般，消費者的普勞化乃是實存的理性化，導致了意識向商品的
> 流變；也就是說，將消費者約減為某種維生狀況，並摧毀它們的實存
> 〔……〕[3]。

　　史蒂格勒進一步指出，使消費者的這種普勞化成為可能的乃是他所謂的
「文法化」（grammatisation）：

> 換句話說，就文法化使跨獨體化過程。（這種跨獨體化使工人透過工
> 作變得獨體化，也就是說，工人能透過學習某種事物對其工作環境進
> 行獨體化變得可能）短路而言，普勞化就是文法化生產的失去知識

3　對此，請見Bernard Stiegler, *The Decadence of Industrial Democracy, Volume 1: Disbelief and Discredit* (London: Polity Press, 2011), p. 127.

──也就是失去實存和知識──的過程。構成馬克思和恩格斯1848年
於《共產黨宣言》中定義的普勞化的等同物的知識的喪失的關鍵的正
是這種短路[4]。

而對於什麼是文法化，史蒂格勒進一步寫到：

文法化描繪了一個短暫的連續體向一個空間性的離散物（圖像）的轉
變：這是一個允許自身再製的人類行為的離散化、形式化和描寫（計
算式、語言和姿態）的過程；它是透過（被轉入我們的機器和裝置
的）「第三持存」中的意識流的外在化進行形式性抽象。〔……〕
文法化的歷史就是記憶技術的歷史：它是德希達所說的補遺的歷史，
但就此它也構成了一種離散化、一種區辨、分析和（作為德勒茲和瓜
達里所說的編碼──解碼的）意識流的解體。〔……〕工業機械主義
再製了勞動的姿態，就如同印刷書再製了話語一般〔……〕存在著三
種離散化：文字的、類比的和數位的。這三種離散化並非社會化的模
態，也不製造同樣的認識效果。文法和字典並非對先於其存在的語言
的簡單再現，而是得以模塑溝通的空間的技術。對Sylvain Auroux來
說，腳本化（書寫）、文法化（語言技術和科學）和自動化（資訊
化）乃是人類語言外部化和形式化的三個主要階段。我們不能將語言
學和科技區別開來（Auroux），就如同我們不能將語言從技術區別
開來一樣（Leroi-Gourhan）[5]。

就此，史蒂格勒則指出，面對這種消費者的普勞化的狀況，我們真正該進
行的是某種作為「力比多經濟的藥理學批判」的「新政治經濟學批判」：

問題就在於這個已被成為消費者的普勞化的生產者的需求所重新分配
的剩餘已在二十世紀末導向了對其力比多能源的摧毀，以及將其力比
多能源重新解體為慾力──即馬庫色所說的去昇華（desublimation）

4　對此，請參閱Bernard Stiegler, *The Decadence of Industrial Democracy, Volume 1: Disbelief and Discredit* (London: Polity Press, 2011), p. 108。
5　請見工業技術網站對「文法化」此一概念的定義：http://arsindustrialis.org/grammatisation。

——的這件事。因此我們必須進行的乃是對力比多經濟的批判：一種
新政治經濟學批判乃是必要的，且這種新政治經濟學批判也應構成一
種力比多經濟的藥理學批判。〔……〕對消費者進行的普勞化乃是力
比多經濟時代的主要特徵，而對這種同時作為某種藥理學的經濟的系
譜學進行考察乃是新政治經濟學批判的首要任務。在這種藥理學中，
發生、器官學流變和文法化乃密不可分。換言之，這種藥理學乃是提
出跨獨體化問題的東西，我們在其中不但生產獨體化的長迴路，也生
產短路，換句話說，即去獨體化[6]。

　　換言之，這種作為第三持存和精神科技的記憶的毒藥導致的消費者的普勞
化也給出了某種「實存的理性化」、「力比多能量的摧毀」、文法化和去獨體
化（dis-individuation）。但什麼是第三持存？這和精神科技和記憶的毒藥有什
麼關係？而為什麼史蒂格勒會說，這種作為第三持存的記憶的毒藥會給出某種
消費者的普勞化，甚或是實存的理性化、力比多能量的摧毀、文法化和去獨體
化呢？事實上，第三持存是史蒂格勒在德國哲學家暨現象學運動的創始人胡塞
爾（Edmund Husserl）的《內時間意識現象學》（*On the* Phenomenology *of the*
Consciousness *of* Internal Time）的基礎上所創製出的概念。在《內時間意識現
象學》中，胡塞爾提出了「持存」（retention）和「前攝」（protention）這組
對內時間意識來說極為關鍵的概念。胡塞爾在此，乃舉對演奏中的樂曲的意識
為例：「持存」是知覺行動被持留於我們的意識中的過程；而與此相對，「前
攝」則是某種對下一時刻即將發生之事的期待。正是在這個基礎上，史蒂格勒
也進一步地發展了他的「第三持存」的概念。換言之，如果持存是意識對不斷
流逝的現在的內建資料庫儲存，而前攝是意識對現在的「空間化」，即意識
對即將到來或主體即將進入或參與的未來的期待的話，那麼第三持存則是對
這樣的「儲存」和「期待」的「物質化」、「可見化」和「具體化」。在這
個基礎上，以《關於技術的追問在中國》（*Questions Concerning Technology in
China*）頗受當代藝術界和批判哲學界關注的史蒂格勒的學生許煜（Yuk Hui）
也提出了「第三前攝」（tertiary protention）[7]的概念。換句話說，如果第三持
存是對前述的「儲存」和「期待」的物質化、可見化和具體化的話，那麼第三

6　請見Bernard Stiegler, *For a New Critique of Political Economy* (London: Polity Press, 2010), p. 40。

7　Yuk Hui, *On the Existence of Digital Objects* (Minneapolis: University of Minnesota Press), pp. 221-252.

前攝則是近一步對這樣的「儲存」和「期待」的「資料化」、「視覺化」、預測和分析。

如前述，如果跨獨體化給出的是某種精神性的話，那麼，在一開始將其視為某種「想像變異」（variation imaginaire）[8]的可能性之後，史蒂格勒也在諸如社群網站等數位儲存技術出現後，將如此作為第三持存的記憶毒藥視為了某種使「跨獨體化短路」，或使「去獨體化出現」的「精神科技」。以此，透過這種作為第三持存的記憶毒藥的精神科技，消費者也歷經了普勞化，進入了某種「同時失去實存和知識」，與「對人類行為進行離散化、形式化和描繪」的「文法化」的狀態。在這種文法化的狀態中，所有行為、姿態，以及對自身和他者進行言說的可能也全被吸進了透過數位儲存和持存進行的意識流的外在化、形式化和抽象化中。因而，在這種「數位儲存裝置印證了我（所說和我所做）」和「數位儲存裝置＝我」的過程中，歷經普勞化的消費者也同時喪失了「（如何）做」和「（如何）過生活」的知識和動力，只能渾渾噩噩、人云亦云地，以一窩蜂地方式填補自己在勞動後所產生的各方面欲望和需求，飽食終日、隨波逐流地過一生。

二、席蒙東對馬克思學說的批判

而促使史蒂格勒以這樣的方式對普勞化進行思考的乃是在法國哲學家席蒙東（Gilbert Simondon），及其對馬克思的勞動、異化和文化等概念提出的極為深刻的反省和批判。比起佛洛依德（Sigmund Freud）、李歐塔（Jean-François Lyotard）、拉華－古宏（André Leroi-Gourhan）、吉爾（Bertrand Gille）和歐胡（Sylvain Auroux），甚至比起胡塞爾（Edmund Husserl）、海德格（Martin Heidegger）、德希達（Jacques Derrida）和葛哈內（Gérard Granel），席蒙東是影響史蒂格勒思想的內部理路最為深刻，或對史蒂格勒思想的內部理路最為關鍵的哲學家。沒有席蒙東提出的獨體化（individuation）、轉導和「技術物件的實存模式」（the mode of existence of technical objects）的分析架構，史蒂格勒便欠缺了一個兼顧日常和非日常、內

8　在其第一本著作，即其博士論文《技術與時間1.愛比米修斯的過失》於1994年出版前的1992年，史蒂格勒基本上是以人的技術現實的「想像變異」來指稱這種數位儲存技術的發明的。對此請參閱 Bernard Stiegler, "Quand faire c'est dire: de la technique comme difference de toute frontiere", Le Passage des frontiers: autour du travail de Jacques Derrida (colloque de Cerisy) (Paris: Galilée, 1994), p. 271。

在性和超越性、先驗和經驗、過去和未來、客體和主體、具體和抽象、自然和文化，並得以進一步開展和深化，將其極為深邃，但又極具創意地與上述不同脈絡的學者提出的概念連結和對話的骨架。要了解史蒂格勒對馬克思政治經濟學的批判就必須了解席蒙東的整個哲學架構，及其對馬克思的異化、勞動和文化等概念的批判，且我們甚至可以說，要了解史蒂格勒的整個哲學思想，就必須了解席蒙東對馬克思的異化、勞動和文化等概念的批判。因為對馬克思哲學的批判，基本上構成的是席蒙東從獨體化到技術物件的實存模式的問題意識的「批判性軸線」（critical axis）或「批判性情境」（critical milieu）。

　　席蒙東的思想深受柏格森（Henri Bergson）和巴舍拉（Gaston Bachelard）的反實體主義（anti-substantialism）、海德格和梅洛—龐蒂（Maurice Merleau-Ponty）的現象學，以及當時物理學、遺傳生物學、心理學、資訊科學和機械工程學等領域的最新進展影響，除了史蒂格勒之外，對德勒茲（Gilles Deleuze）、拉圖（Bruno Latour）、拉虎勒（François Laruelle）、史坦格（Isabelle Stengers）和維諾（Paolo Virno）等人的哲學都有著極為深刻的啟發。其所關切的兩個最主要的概念為「獨體化」和「技術物件」。而席蒙東主要關切的問題其實是「個體在物理、生理和心理上是如何生成」，而在這樣的生成過程中，我們是如何透過周遭的技術物件延續我們獨體化，而這些技術物件又在我們日常的獨體化中扮演什麼角色的問題。

　　就此，席蒙東其實是一位並非從本體論（ontology），而是從本體生成（ontogenesis）的角度對獨體化的各種型態，以及技術物件在這樣的獨體化中扮演的角色的哲學家。獨體化指的是存在或個體——或用席蒙東的話來說，「作為個體的存在」——從其他存在中獨立、分割或分化出來的過程，這樣的過程本身就指向了某種對本體是如何生成，即本體生成的問題進行的研究。席蒙東指出，我們每個人於每日的日常生活都在進行的獨體化，其實是一個涉及物理、生理、心理和社會的過程。在這個過程中，我們其實是與他人共同，並交錯地感受和實踐著我們自身在人格上的獨立性，並以此共同建構著我們所身處的這個環境和世界的。就此，席蒙東也用了前個體現實（réalitépré-individuelle）和個體—環境對偶（couple individu-milieu）來描述這樣的個體化過程，用了跨獨體化（trans-individuation）和集體獨體化（collective individuation）來描繪不同型態的獨體化，並用了「被情緒餵養的情感動能」（l'émotivo-affectivité）和「精神性」（spiritualité）的概念來指稱不同型態的獨體化的總體圖像（image of totality）。我們於每天的日常生活中眼見的那些

觸動我們，讓我們意識到「喔！原來世界就是如此」或「喔！原來這個世界長得這個樣子」，並讓我們得以於其中生活，並採取立場的那些人、事、物，就是席蒙東說的前個體現實，而透過對這樣的前個體性的意識給出的世界感和我們在其中生活和採取立場的可能性間的劃分，就是席蒙東所謂的「個體─環境對偶」。透過這個作為獨體化的基調或條件的個體─環境對偶，業經獨體化的個體也持續於其日常生活中開展著其獨體化，以及建基於其上的可能的主體化（subjectivation）和主體性（subjectivity）。

　　就如同義大利激進政治思想家維諾所意識到的，對席蒙東來說，個體並非先於獨體化而存在，且我們不能從個體出發理解獨體化，而必須從獨體化出發理解個體。正是在這個過程中，席蒙東也把我們每個業經獨體化，且持續進行著獨體化的個體的集體、文化行動和相互交往行動稱為，「集體獨體化」和「跨獨體化」。席蒙東認為，這種集體獨體化或跨獨體化的狀態，其實也是個體與個體間彼此殊異（disparate）──而非差異（difference）──且存在著某種「內在共振」（resonance interne）的狀態。以此，席蒙東也把這種由集體獨體化或跨獨體化構成的總體世界視為一種具有精神性的狀態，並由此開展出了某種技術物件的實存模式和技術文化的理論。換言之，席蒙東認為，我們於日常生活中其實是需要許許多多的「物件」（objects）來延續自身的獨體化的。席蒙東稱這些我們藉其延續獨體化，且因而被我們以某種「被情緒調養的情感動能」賦予「技術性」（technicité）的物件為「技術物件」。這樣的技術物件不但會因其各個部分的獨立功能分化而經歷「具體化」（concretization）和「個體化」（individualization），且具有的是某種「超越」或「跨越」單一個體的「特性」，即「跨個體性」（le trans-individuel）。透過如此進行具體化和個體化，並具有跨個體性的技術物件，個體也得以打開某種得以在其中如魚得水似地活動，並因使用的技術物件獲得各種技術上的對應關係和功能上的呼應性的「關聯環境」（milieu associé）。就此，席蒙東也主張我們應對技術物件的「實存模式」（mode of existence），或「技術物件究竟是以怎麼樣的方式於我們的日常生活中實際存在或發揮作用」的問題進行研究。如此一來，才能將「技術」或「技術性」的問題重新整合和納入我們的視角，使「兩個文化」（two cultures）間的差距弭平，使人對技術物件和「技術文化」（technical culture）的創制，得以賦予個體與個體間交往某種創意的規範性（creative normativity），並使人與機械（人）等技術物件處於一個如指揮和樂隊或議長和議會間相互協作、相互流變的平等，且得以彼此和平共處的狀態。

簡言之，席蒙東的整個理論關切的其實就是「獨體化與技術物件之間的相互作用」（the interplay between individuation and the technical objects）的問題。

但如果席蒙東的整個理論關懷其實是「獨體化與技術物件之間的相互作用」的話，那麼這與馬克思的理論有什麼關係？而又為什麼說要了解史蒂格勒的哲學就必須先了解席蒙東的思想，及其對馬克思的勞動、異化和文化概念的批判呢？對此，就讓我們先來看席蒙東談及馬克思思想的幾個重要段落。首先，於其博士主論文《資訊和形式論點下的獨體化》（L'Individuation à la lumière des notions de forme et d'information）一書中，席蒙東曾寫到這樣的一段話：

> 基礎的論點必須被批判：勞動不是一種結構、張力、潛力，或一種透過某種召喚著不成為結構的結構化的活動與世界產生關聯的某種確切方式嗎？如果我們認社會—自然的調節在不同的特定階段有不同的呈現樣貌，那麼便很難從中提取某種結構，並說它有某種結構價值。在已知十九世紀的人類關係中勞動乃是與自然產生關係的主宰性模式的情況下，也許馬克思將某種真實的歷史事實加以了一般化。但要找到能將這種關係整合進人類學中的判準，卻極為困難。勞動的人早已被生物地獨體化。〔……〕這也是為何勞動就好像穿刺到互個體的關係中一般：勞動沒有專屬的抵抗，勞動不生產專屬於人的接續性的獨體化。勞動是向大眾開放：個體在勞動中仍是生物性的個體、單純的個體、被決定的個體和業已被給予的個體。但在這種〔……〕、互個體的社會—生物關係中存在著某種我們可稱為「跨個體性階段」的另一個階段：呼應著內在性的團體或團體的真正獨體化的，正是這個跨個體性的階段[9]。

對此，席蒙東也同時定義了所謂的「跨個體」或「跨個體行動」：

> 互個體關係從個體走向個體，不突穿個體。跨個體行動是使得這個體如同攜帶著潛力和亞穩性、期待和張力，並展現著某種整合和化解這

---

[9]　Gilbert Simondon, *L'Individuation à la lumière des notions de forme et d'information* (Paris: J. Millon, 1995), p. 294.

種被整併的內在性的問題意識的功能性組織和結構的系統元素一般一起存在的東西。跨個體在個體中有如從個體到個體一般發生。個體個性透過恢復，而非透過再累加或如同在勞動劃分和連帶的生物性集聚中的特別組織一般進行自我組織：勞動分工包含了發揮著其實踐功能的個體的生物性統一[10]。

　　事實上，這種跨個體性或跨個體行動所促成的正是某種得以發現問題和解決問題的反思性的文化。這種反思性的文化是與馬克思認為作為上層建築的文化基本上是和底層經濟基礎的反映的論點不同的。對此，席蒙東也於《資訊和形式論點下的獨體化》一書中進一步寫到：

> 文化更加必須有效地解決人世的問題，也就是在有機狀況和技術狀況間建立關係，而非僅對以封閉的類型建構的表達方式進行消費。一種純粹的有機論或技術論，都只會產生文化的有效性的問題。馬克思主義和佛洛依德主義都將文化約減成了某種表達方式，但實際上，文化乃要不是反思性的；要不就什麼都不是：文化變成了某種神話學或上層建築。相反地，讓我們思考某種得以解決問題的反思型的文化：我們能在這種文化中找到某種對象徵化權力的運用，這種象徵化權力既不會在某種有機性的提升中被耗盡，也不會在某種技術的表現中變得枯竭，反思性文化是對實存狀態的問題極為敏感的。這種文化研究對屬於人的，也就是說，在自我意識和反思的因果關係的回返中，激發著某種人對人的提問的東西。在碰到障礙時，文化的必要性才會彰顯〔……〕[11]。

　　而於其較早出版的博士副論文《論技術物件的實存模式》（*Du mode d'existence des objects techniques*）一書中，席蒙東認為，這種跨個體性或跨個體行動必須透過技術物件的中介創造出來，且這種透過技術物件的中介創造的跨個體性或跨個體行動所對抗的並不是（馬克思所說的）經濟異化，所給出

---

[10] 同註6。

[11] Gilbert Simondon, *L'Individuation à la lumière des notions de forme et d'information* (Paris: J. Millon, 1995), p. 332.

的並不是馬克思念茲在茲的那以「共產主義」或「共產主義的理念」為名所形
塑的勞動社群或社會團體，而是某種比馬克思所直指的「經濟（基礎）上的異
化」更為根本、原始和深刻的「勞動上的異化」——或更精確地說，「技術
上的異化」——以及更為動態，也更貼近我們面對的日常現實的「互人類關
係」。對此，席蒙東寫到：

> 透過技術物件的中介，某種作為跨個體性模式的互人類關係也得以被
> 創造出來。以這種方式，我們可以對某種並不讓分離的個體以被建構
> 的個體性產稱生關係，不以同一性的方式看待所有人類主體（舉例來
> 說，感性的先驗形式），而是以前個體真實的能量、自然的能量——
> 這種自然的能量與個體存在一同被保存，並容納著潛力和虛擬性——
> 的方式理解這樣的關係。〔……〕生產性勞動，就其來自此時此地的
> 在地化個體的意義上，無法將被發明的技術性存在納入考量。進行發
> 明的不是個體，而是比個體大，也比個體豐富的主體。這樣的主體，
> 在將業經獨體化的存在的個體性給誇大的情況下，帶著某種程度的自
> 然、尚未獨體化的存在的能量。如同勞動社群一般具有功能性連帶的
> 社會團體僅能讓業經獨體化的存在產生關聯。正是因此，在馬克思透
> 過資本主義這個概念描繪的所有經濟模式之外，如此具有功能性連帶
> 的社會團體僅能以某種必要的方式，將這些業經獨體化的存在加以在
> 地化和異化：我們可以在作為勞動的勞動中定義某種本質性的前資本
> 主義式異化。〔……〕我們不能以另一種異化，即某種分離的心理性
> 來彌補勞動的異化〔……〕勞動的問題是與勞動造成的異化有關的問
> 題。這種由勞動造成的異化不只由附加價值的遊戲造成的經濟問題。
> 馬克思主義和透過人的關係對勞動進行研究的反馬克思的心理學論
> 者，都無法找到真正的解決方案，因為他們都將異化的根源放在勞動
> 之外，但異化的根源其實是作為勞動的勞動自身。我不想說經濟異化
> 不存在，但異化的首要根源應存在於具有本質意義的勞動中，且馬克
> 思所描繪的異化應該只是這種異化的其中一種模態：異化這個概念早
> 已普及，以致於人們可以提陳某種異化的經濟層面的程度。就這個觀
> 點而言，經濟異化在上層建築階段早已存在，經濟異化預設了某種作

爲勞動中的個體存在狀況的本質性異化的更爲隱晦的基礎[12]。

　　而在名爲〈技術性的心理社會學〉（Psychosociologie de la technicité）的文章中，席蒙東更是進一步指出，這種勞動或技術上的異化，與其說是馬克思指的「由附加價值導致的異化」，還不如說是某種「由神聖化導致的異化」。就生產者和消費者的角度而言，這種由神聖化導致的異化也導致了技術物件就此成了某種超歷史性的存在，對此，席蒙東也寫到：

> 被生產的物件的現實被塡補進了一個技術命定的虛擬性中，這樣的物件並未對其實存和終點進行自我證成。我們可以說，這樣的物件是被唯利是圖的狀態給「虛擬化」的。在這個過程中，勞動生產者也被虛擬化，並失去了某種程度的現實性。〔……〕就如同所有物件都必須在市場上流通一般，某種光暈的效應也在不同類型的物件上產生，最終所有的勞動也被虛擬化。在這裡提及的積累性因果的現象也導致了某種與費爾巴哈和馬克思描繪的異化不同的異化類型。實際上，與其說這樣的異化接近馬克思的異化論（即由附加價值導致的異化），還不如說接近費爾巴哈的異化觀（即由神聖化導致的異化），而這也許是因爲技術性和神聖性之間存在著某種同構關係（isomorphism）的緣故。〔……〕在同一個人中，購買者的功能與生產者的功能產生了異化。購買者的功能，和更一般的使用者的功能使人和被製造出的東西，以及透過回歸的因果關係而產生的生產功能之間產生了距離。人，作爲購買者，創造了技術物件的某種超歷史性。作爲異化過程，這種超歷史性也在經濟領域成爲了馬克思附加價值的等同物。〔……〕生產者就此成了作爲技術性的超歷史性的生產者〔……〕[13]。

　　最後，在1965-1966年於巴黎索邦大學進行的名爲「想像與發明」（Imagination et invention）的講座中，席蒙東則論及了這種在現今被異化的勞動在本質上其實是得以構成某種「影像循環」的「對自然的發明」：

---

[12] Gilbert Simondon, *Du mode d'existence des objets techniques* (Paris: Aubier, 1989), pp. 248-249.

[13] Gilbert Simondon, *Sur la technique* (Paris: PUF, 2014), p. 56.

另外，這種透過自然效應的招募在技術發明中進行的擴大有著某種與
理論效應平行的社會和實踐效應。在人類勞動的世界，馬克思在《資
本論》中描繪的經濟的附價值機制展現了某種將導致工業革命的技術
發明付諸實踐的其中一個後果；這也意味著工人操作者的勞動乃被整
合進了發明的圖式中，並被當作了某種自然效應。但擴大的效應不只
限於操作者的勞動領域。在人類社會的特殊案例中，它只以某種專屬
的方式變得可見。擴大式的辯證演進並不只是政治、社會和人類的。
它也透過不僅與人類社會有關，也與自然有關的方式刻畫著被發明所
創造的物件的整個領域。透過被創造的物件的中介，被隸屬於擴大式
的辯證演進過程的是人與自然的關係，這種人與自然關係的積極基礎
在發明中，它有效地透過了在創造性發明的終端位相的個體之外的擴
張展現了某種影像循環（le cycle de l'image）[14]。

　　從上面這幾段席蒙東論及馬克思勞動、異化和文化概念的段落我們可以
發現，我們其實無法透過馬克思所說的那「在歷史的不同階段有不同樣貌」的
生產模式的歷史階段論來看待勞動，或更精確地說「生產性勞動」。對席蒙東
來說，作為馬克思學說核心的「人的解放」[15]，並不是我們該追求的目標，人
類透過勞動進行的並不是馬克思所說的「類存有」或「種屬本質」的製造，
而是生理、心理和社會的獨體化。換句話說，在這種作為生理、心理和社會
獨體化的勞動中，我們進行的並非人類專屬的那與勞動和勞務上的分工相關
的吃、喝、拉、撒、睡的所有生命活動，而是時時刻刻對自己在肉身官能上
的所有感覺的感受和實踐。席蒙東將這種生物個體日復一日勞動著的集合狀
態稱為「跨個體」狀態。對席蒙東來說，在這種跨個體狀態中，生物獨體或
個體的勞動也必然是對物件的技術性的操作和發明，或透過技術物件的中介
對自己與自己身處的世界，或人與自然間關係的「擴大式辯證」中的發明，
一種由席蒙東所說的「行動」（action）、「知覺」（perception）和「象徵性
回憶」（souvenir symbolique）[16]，這三階段形塑的人類文明基底的「影像循

---

[14] Gilbert Simondon, *Imagination et invention* (*1965-1966*) (Paris: PUF, 2014), pp. 175-176.

[15] 對於作為馬克思學說核心的「人的解放」，請見洪鎌德，《人的解放：21世紀馬克思學說新探》，
臺北：揚智，2000年，第2-7頁。

[16] Gilbert Simondon, *Imagination et Invention* (*1965-1966*) (Paris: PUF, 2014), pp. 7-28.

環」。因此，正是在這點上，席蒙東也指出了馬克思對異化的思考所力有未逮，或馬克思在思考人的異化和解放時還不夠現實，也還不夠深刻的一個關鍵之處：在馬克思於所討論的四種異化——即人與生產活動、產品、他人和種屬之異化[17]——中所丟失的乃是獨體化的個體對其生活周遭的那些他必須使用，或不知其所以然而然的技術（物件）上的異化，或更精確地說，因為技術上的異化而來的「勞動層面的異化」。這是一種不在「使生產過程得以進行的工作關係」的「技術的關係」，和「決定對生產力的擁有以及對產品支配的權力」的「經濟控制的關係」[18]上進行作用的異化。關鍵在於，在席蒙東所謂的現驗（a praesenti）的層次上，這種更為原始，也更為根本的技術上的異化和勞動層面的異化是無涉於馬克思所謂的經濟基礎、階級和技術多樣性，因而是「無底」（groundless）、「無階級」（a-class），和「無涉技術上的多樣性的」（in disregard of the technical diversity）。正是因此，席蒙東說的這種作為獨體的真正原始和根本異化的這種技術上的異化與其接近馬克思意指的「以附加價值作為其可能性條件」的「附加價值上的異化」，還不如說更接近費爾巴哈（Ludwig Feuerbach）所說的因將這些技術物件當成以各種不同的方式，當成各種具有不同程度的那「只能遠觀而不可褻玩焉」的「聖物」的「神聖性上的異化」，或「神聖異化」（sacred alienation）[19]。就此，如果席蒙東哲學的核心關懷是「獨體化與技術物件之間的相互作用」的話，那麼，其透過與馬克思的異化觀進行論辯給出的這種神聖性上的異化，就是這樣的相互作用的批判性現實（critical reality）。史蒂格勒的整個哲學的核心關懷，正是建立於這樣的批判性現實之上。

---

[17] 對於馬克思指出的這四個層次的異化，請見洪鎌德，《馬克思社會學說之析評》，臺北：揚智，1997年，第125-127頁。

[18] 這種「技術的關係」和「經濟控制的關係」也統稱為「生產關係」。對此，請參閱，洪鎌德，《馬克思》，臺北：東大，1997年，第268頁。

[19] 這種「神聖性上的異化」主要是來自於費爾巴哈認為「人是客體之物，人是與客體、對象牽扯的動物」此一論點。對此，請參閱洪鎌德，《馬克思的思想之生成與演變：略談對運動哲學的啟示》，臺北：五南圖書，2010年，第138-141頁。

參、毒藥經濟和藥理學批判

一、毒藥經濟與藥理學批判

　　而正是因此，史蒂格勒才會進一步指出，這種新政治經濟學批判的基礎其實是一種對力比多經濟的「藥理學批判」。這種「藥理學批判」乃是對某種亦毒亦藥的「毒藥經濟」——即某種藥物在其中產生毒性或毒藥在其中產生療效的經濟活動——進行的批判。對史蒂格勒來說，這種毒藥的經濟乃是某種由法國民俗學家拉華—古宏所說的「具有線性、可預見和不可避免的特質」的技術「傾向」（technical tendency）[20]主導和形塑的複合體。這種複合體基本上是透過轉導，由一般器官學（general organology）的不同階段構成的，史蒂格勒寫到：

> 毒藥的經濟乃是一種不將毒物與藥進行對立的治療：毒藥的經濟學乃是傾向的複合物，而非對立項之間的辯證式鬥爭。這種複合物的具體化由一般器官學的三個階段之間的裝配構成，並由此構成一個照護系統：藥理學階段的獨體化（技術獨體化）轉導地在另外兩階段的獨體化（即心理獨體化和集體獨體化）中進行著強化[21]。

　　換句話說，史蒂格勒在這邊指的一般器官學乃是由「技術獨體化」、「心理獨體化」和「集體獨體化」這三種不同的獨體化所構成的。事實上，比起「義肢」（prothesis）這個充滿德希達「解構」（deconstruction）色彩的概念及其隱喻性的力量，史蒂格勒對「器官學」概念的談論其實更具當代潛力和解釋力。之所以這樣說的原因，還不只是因為技術哲學的創始人卡普（Ernst Kapp）所提出的「器官投射說」——即我們可將「技術」視為人的五臟六腑等內部「器官」的「投射」（projection）的看法——還包括了這樣的器官學在實際日常生活操作的種種可能性和現實性向度。換言之，史蒂格勒這邊說的作為毒藥經濟學的這種個體與技術物件的「複合體」的具體化的一般器官學——即心理獨體化、技術獨體化和集體獨體化——的動力結構至少包含了以下三個

---

[20] 對此，請參閱*André* Leroi-Gourhan, *L'Homme et la matière* (Paris: Albin Michel, 1971), pp. 27-34。

[21] 請見Bernard Stiegler, *For a New Critique of Political Economy* (London: Polity Press, 2010), p. 97。

層次：(1)心理獨體化的前器官層次：在這個層次中，作為自體器官的外界的人、事、物尚未成形，獨體的獨一性（singularity）亦尚未與其知覺分離；(2)心理獨體化的器官層次：作為自體器官的外界的人、事和物已以沙特（Jean-Paul Sartre）和席蒙東所說的「影像」（l'image）的狀態出現，但獨體的獨一性仍尚未與其知覺分離；(3)毒藥經濟的獨體化和個體化（individualization）層次：在這個層次中，使技術物件成為亦毒亦藥的毒藥的經濟交易狀態涉及的是獨體對獨體化過程的維繫，和作為毒藥的技術物件在這個獨體化過程的維繫中的個體化，在其中，作為自體器官的外界的人、事、物已以個體的狀態出現，且獨體的獨一性已與其知覺以「差距化」（differentiation）的運動分離；(4)技術獨體化的器官層次：在這個層次裡，作為自體器官的外界的人、事、物已以感性分派和人稱的狀態，以多元（diverse）、殊異，甚至是「差異化」（differentiation）運動呈現，獨體的獨一性亦已與其知覺分離；(5)集體獨體化的器官和器官學層次：作為自體器官的人、事、物在這個層次已從個體轉為集體，對集體的已知和未知，可見與不可見的倫理和利害體制已開始進行創制和劃分，個體的實體性和物質性開始出現，並與集體保持著某種「形而上」（metaphysical）或「後設的關係」（meta-relationship），器官的構造以(a)多重意識；(b)多層次身體；(c)多元分身；(d)多樣個體的方式深化，並因後驗和現驗地交互作用，形成了某種得以積累、統整和言說的器官學。

　　換言之，在這種藥理學批判或毒藥經濟學中，毒與藥不再處於相互對立的辯證狀態，而是某種既非歸納，亦非演繹的「轉導」關係。轉導這個概念來自於遺傳學，指的是一個外來的DNA透過病毒或病體載體被帶進一個細胞或細菌的過程。席蒙東則將其用來指稱不同於「必定會導致某些資訊喪失」的歸納、「使某些項次因隸屬於某個終極目標而變得虛擬和不重要」的演繹、「必定會給出某種無涉於個體的中和或綜合」的辯證的某種「使否定性化為肯定性」實際問題解決程序。換言之，當人們「見到」這裡有兩枝粉筆、一個板擦和一個黑板的同時主動、實證，但也經常是無意識地將他被動地「感覺到的」粉筆灰的味道、陳腐木頭的味道和走廊奔跑的腳步聲進一步化為──其實也是「轉化」和「導向」為──想在（這裡或其他地方的）操場跑跑步或想在（這裡或其他地方的）鞦韆盪一盪的動力的這個過程，就是席蒙東所謂的「轉導」。就如同我被帶著霍亂桿菌的蚊子叮咬而感染霍亂（否定性），並透過飛沫將霍亂傳染給其他人（肯定性）的過程一般，這個過程預設的是某種嚴格的「現實主義」（realism）、「物質主義」（materialism）、「個別主義」

（individualism）和「結構化」（structuration）運動，正如史蒂格勒所說，技術操作或技術獨體化在獨體的心理獨體化和某種普同或異化的集體獨體化中獲得的強化依賴的正是這種作為現實主義、物質主義、個別主義和結構化運動的轉導程序。透過這個轉導程序，技術獨體化、心理獨體化和集體獨體化也共構了某種一般器官學，以及透過這種一般器官學進行的毒藥經濟的具體化。

二、德希達的毒藥學

但在現今許多人其實也都知道數位科技對人產生了某種亦毒亦藥的作用的情況下，以「毒藥」（pharmakon）刻畫數位科技的經濟，並以「藥理學批判」描繪這種毒藥發揮藥效的邏輯的意義究竟何在呢？就此，就如同柏拉圖的《斐多篇》（*Phaedrus*）篇所揭示，相對於哲學的「回憶」（Anamnesis）的文字「記憶」（hypomnesis）所代表的就是毒藥，而這種毒藥正是某種純外部的「替罪羊（或差距化）邏輯」：

> 毒藥沒有理想的同一性〔……〕伴隨著理型與其他者間的對立，它是一般的差距化（differentiation）得以被製造的最優先媒介。這個媒介總是與某個欲求著的東西相類比，並接續著、根據著哲學的決定，那個被預留給先驗想像力，這個「潛藏於靈魂深處的藝術」的位置，既不簡單地屬於感性，亦不簡單地屬於知性，既不屬於被動，亦不屬於活動。這個元素媒介總是與某個混合媒介相類比[22]。

> 毒藥的特質已與替罪羊的特質相較。邪惡和外部，驅逐邪惡，將其驅逐於城市（或）身體之外〔……〕[23]。

從德希達上面的這兩段引文我們可以發現，如作為延異（différance）或文字的補遺（supplement）一般，毒藥之所以是「毒藥」或「亦毒亦藥」的原因，就在於沒有與其具有某種差異的「藥」或藥效，「毒」就無以成「毒」，而沒有與其具有某種差異的「毒」，「藥」的藥效要發揮作用，或「藥」之所能成「藥」所需的時延（duration）或時間性（temporality）就無法出現。毒藥

---

[22] Jacques Derrida, *Dissemination* (Chicago: Chicago University Press, 1981), p. 126.
[23] *Ibid.*, p. 130.

永遠處於一個過程之中，毒藥要發揮作用就必須永遠處於一種「無法決定」（undecidable），或永遠需要被（自己和）他者（的互動）決定的狀態。就此，對獨體來說，毒藥其實也是一種「（藥和）毒和藥和毒和藥……」的無限反覆，一種將所有的惡推給一個外部的「替罪羊」邏輯，一種知性和感性，主動和被動相互交融的狀態，一種個體和記憶裝置之間的平等邏輯。毒藥在這裡的重點是：獨體（與其他獨體的互動）在這樣的延異或毒藥經濟中的決定性永遠是被掩蓋著的。史蒂格勒在這裡使用毒藥和藥理學批判的概念對數位科技的經濟進行論述的最大意義即在於直指這種「獨體的不可見性」（the invisibility of individuation）。在資本主義大獲全勝的這個時代的普勞化中展現的正是這種「獨體的不可見性」，或「跨獨體化的決定性」力量。

肆、貢獻式經濟及其偏限

一、貢獻式經濟的定義

而正是因此，史蒂格勒也鼓勵我們對某種得以終結普勞化和毒藥經濟的「貢獻式經濟」（economy of contribution）進行思考。什麼是貢獻式經濟呢？史蒂格勒寫到：

> 為了推翻這種傾向，重要的是透過一種新型態的內在環境的獨體化（被「細胞」的「諸眾」所建構），並藉由作為網絡社會的主要特質的關係性科技的投資，來重建技術環境的獨體化過程。這種依賴新的聯繫性環境的形構的毒藥學的療程就是貢獻式經濟。

席蒙東進一步指出，

> 貢獻式經濟〔……〕首先被它所生成的那以多元形式展現的正向外部性所形塑。正向外部性個體和集體地關注自身和他者。〔……〕共獻式經濟——從既創始或胚胎，但也時常非常先進（已成為掌控著其餘工業命脈的資訊工業的主導模式的「開源」經濟，就是最好的例子）的形式，到現在已發展了近二十年——很大程度是由數位網絡的部署所帶動的行為轉變而來的。在網路上，生產者和消費者已不存在：科

技打開了一個貢獻者的網絡空間。在其中，貢獻者開發、共享知識，並形成了所謂的關聯環境——關聯環境的這個概念是從席蒙東那借來的。這樣重構著昇華過程，並以此重構著欲望、交往，和奠基於社會性的新形式之上的個體和集體責任的生產性經濟的分享打開了一個對抗依賴、去昇華、對自己和他人感到噁心，並更一般地說，對抗投機性地沉迷和成癮的空間[24]。

對此，席蒙東也寫到：

這種經濟必須被引進，因為，在所有因素的考量下，集中式網絡的模型已被重構，且讓位給了貢獻式網絡，在許多領域，且為的是純理性考量。就能源經濟而言，舉例來說，集中模型已變得不那麼永續了：能源經濟現在成了雙向網絡，就如同瑞夫金所預測，對能源的貢獻式生產已開始引進，而這也讓新的邏輯或網狀的基礎設施——即有時被稱為智慧型電網的基礎設施——成為可能[25]。

換言之，史蒂格勒指出，貢獻式經濟乃是透過某種（拉華—古宏說的）不斷自我集中的「內在環境」（interior milieu）[26]的獨體化的建構所進行的對「技術環境」的獨體化的營造。在現今，這種營造主要表現在「細胞眾」、「智慧型電網」和開源經濟所依賴的「平台資本主義」（platform capitalism）這三個層面。接下來就讓我們看看作為貢獻式經濟實例的這三個層面。

二、貢獻式經濟及其侷限

（一）細胞眾

讓我們先來看看史蒂格勒所說的「細胞眾」（multitudes of cells）。細胞眾指的是什麼呢？雖然史蒂格勒對於細胞諸眾沒有明說，但我們從其行文脈絡和論述便可發現，史蒂格勒在這邊所指的細胞諸眾其實就是個體透過基因工程和應用程式等數位科技對自身「細胞」進行改造後所產生的以「細胞的獨體

---

[24] 請見Bernard Stiegler, *For a New Critique of Political Economy* (London: Polity Press, 2010), p. 116。

[25] 請見Bernard Stiegler, *For a New Critique of Political Economy* (London: Polity Press, 2010), p. 141。

[26] *André* Leroi-Gourhan, *Milieu et technique* (Paris: Albin Michel, 1973), pp. 421-423.

化」之姿現身的「諸眾」。這種細胞眾時常展現的是後成作用與先驗性和辯證法，或程式與獨體化之間的關係。對此，馬拉布（Catherine Malabou）寫到：

> 在生物學中，與假設從一開始就完全地被構成的預成作用（preformation）相對，後成作用（epigenesis）指的是透過細胞的漸進分化而來的胚胎成長。〔……〕後成作用並非某種修辭上的建制，而是被應用到了先驗性之上的東西。先驗性成長、發展、轉型和演化。〔……〕下一個任務將會回到後成作用與辯證法間的關係上[27]。

馬拉布進一步寫到：

> 當代神經生物學的其中一個基本課題是「對人類的基因組（genome）和大腦的表型（phenotype）間的了解仍有限的關係的釐清」，對程式和獨體化間關係的釐清。這個關係打開了後成作用，即作為基因決定論和「環境對人的選擇性印記」間的中間地帶的分化發展的遊戲場域。思考的起源從這個關係而出，而非從程式而出〔……〕唯有某種對「神經元連結的形塑」的後成觀點使我們得以與先天論（innatism）說再見：這便是先驗（a priori）的神經生理學化所帶來的非預期效應[28]。

　　這個看法其實呼應了與另一位與席蒙東同時代，且與席蒙東共享著些許近似的研究旨趣的法國哲學家胡耶（Raymond Ruyer）的構想。於《生命形式的生成》（*La Genese des forms vivantes*）一書中，胡耶寫到：

> 有機體中的技術發明，在沒有專業和熟練的研究的實驗室的情況下，是神祕且弔詭的。除了將其歸咎到變異的危險之外，沒有其他合理的解決方案。這單單就是忘了進行發明的人的大腦首先僅是有機組織，僅是細胞網絡，且對發明的所有社會和人類展演都僅是附帶和附件的這個事實。〔……〕所有東西都基本發生在一個晦澀實體的某些細胞

---

[27] Catherine malabou, *Before Tomorrow: Epigenesis and Rationality* (London: Polity, 2016), p. xiv.
[28] *Ibid.*, p. 11.

自我行動之上，這些細胞根據研究的主題和蒙太奇圖式自我集結[29]。

　　換句話說，馬拉布在這邊說的由「程式和獨體化間關係」的釐清打開的「後成作用」，或「『對神經元連結進行形塑』的後成觀點」，或胡耶在這邊說的由「細胞的自我行動」主導的「有機體中的技術發明」共同指向的是某種兼具遊戲和發明特質的社會行動。正如馬拉布寫到，這種發明行動，事實上也構成了某種「作爲基因決定論和『環境對人的選擇性印記』間的中間地帶的分化發展的遊戲場域」。在這個遊戲場域中，我們不但得以看到作爲先天基因與環境對人的「著色」或「烙印」的多重決定，也看到了在個體的所有感識、奮發性的意志和創見背後的那神經元細胞（的「後成作用」）所扮演的角色。正是因此，史蒂格勒才會指出，這種由神經元細胞和數位時代的關係性科技共構的技術環境下的獨體化，與某種新型態的關聯環境的建構基本上乃是貢獻式經濟在今天所展現的第一個層次。想打造貢獻式經濟就必須（重新）形塑細胞眾與關係性科技間的這種聯繫。

（二）智慧型電網

　　史蒂格勒舉的貢獻式經濟的第二個實例是智慧電網。智慧電網是一種得以「自動優化」的現代電力配送系統[30]。正如布拉頓（Benjamin Bratton）所說，作爲「堆疊」（The Stack）這種「世界的主權空間結構」的其中一個組成部分的智慧型電網，基本上對「所有事物的內在再現」進行了錄製和某種和諧式的部署。然而，在此也產生了不同層次間如何整合的法律問題。布拉頓指出，我們現今身處的這個「世界」或我們現在稱爲「世界」的這個東西，基本上是由「雲端層」（Cloud）、「地層」（earth）、「城市層」（city）、「介層」（Interface）和「使用層」（user）這五個層次或五個數位、地理、主權和政治空間[31]。對此，史蒂格勒於其2018年甫出版的新書《負人類世》（*The Neganthropocene*）一書中寫到：

---

[29] Raymond Ruyer, *La Genése des formsvivantes* (*Paris: Flammarion, 1958*), p. 255.

[30] 請見波拉斯（Stuart Borlase）對智慧型電網的定義。對此，請見Stuart Borlase, *Smart Grids: Advanced Technologies and Solutions* (London: CRC Press, 2017), p. 18。

[31] 對此，請參閱Benjamin Bratton的《堆疊：論軟體和主權》（*The Stack: On Software and Sovereignty*）一書。

(1)法律的問題乃是體外有機體，或也稱為外有機體——不論是簡單或複雜的——的東西間關係的規範問題〔……〕；(2)和布拉頓不同，我認為這個問題不只應該透過負熵視角所處理，還應透過欲求著某種負人類學的負人類學視角處理。〔……〕；(3)法律問題和經濟問題是不可分的。因為，當法律是超越所有的算計對價值進行生產的東西之時，經濟以某種沒有價格的標準為基礎，計算的是價值，因為經濟構成的是所有評判的典範。〔……〕；(4)為了達成這樣的目標，我們必須同時從資料形式和建構社會網路的條件的層級，重新深刻地思考數位網路的建築術。〔……〕這必須建立在某種不可計算；也就是說，無法化約為平均數的場域的構築上〔……〕；(5)保證（作為共同平台的貢獻式學習疆域的目標的）開放的體外單元的在地整合，並將在地的負熵經濟整合進一個負熵的總體經濟中；也就是說，保證那尊重在地性及其給出的異質性的宏大級別之間的尺度關係，蘊含著重新定義運算程序和可擴增性的科技的挑戰，以至於它們絕不會使審議過程短路。換言之，它們絕不會使決策過程普勞化[32]。

就此，史蒂格勒更是進一步寫到：

為了替《技術與時間》系列的延續鋪路，在《自動社會》（*La Sociétéautomatique. Tome 1, L'avenir du travail*）和《在破壞式創新》（*Dans la disruption. Comment ne pas devenirfou?*）中採用的語言揭示的真理是外體化（exsomatization）——也就是說，這黑格爾描繪成構成精神現象學的實在的外在化的東西，這馬克思和恩格斯在《德意志意識型態》中描繪成體外化器官的生產的東西。只要透過它，存在只在退隱時——如同毒藥一般——被給予的話，那麼體外化就是技術[33]。

換言之，史蒂格勒認為，這種不同層次或世界的主權空間之間如何整合的法律問題，其實是某種「外體化」和「外有機體」如何透過演算法和擴

---

[32] Bernard Stiegler, *The Neganthropocene* (London: Open Humanities Press, 2018), p. 264-265.
[33] *Ibid.*

增性科技因應不同地域的異質性的而自我建構和組織的問題。史蒂格勒指
出，在這種外體化或外有機體的自我組織的過程中，重點不在於重新建構
一個軟體、一個硬體，甚或是一個平台——因爲這都將導致能量的耗散，
即「熵」（entropy）的增加——而在於如何透過演算法、擴增性科技和異
質性的增值過程，利用既有的軟體、硬體或平台進行內在顚覆，或「負熵」
（negentropy）實驗，某種兼顧不同地域文化的異質性和人類（數位）技術文
化的共通性和多元性的人類學實驗和共享式經濟實驗。對於這樣以「負熵」爲
目標的人類學實驗和共享或貢獻式經濟實驗，史蒂格勒分別稱爲「負人類學」
和「負熵經濟」。

（三）開源經濟和平台資本主義

　　史蒂格勒舉的貢獻式經濟的最後一個實例乃是現在當紅的「開源」
（open-source）經濟模式。事實上，開源經濟依賴的乃是「平台」這現今當紅
的另一個商業模式，它買賣的是用戶的資料和未來對用戶資料進行進一步萃取
的可能性，其建構的乃是史尼塞克所說的「平台資本主義」。什麼是平台資本
主義？對此，史尼塞克寫到：

> 二十一世紀的先進資本主義將焦點放在對這種資料特定形態的原物料
> 的使用和萃取上。搞清楚什麼資料是重要的。一開始，我們便將資料
> （一些事藉其發生的資訊）和知識（有關爲什麼某些事發生的資訊）
> 區別開來。〔……〕簡單地說，我們應該將資料視爲必須被萃取的原
> 物料，而將使用者的活動視爲這種原物料的自然資源。〔……〕資料
> 逐漸從代表著一種商業的邊陲層面的地位成爲了核心資源。〔……〕
> 資料已扮演了一定數量的資本家的功能：資料餵養並將競爭優勢賦予
> 演算法、資料使工人的協作和外包成爲可能、資料允許了生產過程的
> 彈性和最佳化、資料使低利潤產品向高利潤服務的轉變成爲可能，且
> 資料分析本身就會透過熟練的循環生成資料。〔……〕逐漸興起的新
> 商業模式是一種新形態的強大企業：平台。〔……〕什麼是平台？在
> 最一般性的意義上，平台是使兩個或多個團體進行互動的數位基礎設
> 施。平台將自身設定爲得以將顧客、廣告商、服務提供者、製造商、
> 供應商和甚至是物件等不同使用者匯聚在一起的中介。更有甚者，這
> 些平台也會提供工具讓他們的使用者得以建構自己的產品、服務和

市場。〔……〕有越來越多的商業交易將會臣服於平台的發展之下。
〔……〕平台的使用者越多，平台對每個人來說就越有價值[34]。

　　總括來說，在這個以平台這種「企業」（firm）為主導的時代，資本主義不但已成了某種平台資本主義，資本家也已從馬克思時代的不變和變動資本的持有者，搖身一變成為了資料的萃取、囤積者和生產效能的優化者。透過軟體、硬體和開源系統的持有，平台就此也成了某種得以不斷進行資料萃取的「戰爭機器」（war machine）。換言之，誠如史蒂格勒所說，開源軟硬體構作的確是共享經濟的一個實際範例，與細胞眾和智慧型電網一道，這種共享經濟的確存在著某種使業已普勞化和去獨體化的消費者「再獨體化」（re-individuation）的契機。只不過，在開源經濟是如此強烈地依賴於「資料」──而非開源系統──的數量的今天，不同平台錙銖必較，且戮力透過資料的萃取和囤積形構的是名為「使用者」（user）的種種虛擬人格或檔案（profile），透過作為開源經濟的貢獻式經濟，是否是對抗普勞化和毒藥經濟學的一條可行的通道？對於這個問題的關鍵將取決於由開源經濟重新復甦的技術獨體化在未來是否能與由平台資本主義的資料萃取和大數據分析給出的「虛擬集體化」（virtual collectivization）和「虛擬（集體）獨體化」（virtual (collective) individuation）相對抗。

伍、結語

　　在前三部分我們論及了史蒂格勒對普勞化的看法、席蒙東對馬克思學說的批判及其對史蒂格勒哲學的影響、作為第三持存和文法化的記憶毒藥在其中進行藥理學批判的可能，以及以細胞眾、智慧型電網和平台資本主義這三樣實例現身的「貢獻式經濟」，對普勞化的消費者可能起到的再獨體化契機。面對這種「（如何）做」和「（如何）過生活」，的雙重喪失的狀況，我們也已在前面指出，無論是以細胞眾、智慧型電網和平台資本主義的方式展現的貢獻式經濟，基本上是有一定程度的侷限的。

　　以此，在現在的這個作為馬克思理想的共產主義已與資本主義合流、共構

---

[34] Nick Srnicek, *Platform Capitalism* (London: Polity, 2016), pp. 57-64.

而成為某種「資本現實」的時代，本文主張以下兩點：一，要理解史蒂格勒對當今數位科技、馬克思學說，甚至是史蒂格勒的整個哲學就必須理解席蒙東的思想，及其對馬克思學說的批判；二，要在今天紀念馬克思，要了解馬克思學說在今天的意義，要透過自己的實踐使馬克思的學說在今日還能發揮些許效力就必須面對席蒙東對馬克思的異化觀提出的極為深刻，且極具現實性的批判，並進一步地面對在馬克思所說的「資本主義異化」或「附加價值異化」之前發生的那更為原始和根本的「技術異化」、「勞動異化」或「神聖異化」。

參考書目

外文書目

Berns, Gido.

2012　*LaPorosité. un essai sur le rapport entre économie et politique* (Bruxelles: ÉditionsOusia.

Borlase, Stuart.

2017　*Smart Grids: Advanced Technologies and Solutions*. London: CRC Press.

Bratton, Benjamin H.

2016　*The Stack: On Software and Sovereignty*. Cambridge: The MIT Press.

Derrida, Jacques.

1981　*Dissemination*. Chicago: Chicago University Press.

Hui, Yuk.

2016　*On the Existence of Digital Objects*. Minneapolis: University of Minnesota Press.

Leroi-Gourhan, André.

1971　*L'Homme et la matière.* Paris: Albin Michel.

1973　*Milieu et technique.* Paris: Albin Michel.

Malabou, Catherine.

2016　*Before Tomorrow: Epigenesis and Rationality.* London: Polity Press.

Mallet, Marie-Louise(dir.).

1994　*LePassagedesfrontiers: autour du travail de Jacques Derrida* (*colloque de Cerisy*). Paris: Galilée.

Ruyer, Raymond.

1958　*La Genése des forms*vivantes. Paris: Flammarion.

Simondon, Gilbert.

1995　*L'Individuation à la lumière des notions de forme et d'information*. Paris: J. Millon.

1989　*Du mode d'existence des objets techniques*. Paris: Aubier.

2014　*Sur la technique*. Paris: PUF, 2014.

2014　*Imagination et invention (1965-1966)*. Paris: PUF, 2014.

Stiegler, Bernard.

2011　*The Decadence of Industrial Democracy, Volume 1: Disbelief and Discredit*. London: Polity Press.

2010　*For a New Critique of Political Economy*. London: Polity Press.

2018　*Neganthropocene*. London: Open Humanities Press.

華文書目

洪鎌德

1997　《馬克思》。臺北：東大。

1997　《馬克思社會學說之析評》。臺北：揚智。

2000　《人的解放：21世紀馬克思學說新探》。臺北：揚智。

2010　《馬克思的思想之生成與演變：略談對運動哲學的啓示》。臺北：五南圖書。

國家圖書館出版品預行編目資料

馬克思誕生兩百年後世局之演變／洪鎌德等著.
-- 一版. -- 臺北市：五南，2018.10
　面；　公分
ISBN 978-957-11-9973-3（平裝）

1.馬克思（Marx, Karl, 1818-1883）　2.學術
思想　3.馬克思主義

549.3　　　　　　　　　　　107016640

1PXB

馬克思誕生兩百年後世局之演變

主　　編 ─ 曾志隆

作　　者 ─ 洪鎌德、張書榜、杜子信、施正鋒、謝宏仁、
　　　　　　黃之棟、曾志隆、蔡芬芳、魏百谷、楊成瀚
　　　　　　（依章節順序排列）

發 行 人 ─ 楊榮川

總 經 理 ─ 楊士清

副總編輯 ─ 劉靜芬

責任編輯 ─ 林佳瑩、高丞嫻、許珍珍

封面設計 ─ 王麗娟

出 版 者 ─ 五南圖書出版股份有限公司

地　　址：106台北市大安區和平東路二段339號4樓

電　　話：(02)2705-5066　　傳　　真：(02)2706-6100

網　　址：http://www.wunan.com.tw

電子郵件：wunan@wunan.com.tw

劃撥帳號：01068953

戶　　名：五南圖書出版股份有限公司

法律顧問　林勝安律師事務所　林勝安律師

出版日期　2018年12月初版一刷

定　　價　新臺幣420元